工商管理学科

"十四五"发展战略与优先发展领域研究报告

张玉利 任之光 杨俊 徐心 冉伦 林伟鹏 等◎著

科学出版社

北京

内 容 简 介

本书是在国家自然科学基金委员会管理科学部战略研究类专项项目"工商管理学科发展战略及'十四五'发展规划研究"的研究报告基础上撰写完成的。全书分三大部分：一是我国工商管理学科发展战略分析，包括学科的属性和定位，"十三五"时期总体发展水平、进步和在国际上的地位，"十四五"及未来十多年的战略目标与战略举措等；二是学科代码的优化与调整；三是基于文献分析、专家访谈、问卷调研及理论分析等多种研究手段产生并凝练的优先发展领域及科学问题示例，其中特别关注了面向世界科学前沿和社会重大需求的科学问题凝练机制。

本书适合工商管理学科从事研究和教学的人员、政府相关部门的管理人员及企业管理人员阅读。

图书在版编目（CIP）数据

工商管理学科"十四五"发展战略与优先发展领域研究报告 / 张玉利等著. —北京：科学出版社，2023.7
ISBN 978-7-03-075724-1

Ⅰ. ①工⋯ Ⅱ. ①张⋯ Ⅲ. ①工商行政管理－学科建设－研究报告－中国 Ⅳ. ①F203.9-4

中国国家版本馆 CIP 数据核字（2023）第 103380 号

责任编辑：徐 倩 / 责任校对：贾娜娜
责任印制：霍 兵 / 封面设计：有道设计

科学出版社 出版
北京东黄城根北街 16 号
邮政编码：100717
http://www.sciencep.com

北京中科印刷有限公司 印刷
科学出版社发行 各地新华书店经销

*

2023 年 7 月第 一 版　开本：720×1000　1/16
2023 年 9 月第二次印刷　印张：15 1/2
字数：313 000
定价：98.00 元
（如有印装质量问题，我社负责调换）

国家自然科学基金专项项目：工商管理学科发展战略及"十四五"发展规划研究咨询委员会专家

（按姓氏拼音排序）

蔡　莉	吉林大学
陈　劲	清华大学
陈国青	清华大学
陈晓红	湖南工商大学、中南大学
陈煜波	清华大学
丁烈云	华中科技大学
方　新	中国科学院大学
高　闯	首都经济贸易大学
高自友	北京交通大学
李　垣	同济大学
李一军	哈尔滨工业大学
刘　军	中国人民大学
施俊琦	浙江大学
田国强	上海财经大学
汪寿阳	中国科学院大学
王永贵	浙江工商大学
魏　江	浙江大学
魏一鸣	北京理工大学
吴俊杰	北京航空航天大学
吴联生	北京大学
吴启迪	同济大学
杨善林	合肥工业大学
曾伏娥	武汉大学
张新民	对外经济贸易大学
张志学	北京大学
赵曙明	南京大学

国家自然科学基金专项项目：工商管理学科发展战略及"十四五"发展规划研究专项项目核心研究成员

（工作单位为专项任务研究期间的工作单位）

项目设计及实施

张玉利	南开大学商学院
吴 刚	国家自然科学基金委员会管理科学部
任之光	国家自然科学基金委员会管理科学部
杨 俊	浙江大学管理学院
徐 心	清华大学经济与管理学院
冉 伦	北京理工大学管理与经济学院
林伟鹏	山东大学管理学院

专题研究报告撰写

赵新元	国家自然科学基金委员会管理科学部工商管理处流动项目主任
张光磊	国家自然科学基金委员会管理科学部工商管理处流动项目主任

各领域研究报告撰写

战略管理	谢 恩	同济大学经济与管理学院
组织理论与组织行为	江 源	哈尔滨工业大学经济与管理学院
企业技术管理与创新管理	焦 豪	北京师范大学管理学院
人力资源管理	程德俊	南京大学商学院
财务管理	吴超鹏	厦门大学管理学院
会计与审计	许年行	中国人民大学商学院
市场营销	才凤艳	上海交通大学安泰经济与管理学院
生产与质量管理	何 桢	天津大学管理与经济学部
企业信息管理	张 楠	哈尔滨工业大学经济与管理学院
电子商务	李 凯	南开大学商学院
运营管理、项目管理	李勇建	南开大学商学院
创业管理	杨 俊	浙江大学管理学院
国际商务与跨文化管理	仲为国	北京大学光华管理学院
旅游管理	邱汉琴 陈 晔	南开大学旅游与服务学院

文献计量分析及调查报告撰写

樊振佳	南开大学商学院
冯 潇	南开大学商学院
李赋薇	南开大学商学院

总　　序

　　学科发展战略是关于学科未来发展愿景与目标、顶层布局与规划、资源配置与优化的战略性、综合性指南，引领一段时期内学科发展方向。国家自然科学基金委员会（以下简称基金委）始终跟随国家战略与科技规划总体部署和阶段性规划，积极开展系统的学科发展战略研究，在此基础上形成并贯彻落实每个发展阶段中国家自然科学基金的规划任务。

　　"十四五"时期是我国开启全面建设社会主义现代化国家新征程、向第二个百年奋斗目标进军的第一个五年，也是我国迈向创新型国家前列、加快建设科技强国的第一个五年。这是以大数据与人工智能为代表的新一轮科技革命与产业变革的快速发展期，是推进中国式现代化、实现中华民族伟大复兴征途中的关键时间节点，也是世界百年未有之大变局的剧烈演变期。大数据与人工智能正在深刻改变人类生产、生活与社会治理方式，也在不断改变人类认识世界与改造世界的思维方式。在新的发展阶段，科学研究范式发生着深刻变革，管理科学逐渐从定性分析转变为以数据驱动为主要特征的定量研究，从借鉴国外先进研究经验转变为致力于构建中国自主的知识体系，从单纯追逐论文数量转变为提升研究创新性、原创性的高质量发展。在"十四五"时期，我们应该立足中国大地，以国际眼光看待中国与世界面临的一系列重大管理与经济问题，用科学方法研究人类经济社会发展与社会治理的一般规律与变化趋势。

　　作为中国管理科学研究最重要的资助渠道，基金委管理科学部在习近平新时代中国特色社会主义思想指导下，致力于做好学科发展顶层设计，引领学科做大做强做优，服务国家经济发展与现代化建设重大战略需求。2019年初，基金委管理科学部启动管理科学"十四五"发展战略及管理科学与工程学科、工商管理学科、经济科学学科和宏观管理与政策学科四个学科发展战略的研究，希望汇集全国管理科学领域专家学者的力量，通过深入系统的科学研究，为基金委管理科学部制定"十四五"和中长期发展规划提供决策支持。

　　在过去两年多的时间里，各课题组认真梳理总结 2010~2019 年特别是"十三五"期间基金委管理科学部各学科的总体发展态势，充分借鉴国外相关学科的发展经验与发展趋势，紧密结合当前中国经济社会发展与社会治理面临的重大战略需求，综合运用文献计量分析、问卷调查、专家访谈、学术研讨等多种方法与途径，系统研究"十四五"期间我国管理科学各学科发展的总体思路、发展目标、学科布局以及相应的政策保障措施等重要问题，确立各学科重点攻关任务、优先发展领域以及重大基础与前沿科学问题，提出基金委管理科学部重点资助方向建议，为"十四五"时期管理科学发展提供科学决策依据与前瞻性指导。

这项研究工作总体呈现以下四个鲜明特点。

第一，始终坚持正确的政治方向，牢固树立"四个自信"，在思想上、政治上、行动上同以习近平同志为核心的党中央保持高度一致。各个课题组坚持以习近平新时代中国特色社会主义思想为指导，认真学习领会并贯彻落实党的十九大和十九届历次全会以及二十大精神，深刻把握新时代国家自然科学基金在国家创新体系中的战略定位与历史使命，以创建中国管理科学自主的知识体系为己任，在基金委管理科学部统一指导下开展各学科战略发展研究。

第二，坚持科学精神，尊重科学研究与学科发展的客观规律，突出科学问题属性，协调科学研究中自由探索与有组织科研之间的辩证关系。各课题组基于国家自然科学基金"鼓励探索、突出原创""聚焦前沿、独辟蹊径""需求牵引、突破瓶颈""共性导向、交叉融通"四大科学问题属性深入探讨，研究如何通过有组织科研形式，引导学者自由探索；研究如何从源头抓起，发现并精准提炼科学问题，全面提升科研选题质量；研究如何推动科学范式变革，积极借鉴自然科学以及交叉学科的理论方法研究现实管理与经济问题，以方法创新推动理论创新，全面提升研究质量。

第三，坚持与时俱进、守正创新，协调服务国家发展需求与学科发展目标之间的辩证关系。管理科学是一门为现实经济社会发展与社会治理服务的学科，本身具有很强的需求导向与实践特征，担负服务国家重大战略需求的历史使命。各个课题组充分认识到百年未有之大变局背景下国内外客观环境变化对科学基金规划工作的影响，在全面把握国家战略需求和政策导向的基础上，围绕服务国家重大需求和提升学科基础研究水平两大核心任务开展学科战略研究，坚持以国家重大管理与经济问题为导向，积极跟踪管理科学国际前沿发展，通过理论创新与方法创新，提出解决国家重大管理与经济问题的方法与途径，并在这个过程中构建中国管理科学自主的知识体系，为形成具有深厚国际影响力的中国管理科学学派奠定坚实的基础。

第四，坚持实事求是的原则，广泛凝聚共识，协调学科发展战略的指导性与战略落地的适应性之间的辩证关系。学科发展战略研究是管理科学学科专家学者集体智慧的结晶。在两年多的时间内,在基金委管理科学部统一指导下,各课题组组织了近百场专家座谈会,向上千位学者和企业家展开问卷调查工作,凝练学科优先发展方向与领域、重大基础与前沿问题等科学问题,推动学科研究范式创新的深入讨论。同时,根据现实需求变化和形势发展,适时提出修改建议,以最大努力提出完善国家自然科学基金资助体系的各种建议。

在充分研究的基础上,五个课题组出色完成各学科发展战略研究,形成"十四五"期间管理科学及学部各学科发展战略的顶层设计,明确各学科重点前沿领域、学科交叉方向,并在研究范式变革、学科理论体系构建、学术评价体制和机制改革、科学队伍建设和人才培养等方面提出具体建议和措施。这些工作为基金委管理科学部摸清家底、认清环境、找准定位、明确方向,充分发挥国家自然科学基金对学科发展的引领作用,奠定了坚实的基础;同时也为中国管理科学学科凝练共性问题,发掘一般规律,构建中国管理科学自主的知识体系提供科学参考。伟大的新时代必将产生伟大的新理论。我相信,中国管理科学在"十四五"期间必将跃上一个新的台阶!

丁烈云

前　言

本书是在国家自然科学基金委员会管理科学部战略研究类专项项目"工商管理学科发展战略及'十四五'发展规划研究"的研究报告基础上撰写完成的。专项项目的背景和内容、研究工作重点及方法、研究报告撰写及书稿的编写等具体介绍如下。

1. 专项项目简介

和国家五年规划一样，国家自然科学基金委员会会定期组织专家开展学科发展战略及规划研究并出版研究报告[1]。《国家自然科学基金委员会管理科学部关于2019年度科学部专项项目（战略研究类项目）申请的通知》指出，工商管理学科发展战略及"十四五"发展规划专项项目是国家自然科学基金委员会管理科学部2019年度科学部战略研究类项目之一。项目设置是根据《国家自然科学基金专项项目管理办法》，响应国家自然科学基金改革政策，加强学科发展战略顶层设计，促进学部学科优化布局举措，重点研究工商管理学科的发展背景、发展规律与态势、发展目标、发展现状与优化布局、学科交叉与优先资助领域以及政策措施等，提出学科发展战略和"十四五"规划[2]。

依据国家自然科学基金委员会的部署，"工商管理学科发展战略及'十四五'发展规划研究"项目组将研究目标定位于立足工商管理学科整体布局，在总结"十三五"期间学科发展状况的基础上，融合国家战略和社会重大需求，基于中国情境因素以技术进步驱动的经济社会转型深化等重大现实背景，重点研究工商管理学科在"十四五"期间的发展战略、重要研究领域及其重大科学问题。遵循"一般性分析—具体性分析—对策性分析"的基本思路，重点研究了三部分内容：工商管理学科发展战略、工商管理学科代码优化、工商管理学科优先发展领域及科学问题示例。

2. 战略背景与指导方针

如果说"十三五"时期是中国企业在管理和技术创新驱动下的加速转型升级

---

[1] 陈国青，冯芷艳，路江涌，等. 工商管理学科"十三五"发展战略与优先资助领域研究报告. 北京：科学出版社，2016；吴世农，冯芷艳，吴晓晖. 工商管理学科"十二五"发展战略与优先资助领域研究报告. 北京：科学出版社，2013.

[2] 《国家自然科学基金委员会管理科学部关于 2019 年度科学部专项项目（战略研究类项目）申请的通知》，https://www.nsfc.gov.cn/publish/portal0/tab442/info75475.htm[2019-03-13].

与广泛参与国际竞争的战略阶段，那么"十四五"时期将是中国企业在百年未有之大变局下，顶住空前压力，基于科技创新和现代化水平提升，加速关键核心技术攻关，打造未来发展新优势的关键跨越阶段。一方面，新技术广泛应用，产业变革、管理创新蓬勃发展；另一方面，新冠疫情、单边主义、保护主义上升等因素对我国经济和世界经济产生的巨大冲击也不容忽视。在这样的形势下，以习近平同志为核心的党中央审时度势，加强顶层设计，党和政府相继做出一系列重要的战略部署，这些也是工商管理学科发展战略研究的重要战略背景和指导方针。

2020年，党中央和国务院组织召开了一系列以"十四五"规划为主题的重要会议。在社会经济领域专家座谈会上，习近平强调"时代课题是理论创新的驱动力"[①]。当前国内外环境的深刻变化在带来新机遇的同时，也带来了新的挑战，新发展动能的推进需要大力提升自主创新能力，尽快突破关键核心技术。特别是加大对基础研究的投入，鼓励长期坚持和大胆探索，为建设科技强国夯实基础。在科学家座谈会上，习近平强调："现在，我国经济社会发展和民生改善比过去任何时候都更加需要科学技术解决方案，都更加需要增强创新这个第一动力。同时，在激烈的国际竞争面前，在单边主义、保护主义上升的大背景下，我们必须走出适合国情的创新路子，特别是要把原始创新能力提升摆在更加突出的位置，努力实现更多'从0到1'的突破。希望广大科学家和科技工作者肩负起历史责任，坚持面向世界科技前沿、面向经济主战场、面向国家重大需求、面向人民生命健康，不断向科学技术广度和深度进军。"[②]

在政府工作报告中，几乎每年都会提到有关大力推动科技创新发展和科研体制改革的相关内容，如2016年的"深化科技管理体制改革"、2017年的"提升科技创新能力"、2018年的"落实和完善创新激励政策"、2019年的"提升科技支撑能力"、2020年的"提高科技创新支撑能力"及2021年的"提升科技创新能力"。在第十九届五中全会发布的公报中，"创新"一词更是在不同内容板块中被提及了15次之多。

鉴于此，加快科技创新成为我国"十四五"时期及更长时期内必须解答的迫切问题。在工商管理学科"十四五"发展战略的推进过程中，坚持"面向世界科技前沿、面向经济主战场、面向国家重大需求、面向人民生命健康"也成为工商管理学科亟须回应的时代命题。针对加快解决制约科技创新发展的一些关键问题，习近平强调了六点，分别是坚持需求导向和问题导向、整合优化科技资源配置、持之以恒加强基础研究、加强创新人才教育培养、依靠改革激发科技创新活力、

---

① 《在经济社会领域专家座谈会上的讲话》，http://www.gov.cn/gongbao/content/2020/content_5541470.htm?ivk_sa=1024320u[2020-08-24].

② 《在科学家座谈会上的讲话》，http://www.gov.cn/gongbao/content/2020/content_5547627.htm?ivk_sa=1024320u[2020-09-11].

加强国际科技合作[①]。这六点分别对应了科技创新发展在科研选题、科研资源整合、基础研究布局、创新人才培育、实施科技改革及科技开放与合作等方面制约科技创新发展等关键问题的解决思路,为更好地完成学科发展战略与"十四五"优先资助领域规划提供了有效指导。工商管理研究工作要在满足国家需求、推进学科交叉、注重原始创新、加强基础研究的基础上谋篇布局,切实推动兼具中国特色和国际视野的理论与政策研究。

3. 项目团队及项目期限

2019年5月30日,国家自然科学基金委员会管理科学部召开专家咨询委员会会议,张玉利教授代表项目组汇报了研究设想和工作思路,管理科学部领导与咨询委员提出了很多好的意见及建议,研究工作正式启动。2019年6月4日,管理科学部工商管理处吴刚处长在北京组织召开了国家自然科学基金委员会管理科学部工商管理学科"十四五"发展战略专家咨询会,管理科学部领导介绍"十四五"战略规划定位,陈国青教授委派"十三五"规划专项项目组核心成员刘军教授介绍工商管理学科战略规划的经验,与会专家讨论了工商管理学科发展的战略问题,与项目组一起进一步明确了工作思路和方案,确定了初步的技术路线。

会后,由杨俊教授带领博士生在创业管理领域开展文献计量分析、政策研究等具有探测性的工作,并准备和细化工作文件。项目组成员走访资深学者和专家,就工商管理学科的整体发展及战略主题听取意见,针对工商管理学科代码的14个领域邀请优秀年轻学者组建工作团队。

2019年7月26日,国家自然科学基金委员会管理科学部工商管理学科"十四五"发展战略研讨会在天津召开。本次会议旨在进一步凝练学科发展共识,落实工商管理学科"十四五"发展战略规划的各项任务,研究工作得以全面启动。

2021年10月11日,项目组向咨询委员会专家作结项汇报,项目获评优秀。在2年多的时间里,据不完全统计,组织召开的专家学者及企业家现场座谈会10余场,接受问卷调查的学者800多人,线上座谈研讨10余场,整理的工作文件超过200万字。

4. 问卷调查设计与实施

本着尊重科学、依赖专家的工作原则,面向工商管理学科领域的学者开展大范围的问卷调查是研究工作的重要环节。为了设计调查问卷,项目组开展了大量

[①]《在科学家座谈会上的讲话》,http://www.gov.cn/gongbao/content/2020/content_5547627.htm?ivk_sa=1024320u [2020-09-11]。

的前期工作，主要有：①基于 2014~2019 年国内外重要期刊论文及学术会议主题、论文开展的文献计量分析所得出的各学科领域主题领域及若干研究课题分析报告；②利用各种学术会议的机会开展专家座谈会，如利用管理 50 人论坛在兰州大学召开的会议、吉林大学创业学术研讨会、人力资源管理学科在东北大学召开的年会、在南京大学召开的信息系统国际学术会议等；③走访政府部门及研究机构（如商务部研究院），梳理中央文件、政府工作报告、国务院各部委"十三五"期间立项开展的研究课题；④研究国际著名商学院专业、课程设置，重要学术期刊（UTD 24、FT 50[①]）主编团队成员的学术背景和成果等，分析学科领域的国际学术前沿；⑤梳理分析国内外著名企业的研究院所开展的课题研究，中国企业入选哈佛案例库的情况，并在天津、青岛召开企业家座谈会，了解企业和实践需求；⑥针对调查问卷开展多轮次专家咨询论证，把问卷发给各领域专家，请大家试填并提出修改意见。2019 年 10 月，吴刚处长通过邮件发出问卷填写邀请，共 2 份问卷，一份是《国家自然科学基金委员会管理科学部工商管理发展战略与"十四五"优先资助领域遴选研究问卷调查》（附录 1），一份是《关于征求学科代码意见的调查问卷》（附录 2），截止到 2019 年 11 月 8 日，关于学科发展战略的问卷回收情况请见表 1，调查结果成为专项项目研究的重要依据。

表 1　各学科领域有效问卷量

学科领域	回收问卷量/份	占比	唯一领域/份	第一领域/份	第二领域/份
战略管理	97	18%	9	59	29
财务管理	87	17%	32	29	26
运营管理	83	16%	49	20	14
组织理论与组织行为	83	16%	17	39	27
企业技术管理与创新管理	74	14%	18	27	29
市场营销	70	13%	49	12	9
会计与审计	69	13%	22	24	23
人力资源管理	57	11%	10	17	30
创业管理	52	10%	14	11	27
电子商务	41	8%	7	15	19
企业信息管理	27	5%	4	12	11

---

① UTD 24 为美国得克萨斯大学达拉斯分校（University of Texas at Dallas）创建的一个数据库，用以追踪 24 种管理学期刊上发表的论文；FT 50 为英国《金融时报》（*Financial Times*）选出的 50 种全球有份量的商学学术期刊。

续表

学科领域	回收问卷量/份	占比	唯一领域/份	第一领域/份	第二领域/份
生产与质量管理	26	5%	12	8	6
项目管理	17	3%	10	1	6
国际商务与跨文化管理	17	3%	1	4	12

注：向1086位专家发放了问卷，530位专家填写了问卷，有3份无效问卷（未填答研究领域），527位专家填写问卷有效，回收率是48.5%。在分领域统计时，因问卷调查中每位专家填写的学科领域为1~3个，具体而言，254位专家仅填写了一个领域（见表中"唯一领域"列），273位专家选择了2个及以上领域，因此按学科统计的问卷数量为800。学科领域有效问卷占比，用的是学科有效问卷数量除以527位专家得出，如，战略管理领域：97/527，得出18.4%，四舍五入为18%。这样计算的目的不是反映统计意义上的有效问卷回收量，而是反映出527位专家中涉及战略管理领域的专家数量占比，一定程度上反映学科规模。依据问卷的研究领域排序选择结果，也可以判断研究领域的学术属性、规模与交叉情况。例如，战略管理，唯一领域和第一领域学者共计68位，占比70%；国际商务与跨文化管理领域，唯一领域和第一领域学者共计5位，占比仅为29%，这一领域的大多数问卷（71%）来自其他学科领域

5. 优先发展领域凝练

凝练优先发展领域是专项项目的核心工作也是重要产出，项目组共开展了三轮凝练工作。

第一轮，2019年11月中旬~2020年2月中旬。各学科领域的青年学者分析了问卷调查结果，进一步向领域内资深学者咨询，继续收集研究行业报告等资料，提炼了10~20项值得关注的优先领域列入调查问卷，撰写凝练工作报告，陈述凝练工作的依据、流程、原则等。

2020年2月，项目组面向企业家开展了线上调查，主要围绕一个核心问题"您认为最需要管理学者研究的重大且具有普遍性的管理问题是什么？问题不超过两项，请您简述理由"。陈春花、刘伟华、刘禹东、马蔚华、宋志平、徐少春等85位企业家和企业高管回答了问题，总体认为工业社会的管理理论与数字经济时代企业实践的错位是重点且具有普遍性的问题，企业家关心的问题和学者凝练的优先领域重合度高。

第二轮，2020年3~4月。针对各领域青年学者凝练的优先领域，吴刚处长分领域向专家邮件征求意见，请专家对凝练的优先领域进行评价，并打分排序。同时就"面向国际前沿和国家重大需求"的科学问题提炼机制请专家发表意见。受邀专家高度重视，各学科领域都收到专家的排序和评价，科学问题提炼机制的调查收回59份有效问卷，专家详细陈述了自己的意见，其中最短回复75字，最长回复2868字，平均回复长度为462字。

结合专家评价和打分排序，项目组召开线上会议，进一步凝练工作达成共识，将优先领域再次凝练到10个以内。这期间，负责各领域凝练工作的学者还主动进

一步征求海内外著名学者的意见和建议,如国际商务领域,仲为国教授征求意见并得到回复的专家如下。

邓平（Ping Deng）, Cleveland State University

顾茜（Qian Gu）, Georgia State University

李丹（Dan Li）, Indiana University

李海洋（Haiyang Li）, Rice University

李家涛（Jiatao Li）, Hong Kong University of Science and Technology

李静（Jing Li）, Simon Fraser University

李平（Peter Ping Li）, Copenhagen Business School

李卅立（Sali Li）, University of South Carolina

刘晓辉（Xiaohui Liu）, University of Birmingham

卢翠翠（Stephanie Lu Wang）, Indiana University

陆亚东（Yadong Luo）, University of Miami

彭维刚（Mike W. Peng）, University of Texas at Dallas

许德音（Dean Xu）, Monash University

周政（Kevin Zheng Zhou）, University of Hong Kong

第三轮,2020年5~6月。统筹并进一步凝练。这一轮的凝练工作由徐心教授牵头,先提出凝练的工作思路、原则和初步方案,召开线上会议讨论,会后相近及交叉学科一起讨论凝练,各学科领域凝练的优先领域数量被控制在5个左右。项目组又进一步结合学科申请代码优化、研究力量等进行统筹。2020年8月初,以简报的形式对外发布了第三轮的凝练报告,目的是让专家集体智慧成果能够在更大范围分享,启发学者的研究探索,对工商管理学科建设与发展做出贡献。

6. 学科申请代码调整优化

2018年6月,第八届国家自然科学基金委员会第一次全体委员会议确立了构建新时代科学基金体系的改革目标和深化改革方案,聚焦"明确资助导向、完善评审机制、优化学科布局"三大重点任务。调整优化学科申请代码是针对优化学科布局而开展的具体工作。

申请代码调整优化经历了原代码的优缺点分析、问卷调查、国外科研组织及商学院学科划分调研、调整方案设计、咨询工商管理学科评议组成员和教育部高等学校工商管理类专业教学指导委员会委员意见、咨询委员会专家审议、管理科学部学科间统筹等多阶段细致的工作。统一取消了三级代码,对二级代码进行分解、调整、重组、新增,由14个代码优化为15个二级代码,形成了2021年版工商管理学科代码,并在2021年的国家自然科学基金申请、受理与资助工作中启用新的学科申请代码。

7. 依照国家"十四五"规划和2035年远景目标评价与改进专项项目工作

2021年3月,《中华人民共和国国民经济和社会发展第十四个五年规划和2035年远景目标纲要》正式发布。工商管理学科具有很强的应用性,与经济社会发展高度相关,项目组系统研究了国家五年规划,进一步对照指导思想、原则和战略导向检查项目研究报告,衡量工商管理在"十三五"期间发展成就中的贡献,对标2035年远景目标明确学科发展方向;坚持创新驱动发展的国家战略,结合规划和纲要中有关深化科技管理体制改革的方针政策,推动基金管理改革;从加快发展现代产业体系,巩固壮大实体经济根基,打造数字经济新优势,构建高水平社会主义市场经济体制,全面推进乡村振兴等关键章节中分析凝练的优先发展领域,从国家需求和科学前沿、相关性和严谨性兼顾的角度衡量工商管理学科"十四五"期间的优先发展领域建议,目的是让工商管理学科规划更好、更直接地服务国家发展战略,服务于远景目标的实现;结合完善规划实施机制的要求检查学科规划的保障机制。

8. 促进学科发展

在项目研究过程中,我们深切地感受到工商管理学科的重要性在不断增强,各方面对工商管理学科的重视程度持续升温,工商管理学科是商学院、管理学院、经济与管理学院都极为重视的学科。同时,工商管理学科领域学者对工商管理研究的反思和批判空前高涨,焦点更加务实、基础,如研究范式、科学问题、理论与实践结合等。工商管理学科发展到了新的阶段。为此,项目组并非就项目论项目,而是利用专项项目的契机,利用各种机会为促进学科发展做贡献。

学科发展战略的研究凝聚了众多的学者、企业家、政府机构官员和学者的智慧与贡献,还有大量的文献、政策报告等,对学科发展意义重大。项目的一个产出是优先发展领域凝练和建议。由于优先发展领域主要对应的是重点课题领域,申报重点课题的学者是少数,多数人会觉得和自己的关系不大,关注较少。为了让更多的人了解研究成果,让更多的学者关注工商管理学科建设和发展,项目组把阶段性的成果编辑成简报,邀请在工商管理学科领域有影响的公众号——工商管理学者之家、管理学动态、管理学季刊、南开管理评论、外国经济与管理、研究与发展管理、NET2019发布简报,共发布了10期简报。多篇简报都被广泛转发阅读,读者也积极反馈。

为了促进学科发展,项目组就项目重点合作撰写学术论文并通过《管理世界》《管理评论》《南开管理评论》等杂志发表。项目负责人及核心成员利用多种渠道介绍专项项目的研究成果,积极参加了高校工商管理学科发展规划论证,呼吁学者共同努力提升工商管理学科的科学性,开展服务社会的严谨的科学研究,让工商管理学术研究在丰富理论知识的同时，更好地为服务经济社会发展做出更大的贡献。

本书由项目组、工作团队在国家自然科学基金委员会领导侯增谦院士、丁烈云院士、杨列勋研究员、刘作仪研究员的领导下与工商管理处吴刚处长、任之光处长，流动项目主任赵新元教授、张光磊教授等共同完成，是和管理科学部、管理科学与工程、公共管理与宏观政策、经济科学专项项目组通力合作完成的，更是在广大专家学者、企业家及政府等各界专家领导大力参与、支持下完成的。

主持完成"工商管理学科发展战略及'十三五'发展规划研究"专项任务的陈国青老师、冯芷艳老师、刘军老师、路江涌老师给予很多指导和支持，介绍经验，指出工作难点，提供调研原始资料，使研究工作得以保持连续。

感谢张维老师及其研究团队。张维老师牵头组织国家自然科学基金委员会管理科学部整体学科的发展战略研究，我们作为分学科的项目团队，有机会经常参加整体学科的战略研讨，对本项目研究工作的开展很有帮助。

特别感谢参与本专项任务调查、座谈、咨询等各项工作的国内外专家学者、企业家，以及参与文献计量分析等方面工作的博士生。由于人数众多，调查问卷又是匿名填写的，难以一一列举，在此再次向他们表示诚挚的谢意。

要特别感谢国家自然科学基金委员会管理科学部咨询委员会委员。2019年5月30日，张玉利和杨俊代表项目组向咨询委员会专家汇报工作计划，在2年多的时间里，项目组5次（2019年10月24日、2020年6月18日、2020年10月12日、2021年5月13日、2021年10月11日）向咨询委员会专家汇报工作进展、主要观点和工作成果，每次都能得到很丰富的意见和建议，本项目的确是在咨询委员会专家的全程指导下完成的。

感谢科学出版社的支持。经管分社社长马跃先生始终关注本书的出版工作，徐倩编辑亲自担任本书的责任编辑，多轮次地审读书稿，严把质量关，辛勤的工作保证了本书的出版。

感谢国家自然科学基金委员会提供的研究和学习机会，能够为工商管理学科的发展做出贡献是项目组所有成员的骄傲，过程中的收获对于我们后续的学术研究及职业发展帮助巨大。

目 录

- 第1章 工商管理学科研究属性及发展平台 1
  - 1.1 工商管理学科的定义与属性 1
  - 1.2 工商管理学科科学化发展 9
  - 1.3 国家自然科学基金对工商管理学科科学化的促进和引领 12
  - 1.4 新时代与学科研究平台 17
- 第2章 学科发展现状和动态 22
  - 2.1 国际发展现状与前沿领域 22
  - 2.2 国内发展现状与热点 47
  - 2.3 国内外重点领域对比分析 54
  - 2.4 资助格局及支持领域 62
- 第3章 工商管理学科主要创新与差距 82
  - 3.1 工商管理学科学术成果与影响力不断提升 82
  - 3.2 立足企业实践和服务国家战略需求能力显著增强 95
  - 3.3 学科差距分析 97
- 第4章 工商管理学科发展战略 99
  - 4.1 学科发展战略相关要素 99
  - 4.2 发展方向与目标 105
  - 4.3 围绕战略主题的战略举措 110
- 第5章 "十四五"学科申请代码调整优化 121
  - 5.1 "十四五"工商管理学科申请代码调整优化的背景 121
  - 5.2 "十四五"工商管理学科申请代码调整的原则与目标 123
  - 5.3 "十四五"调整优化后的工商管理学科申请代码及基本内涵描述 124
  - 5.4 "十四五"工商管理学科申请代码（2021年版）的特点 130
  - 5.5 "十四五"工商管理学科申请代码（2021年版）实施情况 133
- 第6章 "十四五"优先发展领域遴选原则与凝练机制 136
  - 6.1 "十四五"优先发展领域遴选的基本原则 136
  - 6.2 "十四五"面向重大需求的科学问题凝练机制 139
  - 6.3 "十四五"面向世界科学前沿问题的凝练机制 151

第 7 章 优先发展领域及科学问题示例 ································ 159
    7.1 优先发展领域遴选程序和方法 ································ 159
    7.2 各学科优先发展领域及科学问题示例 ·························· 161
    7.3 优先领域的整合及对国家战略的呼应 ·························· 181

第 8 章 国际（地区）合作与交流优先领域 ································ 185
    8.1 国际合作与交流的现状 ······································ 185
    8.2 国际合作的国家（地区）分析 ································ 192
    8.3 国家自然科学基金资助国际（地区）合作分析 ·················· 194
    8.4 国际合作与交流中的问题和努力方向 ·························· 196
    8.5 优先资助领域分析与建议 ···································· 198

附录 ·· 201
    附录 1 国家自然科学基金委员会管理科学部工商管理发展战略
           与"十四五"优先资助领域遴选研究问卷调查 ················ 201
    附录 2 关于征求学科代码意见的调查问卷 ·························· 223
    附录 3 请企业家出题的邀请 ·· 225
    附录 4 公开发表的论文及简报清单 ·································· 227

第1章 工商管理学科研究属性及发展平台

1.1 工商管理学科的定义与属性

国家自然科学基金委员会管理科学部把管理科学定义为"一门研究人类管理活动规律及其应用的综合性交叉科学"。管理科学的三个基础是数学、经济学与行为科学。近年来，我国管理科学界在运用数学工具、结合经济学和行为科学等基础理论发展我国管理科学的理论方法、研究解决管理科学与管理实践中的问题等方面取得了一定的进展[①]。管理科学部在机构设置栏目中这样介绍管理科学二处：工商管理学科主要资助以微观组织（包括各行业、各类企事业单位）为研究对象的管理理论和管理新技术与新方法的基础研究。这些是针对学科的研究部分，而且主要是基础研究部分，并非学科的全部。

陈国青教授等在《工商管理学科"十三五"发展战略与优先资助领域研究报告》中基于国家自然科学基金委员会的功能定位拓展出工商管理学科的定义：工商管理学科是一门研究社会经济微观组织管理活动规律及技术的科学，其研究对象是由人组成的社会经济的基础单元（企业或非营利组织），兼具自然属性与社会属性。因此，工商管理学科各学科领域的研究同时具有人文属性和科学属性。工商管理在其学科发展过程中也逐步形成了自身特点，包括相对有限的普适性、实践导向及学科交叉[②]。这里突出的微观组织，与国家自然科学基金委员会资助基础研究的功能定位相契合。管理可以针对个人也可以针对组织，针对组织的管理活动更加复杂，功效也更明显，研究价值更大。

有的学者关注的是工商管理。于立教授认为工商管理学科［典型的是工商管理硕士（master of business administration，MBA）教育］属于管理学门类，与其对应的是公共管理学科［典型的是公共管理硕士（master of public administration，MPA）教育］。他认为"激励与约束"是工商管理学科的主题，应该把"问题导向"作为工商管理学科创新的基本要求，把"求本舍末"作为寻求工商管理学科创新的基本原则，案例方法既是工商管理的教学方法也是研究方法。案例教学是

[①] 国家自然科学基金委员会管理科学部网站"管理科学部简介"栏目。
[②] 陈国青，冯芷艳，路江涌，等. 工商管理学科"十三五"发展战略与优先资助领域研究报告. 北京：科学出版社，2016.

工商管理艺术性教育的主要途径[①]。

工商管理学科是研究工商管理活动规律的学科，在微观层面，要研究工商管理活动主体企业如何运转，为经济社会发展提供健康有活力的微观组织；在中观层面，运用商业机制服务广大人民对物质文化需求；在宏观层面，合理有效地利用社会资源造福人类，服务于人类命运共同体，让人类生活更加美好。

随着理论研究和管理实践的创新发展，工商管理学科的学科定位及属性总体上没有发生本质的变化，但其内在的学科范畴、边界、管理思想、工商活动的组织、决策运营手段等很多方面都发生了变化，有的变化很深刻，甚至具有颠覆性。

突出工商，并与公共管理对比，基本对应是市场和政府，"使市场在资源配置中起决定性作用，更好发挥政府作用"[②]，党的十九大报告对市场和政府的功能做了定位。这样做比较容易把握工商管理学科的边界，企业作为市场的主体，自然成为工商管理学科研究的主要对象。近年来，随着互联网、物联网及数字技术、物流等线上线下互通互联，平台企业快速兴起，市场主体的工商企业逐渐承担起政府传统职责范围内的公共事务，社会经济活动的基础单元难以简单地用营利还是非营利或者其他某个维度来划分，混业经营在各行各业中体现，工商领域的范畴在延展，边界在模糊。

企业或非营利组织是工商管理学科的主要研究对象，这是共识。当然，具体研究问题和研究方法不局限于企业层次。作为主要研究对象，组织发生了很大甚至颠覆性的变化。组织由人组成，组织和个人之间是雇佣关系，签订劳动合同，现实是不少企业，没有雇佣关系的"粉丝"对企业的贡献不亚于甚至大于有雇佣关系的员工。互联网经济的"去中介、去边界、去中心化"趋势对企业组织的影响非常大，企业组织的边界变得模糊，陈春花教授多次强调，"顾客在哪里，你的组织边界就在哪里"，组织的变化和人的行为变化交互作用，影响工商管理学科的方方面面。

基于大数据的数字技术应用越来越广，直接影响工商企业决策，影响到组织运营的方方面面。有专家强调传统工商管理学科应转为基于数据分析的工商管理科学。这一观点非常值得关注，如果说决策是管理实践的基础，决策问题有可能就是工商管理学科的基础问题，基于数字技术应用不仅体现在影响决策过程，甚至可能会影响到决策机制。

在组织外部，情境（context）、营商环境代替了以前习惯说的环境。"情境"与"环境""背景"等用词相比，更加强调主客观因素的互动，强调环境、组织

[①] 于立. 工商管理学科的基础理论与研究方法. 经济管理，2013, 35（12）：172-181.
[②] 《习近平：决胜全面建成小康社会 夺取新时代中国特色社会主义伟大胜利——在中国共产党第十九次全国代表大会上的报告》, http://www.xinhuanet.com//politics/19cpcnc/2017-10/27/c_1121867529.htm[2017-10-27].

与人的交互影响及这种影响随时间变化的历史动态性[①]。外部环境对工商企业运营的影响更大、更直接。

企业经营离不开环境，开放系统、权变理论、战略等管理理论学派都特别强调环境的作用。20世纪八九十年代，动态复杂环境、超强竞争、混沌等一些刻画环境特征的词汇不断涌现。21世纪以来，对环境的预测更加困难，"VUCA"[②]、"黑天鹅"和"灰犀牛"等成为热词。习近平在党的十九大报告中指出："世界正处于大发展大变革大调整时期，和平与发展仍然是时代主题。世界多极化、经济全球化、社会信息化、文化多样化深入发展，全球治理体系和国际秩序变革加速推进，各国相互联系和依存日益加深，国际力量对比更趋平衡，和平发展大势不可逆转。同时，世界面临的不稳定性不确定性突出，世界经济增长动能不足，贫富分化日益严重，地区热点问题此起彼伏，恐怖主义、网络安全、重大传染性疾病、气候变化等非传统安全威胁持续蔓延，人类面临许多共同挑战。"[③]之后，又进一步明确用"百年未有之大变局"来概括。

当今世界面临百年未有之大变局。社会生产力发展和经济繁荣富庶、科技创新和产业变革密集活跃程度、不同文明的交流碰撞、国际力量对比的变化等，都是"百年未有"。变局之中，固然有国际形势不稳定、不确定、不可测因素增多的逆流，同时仍然有各国相互依存、全球休戚相关、和平发展合作共赢的主流，这是判断"我国发展仍处于并将长期处于重要战略机遇期"的外部条件。

中国特色社会主义进入新时代。经济发展由量的积累转变为质的提升，由高速增长阶段转向高质量发展阶段，全面建成社会主义现代化强国的新征程已然开启。可以说，中国自身的大发展、持续发展，已经成为深刻影响国际政治经济战略格局的重要因素，也是我们赢得更长时期战略机遇期的最大动力。

把握战略机遇，化解风险挑战，其重要立足点在于中国的分量、中国的作为。也就是说，我们能不能集中精力办好自己的事，将是能不能赢得战略机遇、用好战略机遇、进而塑造新的战略机遇的一个决定性因素。

经济下行压力加大，改革进入深水区，各种矛盾叠加，风险隐患增多。但也正因如此，我们才要更加重视发展质量，加快经济结构优化升级，大力实施创新驱动战略，在全球新一轮科技革命和产业变革中勇立潮头。

形势逼人，时势在我！党的二十大提出，"全党全军全国各族人民要紧密团

[①] 黄群慧. 改革开放四十年中国企业管理学的发展——情境、历程、经验与使命. 管理世界，2018，34（10）：86-94，232.

[②] V表示易变性（volatility），U表示不确定性（uncertainty），C表示复杂性（complexity），A表示模糊性（ambiguity）。

[③] 《习近平：决胜全面建成小康社会 夺取新时代中国特色社会主义伟大胜利——在中国共产党第十九次全国代表大会上的报告》，http://www.xinhuanet.com/politics/19cpcnc/2017-10/27/c_1121867529.htm[2017-10-27].

结在党中央周围，牢记空谈误国、实干兴邦，坚定信心、同心同德，埋头苦干、奋勇前进，为全面建设社会主义现代化国家、全面推进中华民族伟大复兴而团结奋斗"[①]！

国家自然科学基金委员会管理科学部主任基金项目"中国工商管理学科发展战略研究"课题组2003年出版的《工商管理研究备要——现状、趋势和发展思路》一书中指出：除了狭义的管理科学（运筹学）外，其余相关内容均属于工商管理。工商管理学科体系可分为四个子学科，即职能管理领域（包括市场营销、会计、财务管理、运作管理、技术管理、人力资源管理和信息管理）、基础性领域（包括组织行为学和管理经济学）、综合性领域（即战略管理）和应用领域（包括项目管理、房地产管理、电子商务、医疗管理等）。工商管理各学科共同的发展趋势有：①从管理主体看，非营利组织将在经济增长中占有越来越大的比重，而非营利组织将在事实上创造越来越多的盈利和社会财富，而且将更多地按照企业的方式来运作。②工商管理学科的研究将在创造知识与服务实践中寻求新的平衡。③企业管理方式将在理性与规范中不断谋求平衡，使"硬"管理手段（结构、市场、财务、战略）与"软"管理手段（人员、文化）达到新的平衡，并且在这一过程中"软"管理手段将逐渐起到更为重要的作用，因此，与"软"管理手段相关的学科（组织行为、人力资源）将有大的发展[②]。"中国工商管理学科发展战略研究"课题组有关工商管理学科的讨论与MBA教育紧密相关。今天看来，已经发生了很大的变化。

1.1.1 管理工作属性

管理工作是工商管理学科研究的重点，讨论学科属性，先要分析管理工作属性。管理工作所具有的科学性和艺术性双重特征，最能刻画出管理工作的本质特点。

管理工作要注重科学性。管理科学化一直是理论界与实践界努力的方向。总体来说，科学化就是用科学代替经验，透过个性化找共同规律，决策科学化是管理追求科学化的重要内容[③]。美国工程师泰勒开展的一系列实验的本质就是用科学代替经验，从此管理实践从经验管理迈向科学管理。科学管理，顾名思义，依据科学进行管理。集泰勒的管理思想和大量的实践经验撰写而成的著作《科学管理原理》于1911年出版，成了管理学产生的里程碑。高级管理人员如不掌握管理科

---

① 《习近平：高举中国特色社会主义伟大旗帜 为全面建设社会主义现代化国家而团结奋斗——在中国共产党第二十次全国代表大会上的报告》，https://www.12371.cn/2022/10/25/ARTI1666705047474465.shtml[2022-10-25].
② 中国工商管理学科发展战略研究课题组. 工商管理研究备要——现状、趋势和发展思路. 北京：清华大学出版社，2003.
③ 张玉利，吴刚. 新中国70年工商管理学科科学化历程回顾与展望. 管理世界，2019，35（11）：8-18.

学，只是碰运气、凭直觉，或者靠老经验，这就和不掌握医学的巫师没有什么不同。当然，在管理实践中，靠直觉和经验有时也能获得成功，而且直觉和经验很重要，但依靠违背管理科学规律的直觉和经验就会出问题。

在变化的环境中，科学性不仅意味着一门技术，更多地表现为遵守一种规范，管理过程中的一些重要的原则、程序是不可变的，而且越规范越好。例如，顾客服务的理念、注重职工发展、全面质量管理、决策的制定过程等管理理念和方法已成为几乎所有优秀公司基本的经营实践，是不可或缺的成功要素。这些管理之道没有现代和永恒、东方和西方之分，是跨越国界的，无论是在欧洲本土，还是在美洲、亚洲及非洲的一些发展中国家，它们都是也应该是一样如鱼得水的[①]。

管理人员在注重管理工作的科学性的同时，还必须要体现出很强的艺术性。从另一个角度看，指导管理工作的科学还相当粗糙，不够精确，这是因为管理人员要处理的许多变量是极其复杂的。在管理实践中，管理工作的艺术性往往体现在截然不同的管理方法会产生同样良好的效果，实施同样管理措施的结果却可能截然不同。管理工作是一种艺术性很强的工作，管理工作的艺术性特点要求管理人员在工作中能够做到随机应变，具有灵活性而且富于创新。以马克思主义中国化、因地制宜、实事求是等标准衡量，重视管理工作的艺术性，本身就是科学性。学者把基础研究划分成情境独立和情境依赖的学术研究也是充分尊重管理工作的本质属性。

近年来，学术界强调管理的实践性呼声高，这也正常。但是，淡化管理的科学性就不正常。工商管理学科建设包括人才培养和社会服务，人才培养和社会服务需要科学研究支撑，需要从管理实践的艺术性中挖掘科学性，而且，在影响和造成管理实践绩效差异的因素越来越多、越来越复杂的情况下，人才培养和社会服务更需要科学性。比如，企业文化重要，但当遇到难以解释的现象或问题时，就说是文化的原因，当文化成为一个什么都能装的"筐"时，文化也就没有用了。工商管理学科整体也是如此，放弃或弱化科学化努力，中国的工商管理学科将在百年未有之大变局中丧失跃升的机会[②]。

1.1.2 工商管理学科的独特属性

在目前学科分类中，管理学是一个独特的学科门类，工商管理是管理学门类的一级学科。如果按照大类，如文科、理科、工科，或者按照自然科学、哲学社会科学这些大类，管理学特别是工商管理学科很难完全归在哪个大类中。

[①] 张玉利. 管理学. 3版. 天津：南开大学出版社，2013：18.
[②] 张玉利，吴刚. 新中国70年工商管理学科科学化历程回顾与展望. 管理世界，2019，35（11）：8-18.

1986年2月，国家自然科学基金委员会成立，并设置管理科学组。10年后，管理科学组升格为管理科学部，时任国务院副总理的朱镕基先生出席管理科学学科发展座谈会，发表了著名的讲话"管理科学 兴国之道"，他说道，"今天到了要大力提倡改善中国的管理和发展中国的管理科学的时候了。党中央提出了'科教兴国'的方针。这个科学包括自然科学和社会科学两个方面，当然也包括了管理科学。现在，确实需要强调管理科学和管理教育也是兴国之道"，"我建议，要掀起一股学习管理、加强管理、发展管理科学、加强管理培训的热潮"，"我愿意跟同志们一起为振兴中国的管理科学而奋斗"[①]。管理学者的一个重要工作任务是提升学科的科学合法性，其中一个重要的举措是在影响力大的杂志发表学术论文。

工商管理学科的独特性首先表现为研究对象的复杂性和不确定性。不仅是环境动态复杂，作为重要研究对象的组织乃至组织中的个体本身就具有很强的复杂性和不确定性。连人为什么工作这样的问题都难以得到完整的答案。在万物互联的时代，组织的复杂性更加明显，内外关联更强。另外，组织绩效是工商管理学科的重要研究变量，企业能否盈利具有很大的随机性、偶然性，在越发复杂和不确定的环境中，企业绩效将更多地受外部环境的影响，这也增加了研究对象的复杂性和不确定性。

工商管理学科的独特性其次表现为假设条件难以准确量化。科学研究都有假设，工商管理学科的研究问题影响因素众多，而且大量的影响因素或者前提条件难以准确或直接量化，也因此难以简化为数学公式，尽管实证研究越来越严谨，研究设计越来越科学，研究问题越来越微观，但是这样的问题还是没有办法彻底解决。探索适合学科的科学研究方法一直是学科发展的重要工作任务。

工商管理学科的独特性再次表现为研究队伍职业化。工商管理学科研究队伍主要集中在高校的管理学院或商学院，海外培养归国的博士越来越多，国内一流研究型大学培养的博士已经扩展到各省市的重点高校甚至是教学型大学，研究力量得到加强。工商管理学科的师资来源主要集中于管理学科，其他学科的学者到工商管理学科从事教学科研活动的情况较少。企业在加强基础研究的同时，也开展招聘教育界的著名学者到企业担任高级管理人员，如长江商学院的廖建文教授受聘京东首席战略官。

工商管理学科的独特性最后表现为学科的重要性在加强。尽管MBA在美国有降温的迹象，由于人工智能、数字技术的发展与应用等原因，管理学院招生的热度有所下降，但是管理学院在招生和就业等方面还是处于领先地位。在管理学科内部，强化工商管理学科的建设力度成为趋势，以往以管理科学与工程学科为主导的管理学院明显地加大了对工商管理学科的建设力度，而以往以工商

---

① 朱镕基. 管理科学 兴国之道. 中国科学基金，1996，10（4）：235-236.

管理学科见长的学院却没有相应地加大对管理科学与工程学科的建设力度,反而更加强化工商管理学科的建设。

1.1.3 工商管理学科研究的科学属性

由管理工作的属性可以推演出工商管理学科研究的科学属性,至少表现在以下几个方面。

(1) 研究成果相对有限的普适性。或者说管理理论具有有条件的普适性,也可以说提升管理科学理论成果的普适性永远是努力的方向。与自然科学相比,管理学科偏"软"。在一些自然科学家眼中,管理甚至不构成科学。管理学者也认为管理学科是一门不精确的学问,是边缘科学,是软科学。在管理学门类内部,和管理科学与工程学科相比,工商管理学科的科学性更容易受到质疑。这并不是说工商管理学科发展要放弃对其科学性的追求,或者说工商管理学科不是科学,而是更应该从工商管理实践的管理创新中挖掘其科学性的成分,这是工商管理学科学术研究的核心任务,也是学科建设与发展的根本路径[①]。

(2) 学科交叉性。工商管理学科是一门研究社会经济微观组织管理活动规律及技术的科学,其研究对象是由人组成的社会经济的基础单元,兼具自然属性与社会属性,因此,工商管理学科各学科领域的研究同时具有人文属性和科学属性,研究工商管理领域的科学问题自然要用到多学科的理论知识,甚至很难说哪些理论知识是纯粹由管理学科自身发展出来的。面向学者的问卷调查显示,与工商管理学科交叉最多的学科是经济学、心理学、社会学、计算机科学、数学、人类学、哲学、医学、生命科学等,工商管理学科内部各领域之间的交叉就更加频繁。

(3) 实践应用性。科学要服务人类,人类也在积极地利用科学。经世济用是经济学科的使命。但比较而言,与实践的距离,工商管理学科要求更短。没有实施分类评审前,在申报课题时,尽管有基础研究、应用研究、基础应用研究三类,但是选择基础应用研究的一定最多。实施分类申报评审之后,需求牵引类的课题比例仍然最多,即使在科学性属性相对强的经济科学部分,"需求牵引、突破瓶颈"类的项目申请量占申请总数的63%,从管理科学部整体看,不管是重点项目还是面上项目、青年科学基金项目、地区科学基金项目,"需求牵引、突破瓶颈"类申请量比例更高,重点课题占比达到70%。2019年国家自然科学基金委员会管理科学部分类评审情况及2020年工商管理学科四类科学问题属性申请情况,分别见图1-1和图1-2。

---

① 张玉利,吴刚. 新中国70年工商管理学科科学化历程回顾与展望. 管理世界,2019,35(11):8-18.

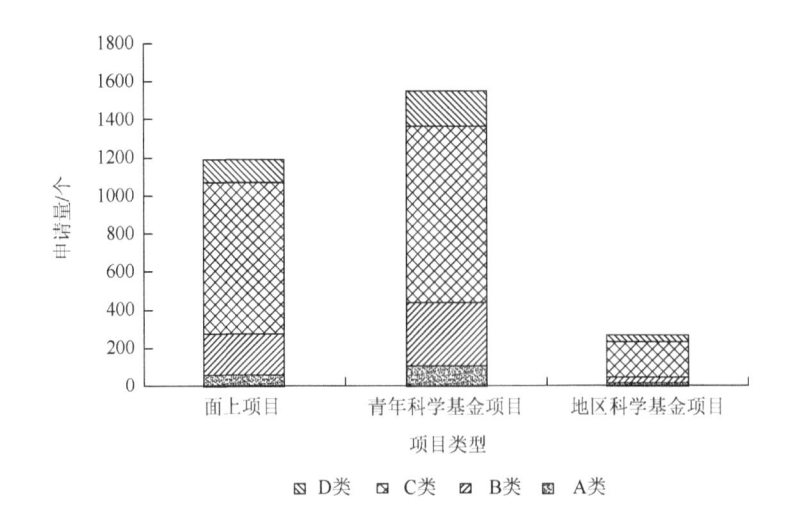

图 1-1 管理科学部 2019 年面上项目、青年科学基金项目、地区科学基金项目分类申请情况

A、B、C、D 代表科学问题的四种属性，分别是"鼓励探索，突出原创""聚焦前沿，独辟蹊径""需求牵引，突破瓶颈""共性导向，交叉融通"

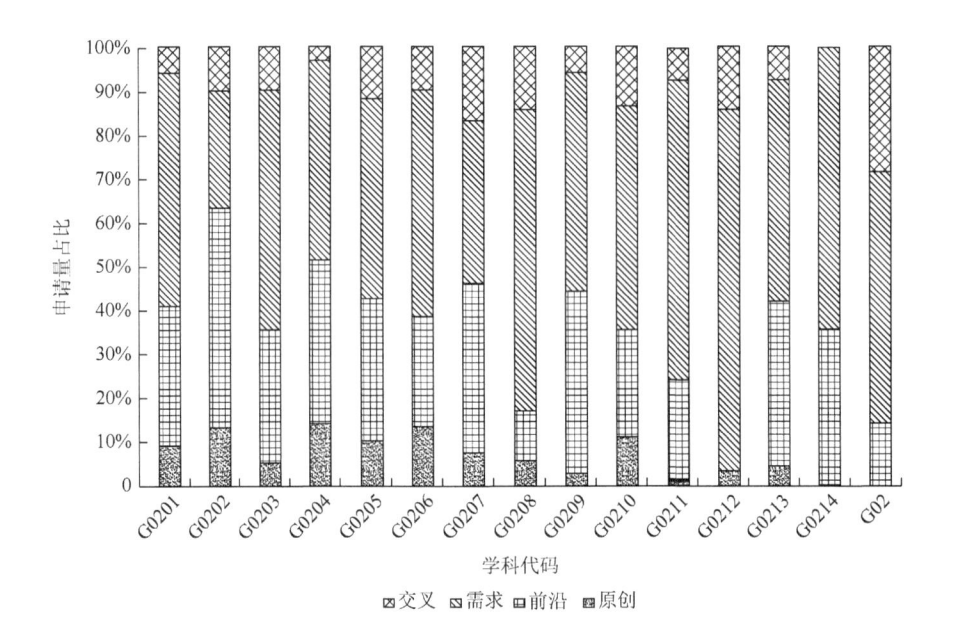

图 1-2 2020 年工商管理学科四类科学问题属性申请情况

实践应用性的学科属性不仅表现在从管理问题中识别挖掘科学问题开展研究，还注重基于实践的理论创新。随着研究工作的深入，研究成果不仅要注重创新性，更要注重贡献，包括对理论的贡献和对实践的贡献。学术界呼吁做负责任

的研究[①]、服务社会的管理研究[②]，这意味着工商管理研究要进入新阶段。

此外，当前工商管理学科研究成果的解释力度强于预测力度，在这方面也需要努力改变。尽管这一现象在工商管理学科不同领域有所差别，如基于数学和模型应用的信息管理领域的研究成果已经具备较好的预测效果，但是在大多数基于数据统计来谋求假设检验的其他领域，更加普遍的是研究成果的解释力强于预测力度。这一方面与工商管理学科的学科属性有关，基于实践的管理问题到基于学科的科学问题之间存在着抽象和简化，这可能在一定程度上导致基于科学范式的研究成果难以充分还原到现实场景产生预测作用；另一方面与工商管理学科对科学性的理解和执行有关，科学性意味着严谨、可靠、证据性和可复制，这直接关乎研究过程，但研究创意或研究问题则更多地依赖于研究者的主观判断，特别是在凝练科学问题方面还存在着不足，假题真做的现象仍然存在。

1.2 工商管理学科科学化发展

管理科学化一直是理论界与实践界努力的方向，资助学者运用科学方法研究管理问题中的科学问题，做出理论贡献，是国家自然科学基金委员会的重要职责。2019年建国70年之际，我们梳理了工商管理学科科学化历程，撰文在《管理世界》杂志发表[③]，这里引用文章中的两部分——工商管理学科科学化发展及国家自然科学基金的促进与引领作用。

1.2.1 新中国企业管理实践的科学化探索

1911年出版的《科学管理原理》一书被视为管理学产生的里程碑，用科学代替经验是科学管理的精髓。之后，管理学一直不断地探索管理实践的科学成分。新中国成立之初，民主改革，资本主义工商业社会主义改造，个体手工业社会主义改造，1952年院系调整，工商管理教育从引进学习西方商业知识转向借鉴学习苏联的计划经济体制下的工厂管理经验，没有实质意义上的工商管理学科，但企业层面的科学化管理探索还是积极地展开。首先就是合理化建议，在新成立的社会主义中国，人民当家作主，职工是企业的主人，发动职工群众，开动脑筋，提

[①] 世界范围内的一些管理学院负责人筹划发起一个声明，2017年11月推出了立场宣言——"负责任的商业与管理研究：愿景2030"。宣言联署人名单与附属机构详见网站 RRBM.network 上相关网页（"supporters"）。

[②] 2019年12月12日，教育部和国家自然科学基金委员会相关部门负责人、中国C9+管理学院/商学院院长（副院长）、中国重要期刊主编、国际国内重要学会主席共同参加了"服务社会的管理研究"杭州峰会。峰会上，大家根据共识，发布"服务社会的管理研究行动纲要"。

[③] 张玉利，吴刚. 新中国70年工商管理学科科学化历程回顾与展望. 管理世界，2019，35（11）：8-18.

出使生产更合理化的各种建议，全面完成和超额完成国家计划，合理化建议成为群众运动再合理不过了。事实证明，通过合理化建议运动调动职工的积极性，就是企业及工商管理的核心内容和任务，也是企业科学管理的体现。由于广泛地调动职工的积极性，很自然地涌现了各行各业的典型，如马恒昌小组、刘长福小组、黄润萍仓库管理法等以个人命名的先进经验和方法，进一步推动了技术革新、机械自动化等组织层面的运动，并很快出现鞍钢宪法、大庆经验等企业典型。典型经验的提炼和推广积累了更多的经验，在国家层面形成了"两参一改三结合"[①]、《工业七十条》、《工业三十条》等管理制度。这种自上而下和自下而上互动的机制一直传承下来，改革开放后也是如此。这其实是科学化管理实践的有效路径。不同的是，改革开放之后也注重典型经验的总结推广，但在推广过程中允许甚至鼓励因地制宜、实事求是，这更加有助于发挥基层的主动性和创造性。改革开放之前，典型经验的推广显得僵化了很多，如农业学大寨就是修梯田，而不是学习大寨依据当地的自然环境选择梯田来增加农业产量的经验，这在很大程度上限制了各地因地制宜的探索。

1.2.2 工商管理学术研究的科学化探索

与企业管理实践中的科学化探索同时进行的是知识分子和科学家的学术研究。20世纪50年代，一批从西方国家回国的具有系统工程、数学、运筹学等自然科学、工程科学背景的科学家，如钱学森、华罗庚、刘源张等，认识到管理科学对国家发展的重要性，积极开展我国管理科学的理论研究和实践活动，在运筹、优化、质量管理等企业内部微观层面的管理科学方法方面做出了巨大的贡献，这些是计划经济体制下企业管理最为核心的问题，在生产什么、生产多少、给谁生产基本由国家统筹计划的情况下，企业管理的核心自然是内部管理，质量、效率、成本是核心问题，即使是在市场经济环境下，管理的核心也是这些。微观层面的运筹优化等研究即使在"文化大革命"期间也没有停止，为20世纪70年代末、80年代初管理科学和工商管理学科的恢复重建奠定了基础。

工商管理学科的真正发展还是在改革开放之后，核心的原因是市场经济的建设。1995年，刘源张曾发表了一篇《关于管理科学的几点思考》的文章，他写道："英语'management'译成汉语有经营和管理的两种译法，有什么区别？我的回答是如果你考虑的主要是与市场有关的事情，这就是经营；如果你考虑的主要是与现场有关的事情，这就是管理。如果我们把一个企业看作一个有投入和产出并且还有把投

[①] "两参一改三结合"制度是指干部参加劳动、个人参加管理、改革不合理的规章制度以及技术人员、工人、干部"三结合"。

入变成产出的转变机构的系统,那么投入的来向和产出的去向就是市场,中间的转变结构便是现场。"①这个通俗的解释形象地说明了计划经济和市场经济下管理的重点转变及与之相应的科学化努力方向。在市场经济环境下,企业管理的重点由内部到内外部兼顾甚至更加重视外部的环境。在市场经济发达的西方国家,管理领域因特别关注外部环境而形成的开放系统理论、竞争战略理论等比中国企业重视动态复杂环境下的管理问题早了将近 30 年。市场经济建设使影响企业绩效的因素越来越多,面向工商企业开展的微观工商管理研究也日趋复杂,重要性也更加凸显,"三分技术、七分管理"成为口号,管理科学成为分类,工商管理也成为独立的一级学科。

工商管理乃至管理学科的实践性特征决定了学科发展会更多地受环境因素影响甚至制约,也在很大程度上滞后于实践。改革开放给工商管理学科的发展带来了机遇,一些高校也在积极恢复工商管理教育和研究工作,但在 20 世纪 80 年代,管理的主流是基于系统、工程等管理科学与工程学科,管理科学与工程学科的教学科研力量大大超过工商管理学科,工商管理学科主要以引进消化吸收为主,博采众长,苏联、德国、美国、日本的管理都能在教学科研工作得到体现。这与我国从计划经济向社会主义市场经济转变的进程高度相关。

1.2.3　中国企业的快速发展为工商管理学科搭建了走向世界的桥梁

工商管理学科真正得到快速发展受益于国际化,外资的大量涌入,合资企业、独资企业在各地的开发区快速发展,带来管理思想、管理范式及管理方法的转变,加强与世界接轨的管理成为企业的重大需求,也极大地推动了 MBA 教育项目的发展,带来了高校开放。Mao[②]认为,改革开放以来,中国的工商管理研究可分为三个阶段:意识阶段(1978~1986 年)、形成阶段(1987~1996 年)和快速发展阶段(1997 年以来)。其中,在意识阶段,工商管理研究的重要性逐渐被国家、企业和学术界认识。然而,由于计划经济下企业需执行国家的行政命令,此阶段除了针对提高生产力进行的孤立探索外,没有研究针对面向市场的现代组织。在形成阶段,工商管理研究得到了主要利益相关者的正式认可,并被制度化,尤其是在邓小平南巡之后。1992 年春天,邓小平在中国南方呼吁加大改革开放力度。这是中国历史上具有里程碑意义的事件,推动了当时停滞不前的改革,加快了包括科技发展在内的各领域的改革步伐。自 1997 年以来,工商管理作为一门学科进入了快速发展的阶段。有两件事特别显著地影响了工商管理研究后来的发展。第一,通过

---

① 刘源张. 关于管理科学的几点思考. 决策借鉴, 1995, (5): 2-5.

② Mao J Y. Forty years of business research in China: a critical reflection and projection. Frontiers of Business Research in China, 2018, 12 (4): 323-330.

新成立的管理科学部,国家自然科学基金委员会成为工商管理研究人员的主要研究资金来源,并在竞争的基础上向学者提供了平均最高的研究资助。第二,也是在这一阶段,徐淑英教授于1999年至2002年在香港科技大学举办了一系列管理实证研究方法的工作坊。这些研讨会针对的是中国大学工商管理的初级教师,每个研讨会都培养了数十名初级研究人员,这些人后来成为各自研究所和研究领域的学术带头人。

进入21世纪以来,实证研究成为工商管理学科的主要研究范式,实证研究在很大程度上改变了以往习惯于思辨性、思想性甚至属于"前无古人,后无来者"的论文写作范式。尽管实证研究范式有些僵化,但是有助于在别人的基础上接着研究,有助于探索和拓展研究结论的普适性,有助于研究能力的训练和培养,也有助于高校的教学科研与企业管理咨询相对分离,这些在客观上促进了工商管理学科的发展,问题导向、从管理问题中识别科学问题、运用科学的调查研究方法开展研究工作、注重创新等成为工商管理学科的主要研究范式。有人把这种研究称为工商管理研究的"MM阶段"[MM指moderator(调节效应)与mediator(中介效应)][1]。实证研究范式在总体上促进了工商管理学科的发展,也贡献了大量的理论知识,尽管还是以验证性、碎片化的知识为主,原创性的理论贡献不足。在国际影响力方面进步也很大,工商管理学科的一些领域实现了从跟跑到并跑、在某些点上甚至领跑的飞跃。工商管理学科的国际化发展提升了中国管理研究与教育工作在国际上的影响力,学术论文的国际发表、MBA/EMBA[2]国际排名不断跃升都是实际的证明。在工商管理学科快速发展阶段,国家自然科学基金委员会功不可没。

1.3　国家自然科学基金对工商管理学科科学化的促进和引领

1.3.1　国家自然科学基金资助工商管理项目情况分析

在工商管理学术研究方面,国家自然科学基金起到了非常重要的引领和推动作用。1986年2月,国家自然科学基金委员会成立,并设置管理科学组。当年资助管理科学面上项目26项(工商管理8项),资助金额为48.8万元,项目平均资助强度为1.88万元/项,资助了16个依托单位的研究项目,参与项目研究的人数为243人。1987年开始资助青年科学基金项目,1989年开始资助地区科学基金项目。1996年,国家自然科学基金委员会管理科学部成立,开启了"管理科学

---

[1] 周轩,章小童.中国工商管理研究的贡献、创新及愿景评价——基于《南开管理评论》刊文/投稿的文献计量与专业聚焦分析.南开管理评论,2018,21(6):4-11.

[2] EMBA表示高级管理人员工商管理硕士(executive master of business administration)。

兴国之道"在中国学界与业界求索的新纪元。当年，面上项目的资助经费就增长到717.1万元，比1995年的资助经费556.3万元增长了29%，资助项目140项，是1986年资助项目的5.4倍，国家自然科学基金对管理科学基础研究的投入和资助项目数量均逐年增长。2000年，管理科学部三个学科建制的确立为我国管理科学基础研究水平的大幅提升和学科发展提供了资助渠道方面的保障。随着科学基金的不断发展壮大，对工商管理学科的资助也逐步增加，从资助项目数量来看，大致可以分为以下三个阶段。

第一阶段为1986~1999年。每年资助的项目数呈缓慢波动上升趋势，由1986年的8项增加到1999年的49项，而且项目类型非常单一，主要集中在面上项目，约占同期资助项目总数的71.9%；有少量的青年科学基金项目和极少量的地区科学基金项目，分别约占同期资助项目总数的17.8%和3.3%。1996年，管理科学部成立之后，资助的一些支持学科发展的专项基金项目约占同期资助项目总数的7.0%。

第二阶段为2000~2010年。2000年起管理科学部按照管理科学与工程、工商管理、宏观管理与政策三个学科群资助管理科学项目，每年资助的项目数呈快速增长趋势，由1999年的49项快速增长到2010年的331项，十年间每年资助的项目数增长了约5.8倍，而且项目类型逐渐增多，除了面上项目、青年科学基金项目和地区科学基金项目，还有国家杰出青年科学基金项目、重点项目、国际合作项目、创新研究群体项目等项目。因此，面青地三类项目占同期资助项目总数的比例也从第一阶段的93.0%下降到83.1%，随着一个个重点项目、国家杰出青年科学基金项目、创新研究群体项目等获得资助，一批优秀的工商管理研究团队逐步形成，国际上中国学者的声音也越来越多，不过这一时期中国的工商管理学者在科学引文索引（Science Citation Index，SCI）和社会科学引文索引（Social Sciences Citation Index，SSCI）期刊发表论文总数[①]仍排在10名之后。

第三阶段为2011~2019年。如图1-3和图1-4所示，每年资助的项目数从2010年以前的不到300项跃升至2011年的476项，2011~2019年平均每年资助486项，这主要是得益于"十二五"和"十三五"期间国家对基础研究投入的持续大幅增加，从2010年的96亿元增加到2019年的300多亿元，工商管理学科的平均资助率由2000~2010年的13%迅速增长到2011~2019年的18%，最高的年份甚至超过20%。另外，随着我国工商管理学科的快速发展，自然科学基金项目申请量也迅速增长，2010年国家自然科学基金委员会管理科学部工商管理学科处受理各类项目1819项，2019年增长到2853项，而且项目类型呈多元化趋势，涉及人才项目和研究项目等十余类项目类型。

---

① 此处数据不包含港澳台地区数据。

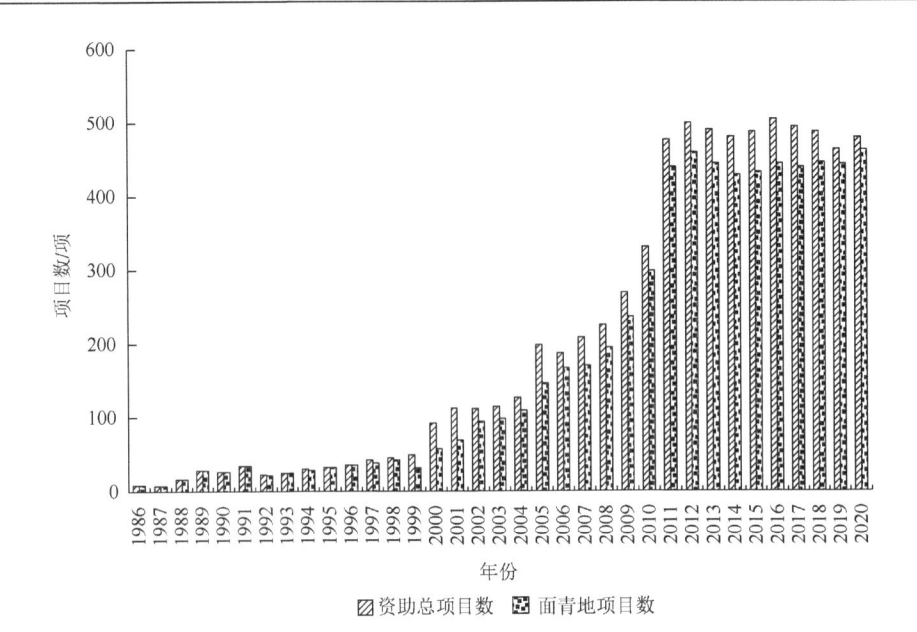

图 1-3　1986～2020 年国家自然科学基金工商管理学科资助项目数

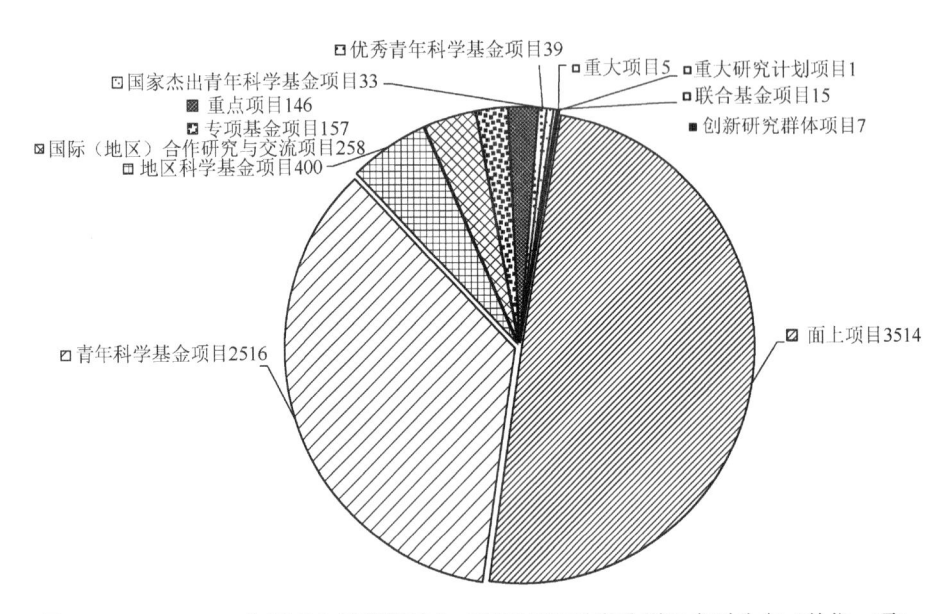

图 1-4　1986～2020 年国家自然科学基金工商管理学科资助项目类型分布（单位：项）

2006 年国家自然科学基金委员会管理科学部设立 3 个科学处（管理科学与工程、工商管理、宏观管理与政策），工商管理学科迎来了大发展，先后资助了管理科学部第一项重大项目"新兴电子商务重大基础问题与关键技术研究"、第一项重点项目群"基于中国管理实践的理论创新研究",以及第二项重大研究计划"大数据驱动的管理与决策研究"。截至2019年,工商管理学科共资助各类项目合计6612项,其中,国家杰出青年科学基金项目32项、优秀青年科学基金项目33项、重点项目137项、面上项目3320项、青年科学基金项目2281项、地区科学基金项目367项,在这些基金项目的支持下,我国工商管理学科的研究水平、创新能力和国际影响有了大幅提升,一支高水平的基础研究队伍基本形成,越来越多的工商管理学者担任国际重要学术期刊的编委。

1.3.2 不同时期管理科学部发展战略对工商管理学科发展的引领

科学发展离不开基础研究,工商管理学科也不例外。国家自然科学基金委员会成立初期制定了"面向经济建设的战略方针",管理科学组在1988年第一次组织开展学科发展战略研究,历时7年于1995年12月完成了《自然科学学科发展战略调研报告——管理科学》,提出了管理科学发展战略的总目标:"全面促进中国经济腾飞,提高社会经济效益,消化吸收先进的国外管理理论,大幅提高我国管理实践及研究的水平。"[①]因此,2005年以前,管理科学部特别是工商管理学科资助的项目主要集中在企业理论、企业竞争力、组织理论、企业财务管理等与企业经济发展相关度较高的领域方向上。

管理科学部"十一五"战略的指导思想是"发挥前瞻引领作用,突出中国实践特色,推动实现自主创新",明确要在未来10～20年逐步建立管理科学中国学派的学科基础。"十一五"时期最大的特点是发挥前瞻引领作用,增加了国家杰出青年科学基金项目和重点项目的资助,管理科学部每年资助的国家杰出青年科学基金项目从1994年的1项增加到2000年的5项,2008年进一步增加到7项,一直到2019年才增加到10项;工商学科的重点项目也由2005年以前的每年1~2项增加到每年5~6项。国家杰出青年科学基金项目、重点项目的大幅增加很好地发挥了学科的前瞻引领作用。

在管理科学部"十二五"发展战略中,为了贯彻落实国家自然科学基金委员会"更加侧重基础、更加侧重前沿、更加侧重人才"(三个更加侧重)的资助工作新思路,管理科学部提出了"顶天立地"的指导思想,努力从中国的管理实践中提炼更加基础的科学问题,要瞄准并在一些领域引领国际研究的前沿方向,要从研究领域、研究方法、研究文化等多个方面体现科学基金的战略导向和引领作用[②]。"十二五"时期最大的特点是更加侧重人才,工商学科青年科学基金项目资

---

① 陈晓田. 国家自然科学基金与我国管理科学(1986—2008). 北京:科学出版社,2009.
② 国家自然科学基金委员会管理科学部. 管理科学发展战略——暨管理科学"十二五"优先资助领域. 北京:科学出版社,2011.

助数快速增长，2014年资助青年科学基金项目200项，首次超过面上项目192项。另外，2012年开始资助优秀青年科学基金项目，"十二五"期间，工商管理学科共资助青年科学基金项目945项、优秀青年科学基金项目17项、国家杰出青年科学基金项目10项。一大批工商管理的优秀青年才俊获得国家自然科学基金的资助。2013年，中国管理学者发表的SCI、SSCI论文总数在世界排名第三位，仅次于美国和英国，而且超过47%的论文受到国家自然科学基金的资助。

管理科学部在"十三五"发展战略中提出了"遵循学科规律，突出三个侧重，坚持顶天立地"的指导思想，提高管理科学基金资助成效，支撑国家重大需求。新时代科学基金提出了"鼓励探索，突出原创；聚焦前沿，独辟蹊径；需求牵引，突破瓶颈；共性导向，交叉融通"的资助导向。"十三五"时期，工商管理学科取得了长足发展，2015年启动了一项关于"大数据"的重大研究计划项目，2015~2019年资助4项重大项目（重点项目群），而且资助的青年科学基金项目数连续3年超过面上项目数，越来越多项目负责人的研究成果发表在UTD 24和FT 50等国际顶尖学术期刊上，一大批年轻学者担任国际重要学术期刊的编委和委员，中国工商管理学者的国际学术影响初见端倪。2018年，中国管理学者发表的SCI、SSCI论文总数在世界排名上升到第二位，仅次于美国，而且超过65%的论文受到国家自然科学基金的资助。

为什么中国工商管理学科的科学化发展主要得益于国家自然科学基金的资助？首先在于国家自然科学基金引导和鼓励学者做基础研究，而不是纯应用研究，更不是直接的政策建议研究。国家自然科学基金引导和鼓励开展科学研究，学者依据科学研究和独立判断为政府、社会提供智慧。其次在于国家自然科学基金申请书的论证体系特别强调论证逻辑性的严谨，靠这个体系来保证基本的质量。总体来说，国家自然科学基金的引领和推动作用至少体现在以下几个方面。

第一，自下而上的自由探索。国家自然科学基金委员会管理科学部每年发布项目指南，除了重点项目、重大项目、专项项目等明确指明研究问题外，面上项目、青年科学基金项目、地区科学基金项目及人才基金项目等都没有明确的指向，鼓励自由探索，即使有明确指南的重点项目，还是要求和鼓励申请团队进一步凝练科学问题，甚至可以改变题目。这种自下而上的自由探索，加上时间和资金保障，是基础科学研究的重要保证，极大地促进了工商管理学科科学化的进展。

第二，资助导向的引领作用。国家自然科学基金委员会成立之初设立管理科学组是自然科学家认同管理学科是科学的结果，这很不容易，即使到今天，仍有一些人包括管理学科内部的学者依然不认为工商管理是科学，至少其科学成分远不如其他成分多。成立管理科学部后，朱镕基的《管理科学 兴国之道》[①]的讲话

---

① 朱镕基. 管理科学 兴国之道. 中国科学基金，1996，10（4）：235-236.

成为大家的共识,"支持基础研究,坚持自由探索,引领科学未来""更加侧重基础、更加侧重人才"成为基本的定位,后来"发现规律,解释现象,指导实践"这12个字所表述的任务是中国管理学界的历史使命①。如今,"鼓励探索,突出原创;聚焦前沿,独辟蹊径;需求牵引,突破瓶颈;共性导向,交叉融通"是国家自然科学基金委员会所倡导的新资助导向,并于2019年开始了试点分类申请与评审。凝练科学问题、理论基础清晰、采用科学方法、明确技术路线、追求创新、取得高水平研究成果、做出理论贡献、培养年轻科研力量应该是每位基金课题申请人都认真思考过,甚至成为根深蒂固的研究范式,这方面的引领和影响远比科研经费发挥的作用大得多,更是推动工商管理学科科学化的根本保障。

第三,学术生态建设。学科建设与发展需要良好的学术生态。围绕国家自然科学基金的定位和使命,除了项目,国家自然科学基金委员会始终坚持科学和民主精神,广泛听取意见,不断推出有助于学科发展的措施,如支持数据库建设、支持学术会议、鼓励分享和开放、鼓励合作、探索科学的评审机制等,国家自然科学基金在有利于科学研究的学科生态建设方面做出了不可磨灭的贡献。

1.4 新时代与学科研究平台

在党的十九大上,习近平代表党中央作了"经过长期努力,中国特色社会主义进入了新时代,这是我国发展新的历史方位"②的论断,并用"三个意味着"(中国特色社会主义进入新时代,意味着近代以来久经磨难的中华民族迎来了从站起来、富起来到强起来的伟大飞跃,迎来了实现中华民族伟大复兴的光明前景;意味着科学社会主义在二十一世纪的中国焕发出强大生机活力,在世界上高高举起了中国特色社会主义伟大旗帜;意味着中国特色社会主义道路、理论、制度、文化不断发展,拓展了发展中国家走向现代化的途径,给世界上那些既希望加快发展又希望保持自身独立性的国家和民族提供了全新选择,为解决人类问题贡献了中国智慧和中国方案②)和"五个是"(这个新时代,是承前启后、继往开来、在新的历史条件下继续夺取中国特色社会主义伟大胜利的时代,是决胜全面建成小康社会、进而全面建设社会主义现代化强国的时代,是全国各族人民团结奋斗、不断创造美好生活、逐步实现全体人民共同富裕的时代,是全体中华儿女勠力同心、奋力实现中华民族伟大复兴中国梦的时代,是我国日益走近世界舞台中央、

---

① 郭重庆. 中国管理学者该登场了. 管理学报,2011,8(12):1733-1736,1747.
② 《习近平:决胜全面建成小康社会 夺取新时代中国特色社会主义伟大胜利——在中国共产党第十九次全国代表大会上的报告》,http://www.xinhuanet.com/politics/19cpcnc/2017-10/27/c_1121867529.htm[2017-10-27].

不断为人类作出更大贡献的时代①)阐明了新时代的内涵和意义,为党和国家的一切工作锚定了方位,为我国发展进程注入了新的时代内涵。

新时代意味着新的矛盾、新的发展任务、新的发展平台。"十四五"期间,工商管理学科建设也要顺应新时代,要在新时代中做出贡献。例如,为解决人类问题贡献了中国智慧和中国方案,工商管理学科的研究就责无旁贷,改革开放40多年来,中国企业在经济发展和摆脱贫困方面做出了大量贡献,还可以总结其他方面的贡献。

企业进步、中国议题被关注、稳定且庞大的研究队伍、商学院在国际的地位和排名、工商管理学科研究成果的国际影响力稳步提升、国内外学术交流开始从追随到并跑……不管这些是否能代表我国企业和工商管理学科与国际相比先进还是落后,总之是现在所处的平台,学科发展和研究工作要在这个平台基础上发展。

改革开放40多年来,伴随着社会主义市场经济建设和改革开放的深入,企业成为市场的主体有了明显的进步。国家市场监督管理总局公布的数字显示,2019年上半年,中国日均新设企业1.94万户,同比增长7.1%。截至2019年6月底,全国有各类市场主体1.16亿户。小米成为世界上最年轻的500强企业,华为顶住了美国的全面封杀,越来越多的中国企业在全球布局,一些企业和工厂的技术现代化程度不亚于美国等发达国家的企业,平台企业、数字技术应用可以和国外同步甚至领先,尽管高度不平衡但整体水平提高了。

"十四五"时期,工商管理研究工作要在改革开放40多年、我国国内生产总值稳居世界第二、国家全面实现小康的基础上展开,要在国际学术界取得一定地位和影响的基础上发展,学科发展战略和规划工作要考虑新的起点与平台,结合新时代审视工商管理学科的定位和使命。十九大报告明确提出要"培育具有全球竞争力的世界一流企业"①的目标任务。工商管理学科的研究对象和发展平台发生了很大的变化。

(1)"中国议题"的管理科学研究得到国际学者的高度关注。截至2014年,393种期刊②中关于"中国议题"的管理科学研究论文有19 718篇,且增长迅速,完全由国外学者发表的关于"中国议题"的论文有7514篇,占到论文总数的38.11%。美国、英国和澳大利亚学者关注"中国议题"最多。这为国际合作研究创造了条件,中国学者不再是仅提供数据,还可以围绕"中国议题"开展比较研究,共同设计。

---

① 《习近平:决胜全面建成小康社会 夺取新时代中国特色社会主义伟大胜利——在中国共产党第十九次全国代表大会上的报告》,http://www.xinhuanet.com//politics/19cpcnc/2017-10/27/c_1121867529.htm[2017-10-27].

② 2014年管理学界研制的管理科学重要期刊推荐列表初稿,学界简称393期刊列表。

第1章 工商管理学科研究属性及发展平台

我们以哈佛大学商学院案例库收录了哪些中国企业的案例并关注什么为题进行了统计。截至 2019 年 8 月，入选哈佛大学商学院案例库的中国企业[①]案例共有 147 个，涉及 110 家企业。其中，入选次数最多的 3 家中国企业分别为海尔集团（入选 7 次），阿里巴巴（中国）网络技术有限公司（入选 5 次），国美电器控股有限公司（入选 4 次）。中国企业案例入选年份及相应案例数，见图 1-5。

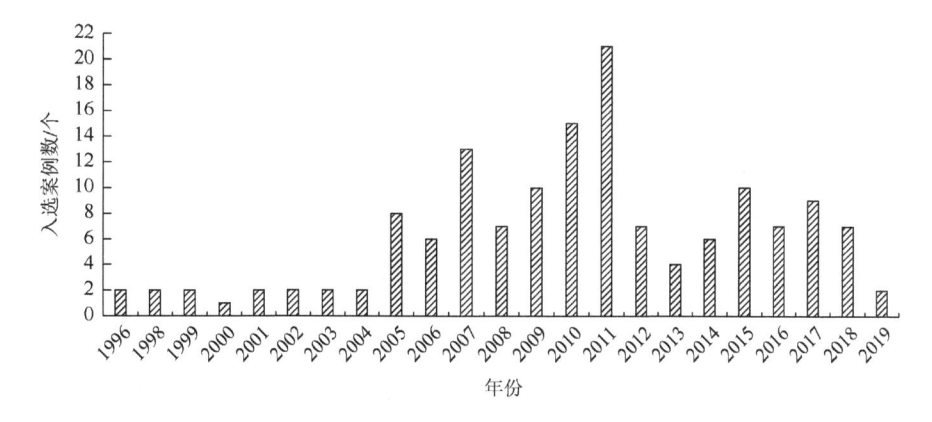

图 1-5 中国企业案例入选年份及相应案例数

入选哈佛大学商学院案例库的中国上市企业有 57 家，占比为 51.8%；还未上市的企业有 53 家，占比为 48.2%。所属行业共有 18 个。其中，制造业有 34 个企业，占比为 30.9%；金融业有 18 个企业，占比为 16.4%；信息传输、软件和信息技术服务业有 18 个企业，占比为 16.4%。具体数据见表 1-1。

表 1-1 入选哈佛大学商学院案例库的中国企业案例所属行业

所属行业	企业数/个	占比
制造业	34	30.9%
金融业	18	16.4%
信息传输、软件和信息技术服务业	18	16.4%
房地产业	6	5.5%
综合	6	5.5%
电力、热力、燃气及水生产和供应业	4	3.6%
科学研究和技术服务业	4	3.6%
商务服务业	4	3.6%

---

① 本章中的数据不包含港澳台地区数据，中国企业为主体在中国大陆（内地）经营，并由中国大陆（内地）公民或者华人经营的企业。

续表

所属行业	企业数/个	占比
交通运输业	3	2.7%
零售业	3	2.7%
建筑业	2	1.8%
卫生和社会工作	2	1.8%
采矿业	1	0.9%
林业	1	0.9%
农业	1	0.9%
文化、体育和娱乐业	1	0.9%
邮政业	1	0.9%
住宿业	1	0.9%

注：表中数据经过四舍五入修约处理，存在合计不等于100%的情况

入选的中国企业案例所属学科共有13个（所属学科为哈佛网站给出的学科），涉及工商管理学科的各个方面。其中，涉及案例个数最多的学科分别为一般管理，涉及30个案例，占比为20.4%；战略，涉及26个案例，占比为17.7%；财务金融，涉及22个案例，占比为15.0%。具体数据见表1-2。

表1-2 中国企业案例所属学科

学科	案例数/个	占比
一般管理（general management）	30	20.4%
战略（strategy）	26	17.7%
财务金融（finance）	22	15.0%
运营管理（operations management）	14	9.5%
创业（entrepreneurship）	13	8.8%
营销（marketing）	12	8.2%
组织行为（organizational behavior）	11	7.5%
政商关系（business & government relations）	8	5.4%
会计（accounting）	5	3.4%
信息技术（information technology）	2	1.4%
国际商务（international business）	2	1.4%
商业伦理（business ethics）	1	0.7%
人力资源管理（human resource management）	1	0.7%
总计	147	100%

注：表中数据经过四舍五入修约处理

（2）工商管理学科的研究队伍在壮大。第四轮评估于 2016 年在 95 个一级学科范围内开展（不含军事学门类等 16 个学科），共有 513 个单位的 7449 个学科参评。工商管理学科全国具有"博士授权"的高校共有 65 所，本次参评 63 所，部分具有"硕士授权"的高校也参加了评估，参评高校共计 240 所，是参评院校多的一级学科。2019 年 10 月 9 日教育部对十三届全国人大二次会议第 1009 号建议的答复文件中显示，全国共有工商管理一级学科博士点 73 个、硕士点 222 个[①]。后续高校数量还有所增加，高等院校工商管理学科专职教师队伍及博士比例都在大幅度提升。

（3）中国工商管理学科在国际排名不断提升。2019 年，《泰晤士高等教育》（Times Higher Education，THE）在商科学科国际比较中，清华大学和北京大学进入全球前 30 名。到 2020 年上半年，中国通过国际商学院协会（Association to Advance Collegiate Schools of Business，AACSB）认证的商学院/管理学院有 31 所[②]，通过欧洲质量发展体系（European Quality Improvement System，EQUIS）认证的有 20 所。

基于新时代与学科发展平台，工商管理学科在未来很有必要在坚持微观研究基础上谋求宏观贡献、在强化科学性基础上谋求理论贡献、在结合学科独特性基础上拓展学科边界、在讲好中国故事基础上贡献国际标准，这构成了工商管理学科战略规划与优先领域凝练的基本立场和原则。

---

① 《对十三届全国人大二次会议第 1009 号建议的答复（教建议字〔2019〕230 号）》，http://www.moe.gov.cn/jyb_xxgk/xxgk_jyta/jyta_xwb/201911/t20191120_409013.html[2019-10-09]。

② 此处不包含港澳台地区数据。

第 2 章 学科发展现状和动态

工商管理学科的学科发展首先体现为科学知识积累及在积累过程中孕育的新方向和趋势，从工商管理学科领域所发表的文献分析入手可以较好地把握并凝练工商管理学科发展的整体态势和未来趋势。结合国家自然科学基金委员会管理科学部的学科领域划分体系，我们将工商管理学科归集为 13 个领域进行分析与研究，分别是战略管理（G0201）、组织理论与组织行为（G0202）、企业技术管理与创新管理（G0203）、人力资源管理（G0204）、财务管理（G0205）、会计与审计（G0206）、市场营销（G0207）、生产与质量管理（G0208）、企业信息管理（G0209）、电子商务（G0210）、运营管理（G0211）、创业管理（G0213）、国际商务与跨文化管理（G0214），项目管理（G0212）在专业期刊、论文、课题申请量等多方面都相对较少，多处不作为独立的领域单独分析，而是融入运营管理（G0211）等领域。本章主要从学科总体及相关学科领域两个维度凝练工商管理学科国际和国内发展现状与前沿动态。

2.1 国际发展现状与前沿领域

2.1.1 总体发展状况

为了描述和凝练工商管理学科及其各学科领域在 2014~2019 年的整体态势，我们从各学科领域展开文献计量分析入手，从期刊、文章、主题、内容等不同的层次、粒度视角，对工商管理学科的发展现状及前沿领域进行多维分析，并进一步分析不同研究主题的发展趋势和关键问题，从学科领域整体态势和研究主题的关键问题两个角度来凝练与概括相关学科领域的研究态势及最新进展。

具体而言，我们选择高水平期刊和高水平会议作为研究文献搜集的主要来源。高水平期刊是基于权威和前沿研究工作的论文成果的重要来源，但因审稿和发表周期存在着时滞问题，因此，我们选择高水平会议论文作为反映工商管理学科的最新研究态势的补充来源，以高水平期刊、高水平会议相互补充的研究设计有助于更加客观与真实地体现和凝练工商管理学科的发展脉络、整体态势及未来趋势。在期刊和会议选择方面，由各领域规划负责人根据学科共识，以及期刊和会议的国际认可度、权威性，初步遴选出该领域内的主流国际期刊和高水平会议，然后征集领域内相关专家（学术骨干/学科带头人）的意见，对初步遴选的期刊和会议清单进行修订与补充，力求所遴选的期刊和会议能够体现各领域的学术动态，具有前瞻性和引领性，能够较好地反映工商管理学科的发展现状和前沿领域。最终，各领域确定出 6~18 个重要国际期刊，汇总整理后得到 98 个重要国际期刊、18 个重要国际会议，涵盖了这些期刊和会议 2014 年至 2019 年上半年的学术成果，文章总数为 59 264 篇。总体来看，2014~2019 年，工商管理学科各领域研究成果的逐年产出呈现为相对稳定的趋势，同时各领域在文章数量上有所差别，如图 2-1 所示。

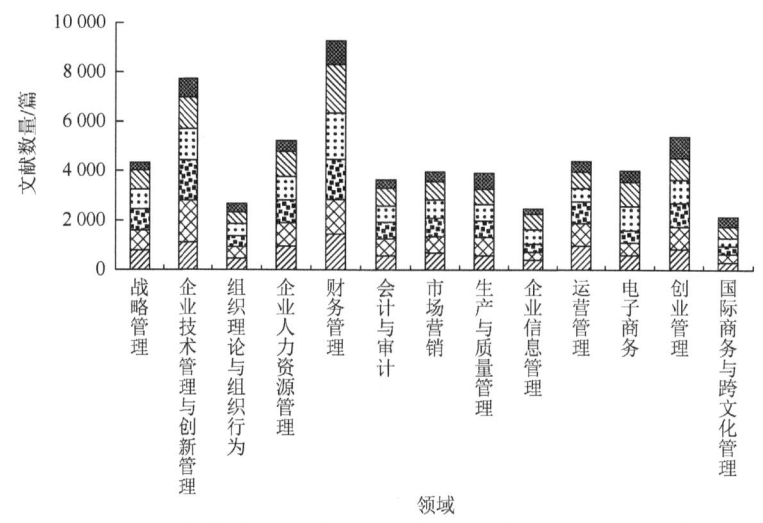

图 2-1 国际各领域年度发表文章数量统计

我们将聚焦各领域的文献计量分析，进而凝练各领域的热点话题、领域关键字、重要主题词等，从而进一步分析和掌握文章的具体内容与研究进展，以期更深入地了解各领域的研究态势和发展趋势。

2.1.2 各学科领域发展状况

近年来，由于互联网和信息技术等新兴技术的进步与应用普及，企业管理实践发生了根本性变化，涌现出了不少重要且具有挑战性的研究课题。在这一背景下，工商管理学科各领域呈现基于共性情境的多样化研究方向。结合研究过程中的多轮研讨和专家意见，我们详细统计和凝练了各领域在 2014~2019 年的发展状况，进一步提炼工商管理学科各领域的国际热点问题和方向布局，这有利于为我国工商管理学科发展规划提供有益的借鉴和指导。

对于战略管理领域，如图 2-2 所示，该领域在 13 个方向上取得了重要研究成果。创新方向相关的研究受到学者的高度关注，其次为非市场战略方向和公司治理方向。其中，创新和创业等交叉学科方向备受关注。

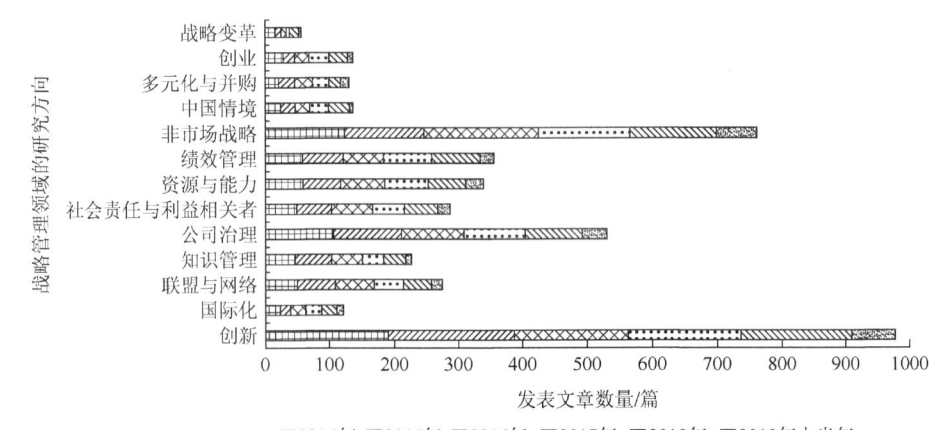

图 2-2　战略管理领域各研究方向在重要国际期刊/会议的发文统计

对于组织理论与组织行为领域，如图 2-3 所示，该领域在 16 个方向上取得了重要研究成果。领导与追随方向相关的研究受到学者的高度关注，其次为个体心理与动机方向。此外，创新与创造力、组织网络等与其他学科领域交叉的研究方向也受到了学者的高度重视。

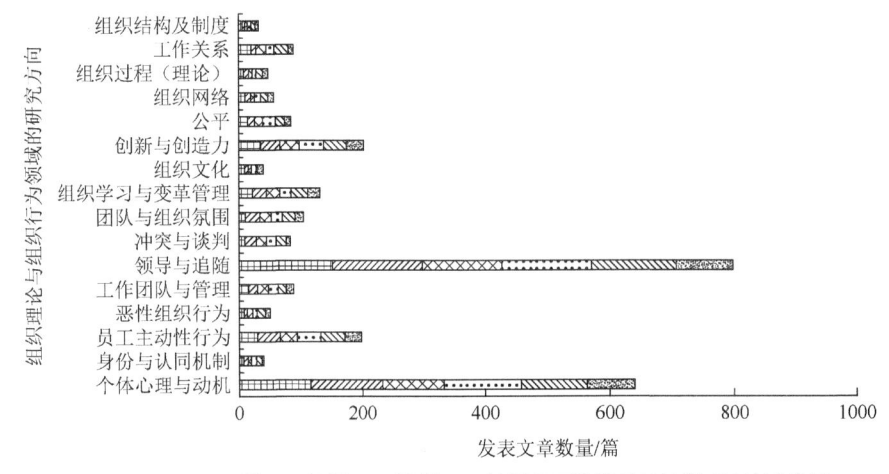

图 2-3　组织理论与组织行为领域各研究方向在重要国际期刊/会议的发文统计

对于企业技术管理与创新管理领域，如图 2-4 所示，该领域在 14 个方向上取得了重要研究成果。其中，创新扩散与技术的开发、实施和使用方向是学者关注最多的领域，其次是市场环境要素方向和公司战略要素方向。值得关注的是，新技术对组织形式和电子商务的影响、信息技术、创新类型和网络等是该领域近年来兴起的新兴方向，这些方向与互联网、信息技术等新兴技术诱发的创新活动及其复杂性高度相关。

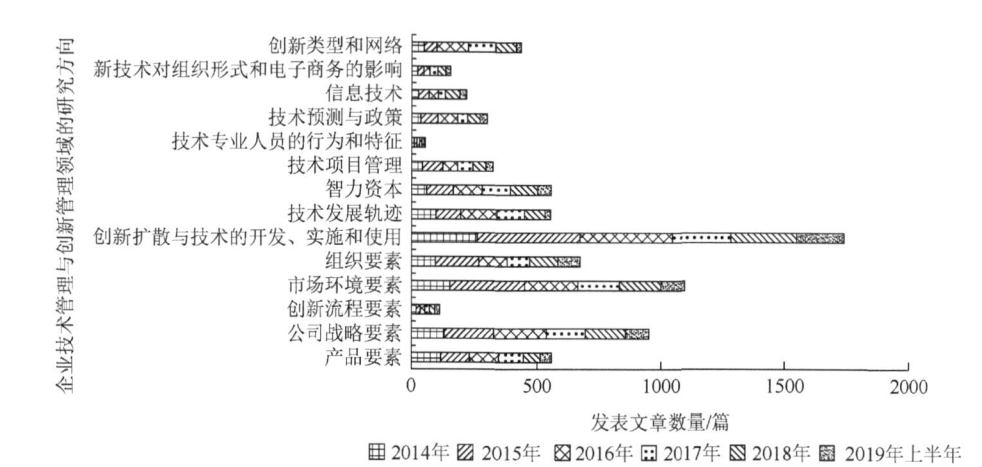

图 2-4　企业技术管理与创新管理领域各研究方向在重要国际期刊/会议的发文统计

对于人力资源管理领域，如图 2-5 所示，该领域主要集中在 12 个研究方向，各个研究方向的研究水平比较均衡。其中，领导力与团队过程成为该学科的重点

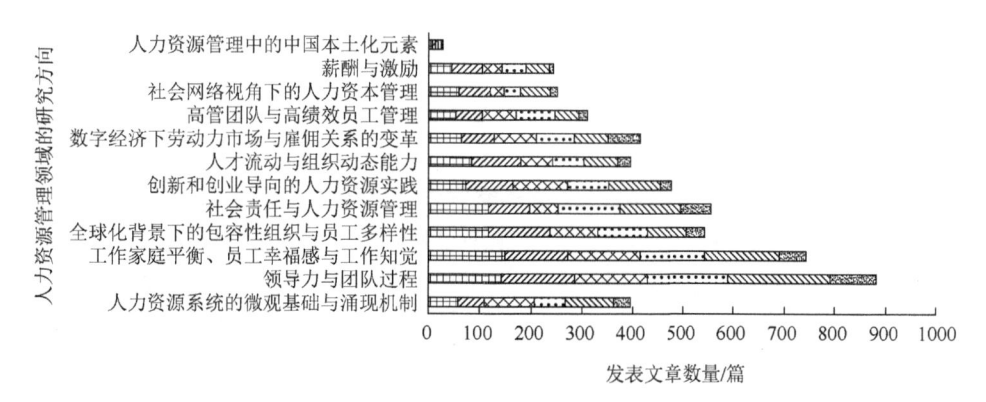

图 2-5　人力资源管理领域各研究方向在重要国际期刊/会议的发文统计

研究方向，受到学者普遍关注。工作家庭平衡、员工幸福感与工作知觉是该领域学者关注的重要方向。更为重要的是，数字经济和互联网进一步诱发了企业人力资源管理理念与实践的变革，数字经济下劳动力市场与雇佣关系的变革方向近年来开始得到大量关注。总体来看，因环境变革，该学科领域的研究视角和问题出现了重要转变，促进了学科创新。

对于财务管理领域，如图2-6所示，该领域主要集中在16个研究方向。金融资产定价是该学科领域的热点方向，其次是公司治理和信息不对称下的财务决策，这些方向受到了学者的重点关注。值得关注的是，大数据、社会网络与金融科技是该领域兴起的新兴领域方向。

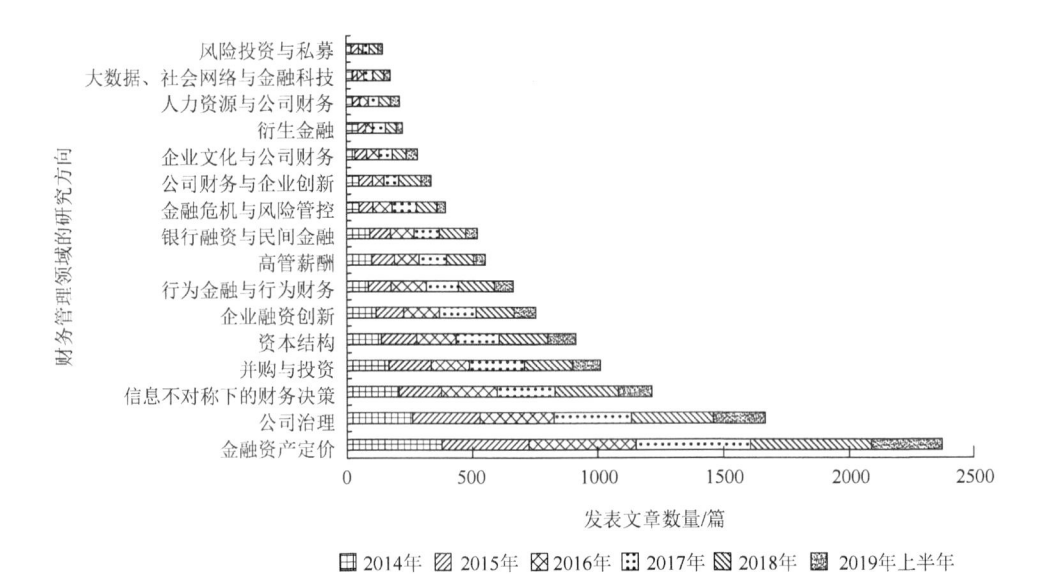

图2-6 财务管理领域各研究方向在重要国际期刊/会议的发文统计

会计与审计领域主要集中在17个研究方向，如图2-7所示。审计、会计理论和准则、企业绩效等学科领域的基础问题仍然是热点方向，信息环境、信息披露、会计信息质量、管理会计、环境会计、内部控制、企业社会责任、文本分析、薪酬激励、税负、盈余管理等方向受到学者的关注，文化、信息环境、审计与创新等交叉及技术驱动强的领域在快速兴起。

对于市场营销领域，如图2-8所示，该领域在6个方向上取得了重要研究成果。其中，消费者行为是学者关注较多的重点研究方向，其次是竞争与战略、广告与沟通。

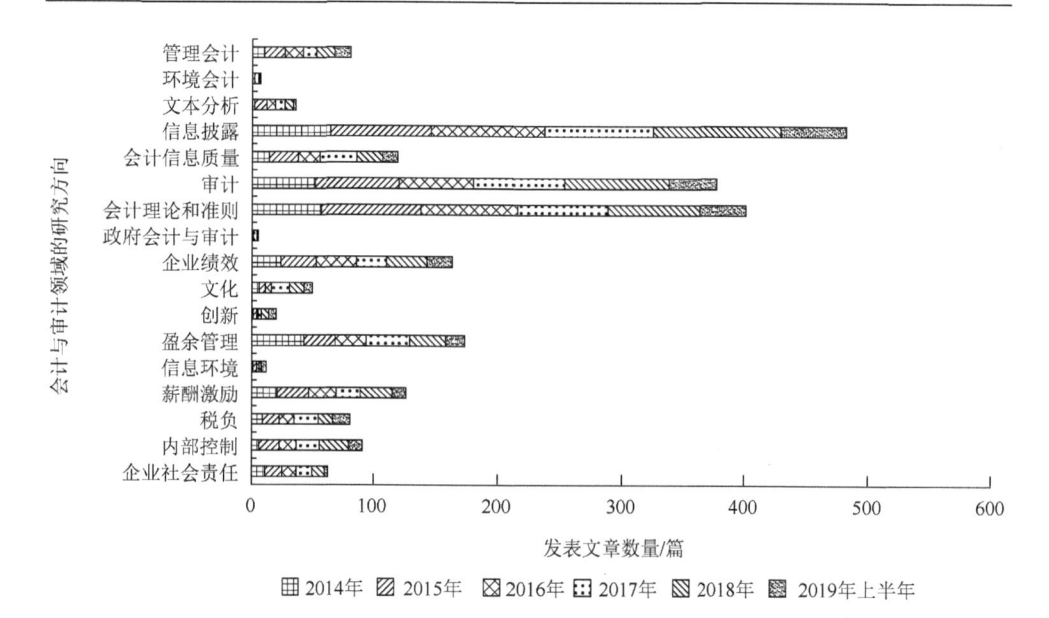

图 2-7 会计与审计领域各研究方向在重要国际期刊/会议的发文统计

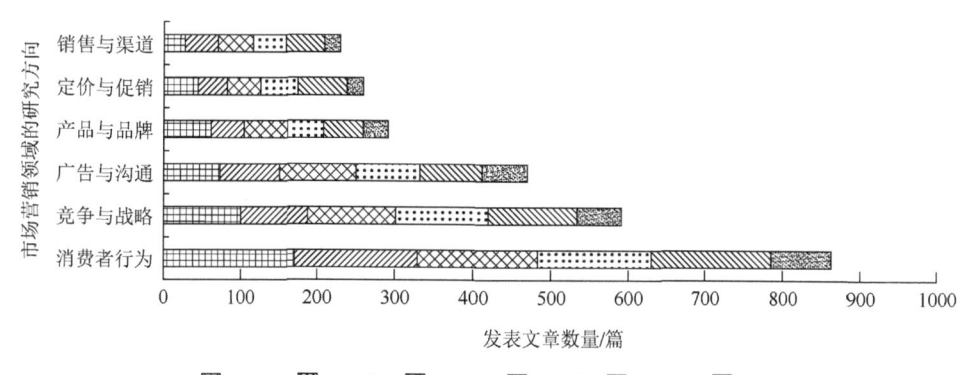

图 2-8 市场营销领域各研究方向在重要国际期刊/会议的发文统计

对于生产与质量管理领域,如图 2-9 所示,该领域方向在 14 个方向上取得了重要研究成果。其中,生产管理是该领域学者关注的重要研究方向,其次是服务质量、库存、生产决策、供应链质量管理和可靠性。

对于企业信息管理领域,如图 2-10 所示,该领域在 10 个方向上取得了重要进展。其中,信息系统对企业管理和企业价值影响是该领域学者关注最多的重要领域方向,其次是隐私与网络安全以及社会网络、社会化媒体方向。

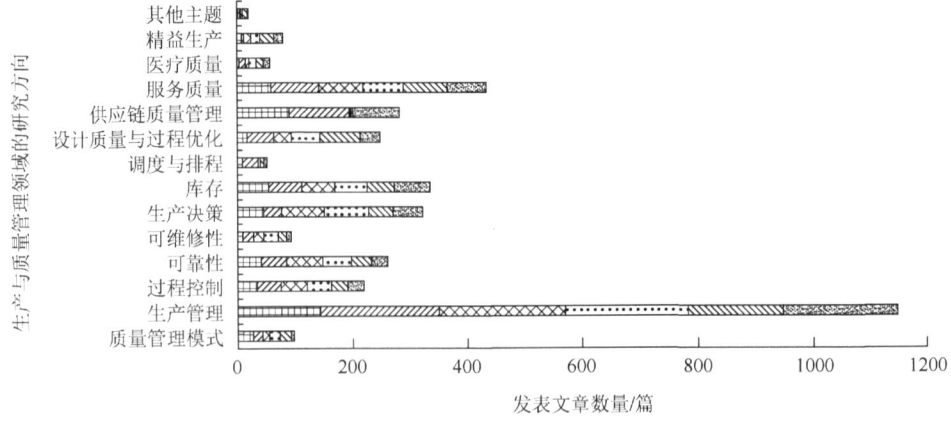

图 2-9　生产与质量管理领域各研究方向在重要国际期刊/会议的发文统计

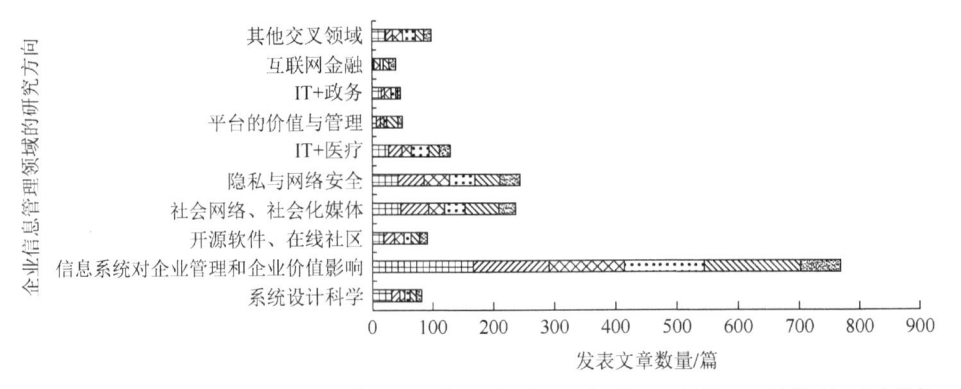

图 2-10　企业信息管理领域各研究方向在重要国际期刊/会议的发文统计

①一篇文献可能涉及多个主题；②由于国际会议论文只有 2017 年、2018 年两年数据，为使数据之间存在可比性，这里没有包括会议论文；③不包含电子商务及相关主题

对于电子商务领域，如图 2-11 所示，该领域主要集中在 16 个研究方向。其中，与其他领域的交叉研究也是该领域的一个重要特色，大部分研究是基于交叉学科的研究，甚至成为该领域研究的主流特征。社交媒体、社交网站与社交电商研究是该领域的热点方向，受到学者的重点关注。

对于运营管理领域，如图 2-12 所示，该领域主要集中在 10 个研究方向。具体而言，库存管理是热点方向，得到学者的普遍关注；其次是与金融/营销/工商结合的交叉研究方向，也是学者关注的重点。绿色与低碳供应链管理、数字经济与供应链运作管理、供应链协调与协同等是新兴研究方向。

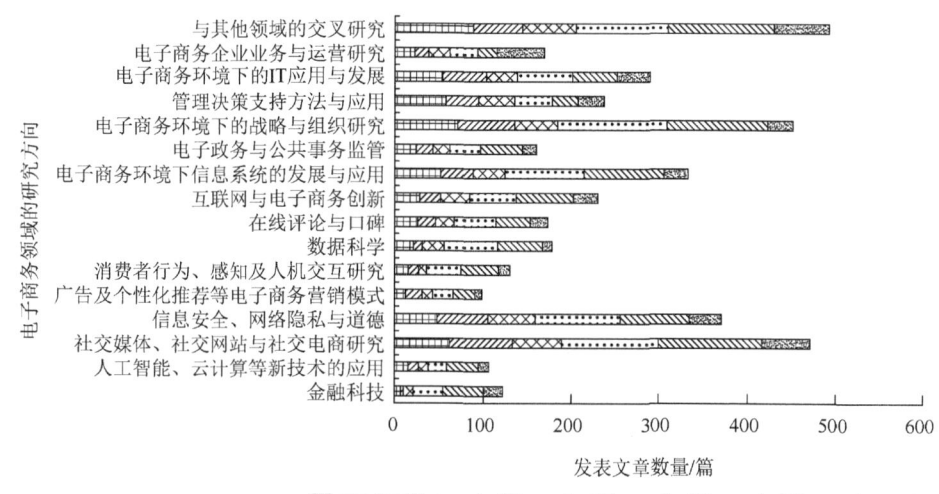

图 2-11　电子商务领域各研究方向在重要国际期刊/会议的发文统计

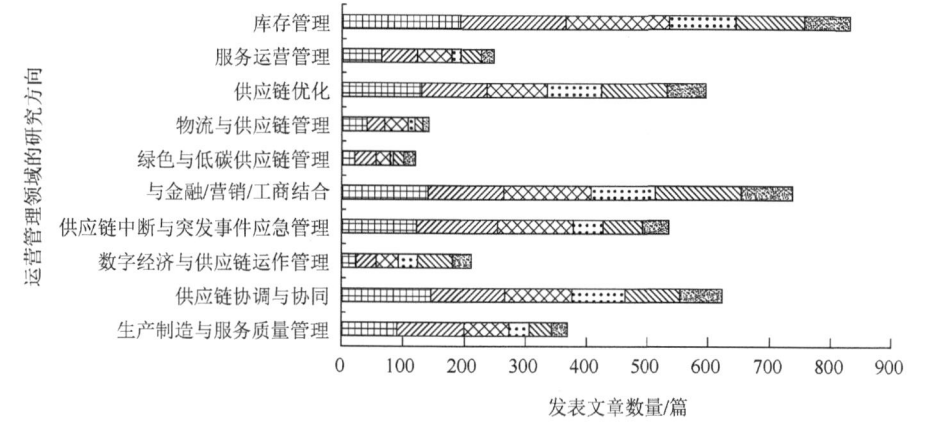

图 2-12　运营管理领域各研究方向在重要国际期刊/会议的发文统计

对于创业管理领域，如图 2-13 所示，该领域主要集中在 14 个研究方向。新企业生成、成长与绩效，创业过程的关键要素，创业/新企业融资与风险投资，家族企业，社会网络与创业资源等方向得到持续性关注，这些主题反映的是创业管理领域的基础性问题，有助于揭示微观层次创业活动成败及新企业成长的一般性规律。创业认知与决策、公司创业、情境化的创业分类研究、创业导向与创业战略等主题的文献数量大幅度增加，反映的是创业管理领域的前沿性问题，这些主题有助于在更深层次上揭示创业成败及新企业成长一般性规律背后的理论机制，同时这些主题也是与社会学、经济学、心理学等之间的交叉领域。

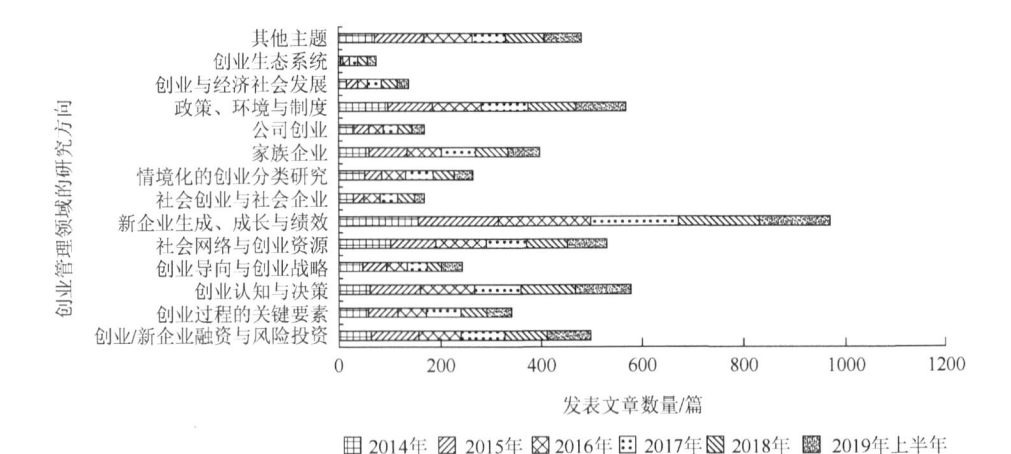

图 2-13 创业管理领域各研究方向在重要国际期刊/会议的发文统计

国际商务与跨文化管理领域主要集中在 18 个研究方向。跨国公司仍然是研究的热点，如跨国公司的本质及其边界、新技术环境下的跨国公司、跨国公司"母子""子子"公司关系、跨国公司对母国和东道国的影响、跨国公司政治战略等方面研究课题。跨国知识转移、国际创新与创业、跨文化管理等方向得到持续关注，"一带一路"、逆全球化趋势与公司战略、跨国公司的非市场战略等方向兴起，这些变化与国际形势变化直接相关。

2.1.3 国际前沿领域及其特点

基于工商管理学科各学科领域 2014～2019 年发文数量的研究方向分布，我们进一步下沉到研究方向内部文章，对所涉及文章的主题词进行深度内容分析，同时结合相关领域的学者研讨、专家座谈及问卷调研结果，最终提出各领域的关注热点及在研究方向上的前沿研究课题。

对于战略管理领域，表 2-1 展现的是不同学术主题下的国际研究文献的研究重点。①在创新主题，文献主要关注的是创新、创新绩效、技术创新、企业创新、开放式创新、研发、协同创新等主题词；②在创业主题，文献主要关注的是创业、创业导向、初创企业、企业家精神、中小企业与企业绩效等主题词；③在多元化与并购主题，文献主要关注的是并购、跨国公司、重组、制度环境、产权性质、对外直接投资、商业模式等主题词；④在公司治理主题，文献主要关注的是公司治理、内部控制、高管团队、盈余管理、企业管理、领导力、高管、董事会构成等主题词；⑤在非市场战略主题，文献主要关注的是产权性质、制度环境、环境不确定性、政治关联、政府补贴、竞争优势、资源依赖理论、环境规制等主题词；⑥在绩效管理主题，文献主要关注的是创新绩效、价值共创、组织绩效、企业绩效、投资效率、价值链等主题词；⑦在社会责任与利益相关者主题，文献主要关注的是企业社会责任、责任、信息不对称、企业家精神、信任、供应链、商业信用等主题词；⑧在战略变革主题，文献主要关注的是战略变革、技术变革、组织变革、重组和演化等主题词；⑨在联盟与网络主题，文献主要关注的是网络、社会网络、战略联盟、产业集群、企业集团、联盟、协同创新等主题词；⑩在知识管理主题，文献主要关注的是吸收能力、知识转移、组织学习、知识、知识共享、价值创造、知识管理、智力资本等主题词；⑪在中国情境主题，文献主要关注中国、新兴经济体、政治关联、国有企业、中小企业、产权性质、文化距离、"一带一路"等主题词；⑫在资源与能力主题，文献主要关注资源、动态能力、吸收能力、社会资本、组织学习等主题词。

表 2-1　战略管理领域各研究方向的热点主题词分布

研究方向	热词 1	热词 2	热词 3	热词 4	热词 5	热词 6	热词 7	热词 8
创新	创新	创新绩效	技术创新	企业创新	开放式创新	研发	协同创新	创新驱动
创业	创业	创业导向	初创企业	企业家精神	中小企业	企业绩效	动机	创业企业
多元化与并购	并购	跨国公司	重组	制度环境	产权性质	对外直接投资	商业模式	案例研究
公司治理	公司治理	内部控制	高管团队	盈余管理	企业管理	领导力	高管	董事会构成
国际化	国际化	对外直接投资	跨国公司	文化距离	风险	合资企业	政治距离	进入模式
非市场战略	产权性质	制度环境	环境不确定性	政治关联	政府补贴	竞争优势	资源依赖理论	环境规制
绩效管理	创新绩效	价值共创	组织绩效	企业绩效	投资效率	价值链	实证研究	价值创造
社会责任与利益相关者	企业社会责任	责任	信息不对称	企业家精神	信任	供应链	商业信用	社会福利
战略变革	战略变革	技术变革	组织变革	重组	演化	战略决策	演化博弈	战略导向
联盟与网络	网络	社会网络	战略联盟	产业集群	企业集团	联盟	协同创新	
知识管理	吸收能力	知识转移	组织学习	知识	知识共享	价值创造	知识管理	智力资本
中国情境	中国	新兴经济体	政治关联	国有企业	中小企业	产权性质	文化距离	"一带一路"
资源与能力	资源	动态能力	吸收能力	社会资本	组织学习	全要素生产率	要素禀赋	创新

对于组织理论与组织行为领域，表 2-2 展现的是不同学术主题下的国际研究文献的研究重点。①在个体心理与动机主题，文献主要关注的是信任、情绪、工

作场所孤独、自尊、个人特质等主题词；②在身份与认同机制主题，文献主要关注的是社会身份、组织身份、身份判别、评估、组织认同等主题词；③在员工主动性行为主题，文献主要关注的是建言行为、组织公民行为、员工志愿行为、主动性、个人性格、领导风格、个人倾向等主题词；④在恶性组织行为主题，文献主要关注的是滥用监督、违规行为、嫉妒、负面印象、恶性组织行为、领导风格、下属行为等主题词；⑤在工作团队与管理主题，文献主要关注的是团队多样性、异质性、自我管理、断层、多团队、跨职能等主题词；⑥在领导与追随主题，文献主要关注的是领导-成员交换、魅力型领导、女性领导、包容性领导、变革型领导等主题词；⑦在冲突与谈判主题，文献主要关注的是工作-家庭冲突、团队冲突、组织冲突、目标冲突、认同冲突等主题词；⑧在团队与组织氛围主题，文献主要关注的是竞争、情感、安全、多样性、互动、创造力等主题词；⑨在组织学习与变革管理主题，文献主要关注的是组织学习、替代学习、组织变革、制度变革、变革远景、学习类型等主题词；⑩在组织文化主题，文献主要关注的是组织文化、情感、服务文化、紧密文化、个体主义、集体主义等主题词；⑪在创新与创造力主题，文献主要关注的是员工创造力、团队创造力、个体创造力、组织创新、想法、创造过程等主题词；⑫在公平主题，文献主要关注组织公正、司法可执行性、公平原则、主义感知、领导-成员交换、干预、感知等主题词；⑬在组织网络主题，文献主要关注关系网络、工具网络、经纪人、网络变化、网络结构、关系、网络位置、演化等主题词；⑭在组织过程（理论）主题，文献主要关注的是组织哀悼模型、新熊彼特理论、组织弹性理论、创新过程、理论创新等主题词；⑮在工作关系主题，文献主要关注积极工作关系、员工-组织关系、关系多元化、动态性、互惠性、组织环境等主题词；⑯在组织结构及制度主题，文献主要关注工作设计、组织制度、权力结构、适应性、组织结构、工作任务等主题词。

表 2-2 组织理论与组织行为领域各研究方向的热点主题词分布

研究方向	热词 1	热词 2	热词 3	热词 4	热词 5	热词 6	热词 7	热词 8
个体心理与动机	信任	情绪	工作场所孤独	自尊	个人特质	内在动机	幽默	亲社会动机
身份与认同机制	社会身份	组织身份	身份判别	评估	组织认同	机制	协调	员工
员工主动性行为	建言行为	组织公民行为	员工志愿行为	主动性	个人性格	领导风格	个人倾向	组织氛围
恶性组织行为	滥用监督	违规行为	嫉妒	负面印象	恶性组织行为	领导风格	下属行为	组织氛围
工作团队与管理	团队多样性	异质性	自我管理	断层	多团队	跨职能	多元化	团队
领导与追随	领导-成员交换	魅力型领导	女性领导	包容性领导	变革型领导	真实型领导	授权型领导	追随

续表

研究方向	热词1	热词2	热词3	热词4	热词5	热词6	热词7	热词8
冲突与谈判	工作-家庭冲突	团队冲突	组织冲突	目标冲突	认同冲突	内部资源	谈判	协作
团队与组织氛围	竞争	情感	安全	多样性	互动	创造力	工作积极性	团队
组织学习与变革管理	组织学习	替代学习	组织变革	制度变革	变革远景	学习类型	组织环境	效果
组织文化	组织文化	情感	服务文化	紧密文化	个体主义	集体主义	战略	领导力
创新与创造力	员工创造力	团队创造力	个体创造力	组织创新	想法	创造过程	知识型组织	创造性思维
公平	组织公正	司法可执行性	公平原则	主义感知	领导-成员交换	干预	感知	正义
组织网络	关系网络	工具网络	经纪人	网络变化	网络结构	关系	网络位置	演化
组织过程（理论）	组织哀悼模型	新熊彼特理论	组织弹性理论	创新过程	理论创新	组织动态	理论发展	组织行为
工作关系	积极工作关系	员工-组织关系	关系多元化	动态性	互惠性	组织环境	工作类型	领导力
组织结构及制度	工作设计	组织制度	组织设计	权力结构	适应性	组织结构	工作任务	组织环境

对于企业技术管理与创新管理领域，表 2-3 展现的是不同学术主题下的国际研究文献的研究重点。①在产品要素主题，文献主要关注的是产品开发、产品创新、产品市场竞争、资源基础观、创造、生产率、市场导向等主题词；②在公司战略要素主题，文献主要关注的是战略、战略柔性、竞争优势、吸收能力、动态能力、战略联盟等主题词；③在创新流程要素主题，文献主要关注的是创新、创新能力、创新驱动、研发投资、创新绩效、外国直接投资、演化等主题词；④在组织要素主题，文献主要关注的是绩效、组织学习、产权性质、全要素生产率、财务绩效、成长、多元化、组织双元性等主题词；⑤在创新类型和网络主题，文献主要关注的是创新类型、创新网络、仿真、开放式创新、社会网络、探索、颠覆式创新、技术创新等主题词；⑥在技术发展轨迹主题，文献主要关注的是技术创新、技术创新网络、产学研合作、技术、知识、创造性、设计、技术变化等主题词；⑦在智力资本主题，文献主要关注的是高管团队、管理层权力、高管薪酬、高管、高阶理论、领导、创业精神、价值创造等主题词；⑧在技术项目管理主题，文献主要关注的是技术、技术管理、技术项目管理、团队领导、评价、管理、研发、激励措施等主题词；⑨在技术专业人员的行为和特征主题，文献主要关注的是人力资本、人力资源管理、探索式学习、先验知识、科学家、知识、知识产权、绩效等主题词；⑩在市场环境要素主题，文献主要关注的是市场、制度环境、环境不确定性、环境动态性、经济增长、行业、竞争、市场导向等主题词；⑪在创新

扩散与技术的开发、实施和使用主题，文献主要关注的是创新、创新扩散、创新利用、知识转移、溢出效应、技术转移、创新系统、整合等主题词；⑫在技术预测与政策主题，文献主要关注绿色、环境保护、可持续发展、绿色发展、政策、创新政策等主题词；⑬在信息技术主题，文献主要关注信息、技术、信息技术、大数据、云计算、数据包络分析、科学、生物技术等主题词；⑭在新技术对组织形式和电子商务的影响主题，文献主要关注技术、新技术、技术发展、电子商务、新能源、影响、技术改变、新兴经济体等主题词。

表2-3 企业技术管理与创新管理领域各研究方向的热点主题词分布

研究方向	热词1	热词2	热词3	热词4	热词5	热词6	热词7	热词8
产品要素	产品开发	产品创新	产品市场竞争	资源基础观	创造	生产率	市场导向	决定因素
公司战略要素	战略	战略柔性	竞争优势	吸收能力	动态能力	战略联盟	行业	治理
创新流程要素	创新	创新能力	创新驱动	研发投资	创新绩效	外国直接投资	演化	决定因素
组织要素	绩效	组织学习	产权性质	全要素生产率	财务绩效	成长	多元化	组织双元性
创新类型和网络	创新类型	创新网络	仿真	开放式创新	社会网络	探索	颠覆式创新	技术创新
技术发展轨迹	技术创新	技术创新网络	产学研合作	技术	知识	创造性	设计	技术变化
智力资本	高管团队	管理层权力	高管薪酬	高管	高阶理论	领导	创业精神	价值创造
技术项目管理	技术	技术管理	技术项目管理	团队领导	评价	管理	研发	激励措施
技术专业人员的行为和特征	人力资本	人力资源管理	探索式学习	先验知识	科学家	知识	知识产权	绩效
市场环境要素	市场	制度环境	环境不确定性	环境动态性	经济增长	行业	竞争	市场导向
创新扩散与技术的开发、实施和使用	创新	创新扩散	创新利用	知识转移	溢出效应	技术转移	创新系统	整合
技术预测与政策	绿色	环境保护	可持续发展	绿色发展	政策	创新政策	合法性	远见
信息技术	信息	技术	信息技术	大数据	云计算	数据包络分析	科学	生物技术
新技术对组织形式和电子商务的影响	技术	新技术	技术发展	电子商务	新能源	影响	技术改变	新兴经济体

对于人力资源管理领域，表2-4展现的是不同学术主题下的国际研究文献的研究重点。①在人力资源系统的微观基础与涌现机制主题，文献主要关注的是高绩效人力资源管理学系统、高绩效工作系统、涌现机制、微观基础、人力资源管

理、人力资源管理实践、跨层、人力资源等主题词；②在数字经济下劳动力市场与雇佣关系的变革主题，文献主要关注的是数字经济、劳动力市场、雇佣关系、劳动关系、新生代、老龄化、科学技术、组织变革等主题词；③在人才流动与组织动态能力主题，文献主要关注的是离职、人才流动、通用性、组织动态能力、人力资本、竞争优势、创新、战略人力资源管理等主题词；④在社会网络视角下的人力资本管理主题，文献主要关注的是社会网络、社会资本、人力资本、创新、信任、关系、知识、组织学习等主题词；⑤在创新和创业导向的人力资源实践主题，文献主要关注的是创业、创新、绩效、人力资源管理、知识、中小企业、组织学习、研发等主题词；⑥在领导力与团队过程主题，文献主要关注的是领导、团队、跨层、知识分享、领导-成员交换、权力、激励、授权等主题词；⑦在薪酬与激励主题，文献主要关注的是薪酬、绩效、激励、福利、公平、感知、高管、创新等主题词；⑧在高管团队与高绩效员工管理主题，文献主要关注的是高管、创业、明星员工、高绩效、创新、离职、委托代理等主题词；⑨在工作家庭平衡、员工幸福感与工作知觉主题，文献主要关注的是工作家庭平衡、知觉、组织行为、员工满意度、幸福感、员工流动、情绪、心理学等主题词；⑩在全球化背景下的包容性组织与员工多样性主题，文献主要关注的是全球化、多样性、包容性、创新、文化、价值观、匹配、跨国经营等主题词；⑪在社会责任与人力资源管理主题，文献主要关注的是社会责任、利益相关者、绿色人力资源管理、企业伦理、价值观、雇佣关系、企业文化、亲社会等主题词；⑫在人力资源管理中的中国本土化元素主题，文献主要关注本土化、中国情境、家族企业、家长式领导、传统文化、关系、国有企业、管理学在中国等主题词。

表 2-4　人力资源管理领域各研究方向的热点主题词分布

研究方向	热词 1	热词 2	热词 3	热词 4	热词 5	热词 6	热词 7	热词 8
人力资源系统的微观基础与涌现机制	高绩效人力资源管理学系统	高绩效工作系统	涌现机制	微观基础	人力资源管理	人力资源管理实践	跨层	人力资源
数字经济下劳动力市场与雇佣关系的变革	数字经济	劳动力市场	雇佣关系	劳动关系	新生代	老龄化	科学技术	组织变革
人才流动与组织动态能力	离职	人才流动	通用性	组织动态能力	人力资本	竞争优势	创新	战略人力资源管理
社会网络视角下的人力资本管理	社会网络	社会资本	人力资本	创新	信任	关系	知识	组织学习
创新和创业导向的人力资源实践	创业	创新	绩效	人力资源管理	知识	中小企业	组织学习	研发
领导力与团队过程	领导	团队	跨层	知识分享	领导-成员交换	权力	激励	授权

续表

研究方向	热词1	热词2	热词3	热词4	热词5	热词6	热词7	热词8
薪酬与激励	薪酬	绩效	激励	福利	公平	感知	高管	创新
高管团队与高绩效员工管理	高管	创业	明星员工	高绩效	创新	离职	委托代理	激励
工作家庭平衡、员工幸福感与工作知觉	工作家庭平衡	知觉	组织行为	员工满意度	幸福感	员工流动	情绪	心理学
全球化背景下的包容性组织与员工多样性	全球化	多样性	包容性	创新	文化	价值观	匹配	跨国经营
社会责任与人力资源管理	社会责任	利益相关者	绿色人力资源管理	企业伦理	价值观	雇佣关系	企业文化	亲社会
人力资源管理中的中国本土化元素	本土化	中国情境	家族企业	家长式领导	传统文化	关系	国有企业	管理学在中国

对于财务管理领域，表 2-5 展现的是不同学术主题下的国际研究文献的研究重点。①在并购与投资主题，文献主要关注的是兼并收购、投资决策、收购、公司投资、重组等主题词；②在大数据、社会网络与金融科技主题，文献主要关注的是社交网络、家庭金融、网络、同伴效应、大数据、金融科技、同群效应等主题词；③在风险投资与私募主题，文献主要关注的是风险投资与私募、风险投资、私募股权、众筹、创业融资等主题词；④在高管薪酬主题，文献主要关注的是高管薪酬、CEO 薪酬、高管变更、高管股权激励、高管激励、职业生涯考虑、员工股权激励等主题词；⑤在公司治理主题，文献主要关注的是公司治理、机构投资者、共同基金、对冲基金、企业社会责任、盈余管理等主题词；⑥在行为金融与行为财务主题，文献主要关注的是过度自信、决策心理学、前景理论、损失规避、风险规避等主题词；⑦在金融危机与风险管控主题，文献主要关注的是金融危机、风险承担、风险管理、系统性风险、信用违约互换、流动性风险、信用价差、暴跌风险等主题词；⑧在人力资源与公司财务主题，文献主要关注的是人力资源、劳动力、就业等主题词；⑨在公司财务与企业创新主题，文献主要关注的是创新、生产率、专利、研发、企业创新、新产品开发、新产品、技术创新等主题词；⑩在企业融资创新主题，文献主要关注的是融资、现金持有、商业信用融资、股利、融资约束、IPO[①]、财务困境等主题词；⑪在企业文化与公司财务主题，文献主要关注的是企业文化、性别、信任、公司文化、金融素养等主题词；⑫在信息不对称下的财务决策主题，文献主要关注信息不对称、内幕信息交易、信息披露、信息系统、信息分享、透明度、私有信息等主题词；⑬在衍生金融主题，文献主要关注的是期权、卖空、实物期

---

① IPO 表示 initial public offering（首次公开募股）。

权、衍生金融等主题词;⑭在银行融资与民间金融主题,文献主要关注的是银行、企业破产、信用评级、违约风险、债权人、信贷供给、债券违约等主题词;⑮在资本结构主题,文献主要关注的是资本结构、负债、债务期限结构、债务成本、资本成本、可转债、公司债券等主题词;⑯在金融资产定价主题,文献主要关注的是资产定价、股票流动性、有效市场、股票收益、股价波动、投资组合等主题词。

表 2-5　财务管理领域各研究方向的热点主题词分布

研究方向	热词 1	热词 2	热词 3	热词 4	热词 5	热词 6	热词 7	热词 8
并购与投资	兼并收购	投资决策	收购	公司投资	兼并	重组	投资效率	
大数据、社会网络与金融科技	社交网络	家庭金融	网络	同伴效应	大数据	金融科技	同群效应	
风险投资与私募	风险投资与私募	风险投资	私募股权	众筹	创业融资			
高管薪酬	高管薪酬	CEO 薪酬	高管变更	高管股权激励	高管激励	职业生涯考虑	员工股权激励	薪酬业绩敏感度
公司治理	公司治理	机构投资者	共同基金	对冲基金	企业社会责任	盈余管理	代理成本	高管变更
行为金融与行为财务	过度自信	决策心理学	前景理论	损失规避	风险规避	行为金融	模糊规避	市场择机
金融危机与风险管控	金融危机	风险承担	风险管理	系统性风险	信用违约互换	流动性风险	信用价差	暴跌风险
人力资源与公司财务	人力资源	劳动力	就业					
公司财务与企业创新	创新	生产率	专利	研发	企业创新	新产品开发	新产品	技术创新
企业融资创新	融资	现金持有	商业信用融资	股利	融资约束	IPO	财务困境	上市折价
企业文化与公司财务	企业文化	性别	信任	公司文化	金融素养	互惠	社会规范	亲社会行为
信息不对称下的财务决策	信息不对称	内幕信息交易	信息披露	信息系统	信息分享	透明度	私有信息	内幕交易
衍生金融	期权	卖空	实物期权	衍生金融				
银行融资与民间金融	银行	企业破产	信用评级	违约风险	债权人	信贷供给	债券违约	银行融资
资本结构	资本结构	负债	债务期限结构	债务成本	资本成本	可转债	公司债券	股权资本成本
金融资产定价	资产定价	股票流动性	有效市场	股票收益	股价波动	投资组合	动态定价	估值

对于会计与审计领域,表 2-6 展现的是不同学术主题下的国际研究文献的研究重点。①在管理会计主题,文献主要关注的是成本黏性、管理控制、劳动力成本、调整成本、成本管理等主题词;②在环境会计主题,文献主要关注的是环境绩效、气候变化、自然资源报表、环境规制、环境信息披露、社会责任等主题词;③在文本分析主题,文献主要关注的是代理成本、代理问题、代理理论、高管任期、在职消费、风险偏好等主题词;④在信息披露主题,文献主要关注的是自愿披露、财务报告、盈余公告、分析师预测、媒体报道等主题词;⑤在会计信息质量主题,文献主要关注的是盈余质量、披露规制、财务错报、信息不对称、崩盘风险、可读性等主题词;⑥在审计主题,文献主要关注的是审计质量、审计费用、审计委员会、审计独立性、审计风险等主题词;⑦在会计理论和准则主题,文献主要关注的是公允价值、保守性、应计项目、估值、会计准则、会计政策等主题词;⑧在政府会计与审计主题,文献主要关注的是政府会计、政府审计、政府财务报告、政府补贴、政府资助、国家审计等主题词;⑨在企业绩效主题,文献主要关注的是企业绩效、绩效、企业价值、公司价值、绩效衡量、价值相关性、财务绩效等主题词;⑩在盈余管理主题,文献主要关注的是盈余管理、操纵性应计利润、真实盈余管理、异常应计项目、应计盈余管理、收入转移、利润平滑等主题词;⑪在信息环境主题,文献主要关注的是信息不对称、透明度、信息环境、私有信息、信息不确定性、信息风险、信息获取、非对称的信息等主题词;⑫在薪酬激励主题,文献主要关注的是高管薪酬、激励、股权激励、CEO 薪酬、薪酬、薪酬差距、薪酬业绩敏感性、薪酬契约等主题词;⑬在税负主题,文献主要关注的是避税、税收优惠、税收规避、企业避税、税收积极性、税收筹划、税金等主题词;⑭在内部控制主题,文献主要关注的是内部控制、管理控制、内部控制质量、内部控制缺陷、控制、控制杠杆、管理控制系统等主题词;⑮在企业社会责任主题,文献主要关注的是企业社会责任、投资者保护、社会责任、利益相关者、慈善捐赠、社会责任信息披露、供应链、非营利组织等主题词。

表 2-6 会计与审计领域各研究方向的热点主题词分布

研究方向	热词 1	热词 2	热词 3	热词 4	热词 5	热词 6	热词 7	热词 8
管理会计	成本黏性	管理控制	劳动力成本	调整成本	成本管理	低成本战略	费用黏性	预算管理
环境会计	环境绩效	气候变化	自然资源报表	环境规制	环境信息披露	社会责任	碳排放	绿色指数
文本分析	代理成本	代理问题	代理理论	高管任期	在职消费	风险偏好	高管激励	大股东掏空
信息披露	自愿披露	财务报告	盈余公告	分析师预测	媒体报道	强制披露	信号传递	信息成本

续表

研究方向	热词1	热词2	热词3	热词4	热词5	热词6	热词7	热词8
会计信息质量	盈余质量	披露规制	财务错报	信息不对称	崩盘风险	可读性	会计稳健性	信息透明度
审计	审计质量	审计费用	审计委员会	审计独立性	审计风险	内部审计	审计轮换	审计师
会计理论和准则	公允价值	保守性	应计项目	估值	会计准则	会计政策	国际准则	及时性
政府会计与审计	政府会计	政府审计	政府财务报告	政府补贴	政府资助	国家审计	政府治理	反腐
企业绩效	企业绩效	绩效	企业价值	公司价值	绩效衡量	价值相关性	财务绩效	公司绩效
盈余管理	盈余管理	操纵性应计利润	真实盈余管理	异常应计项目	应计盈余管理	收入转移	利润平滑	应计盈余质量
信息环境	信息不对称	透明度	信息环境	私有信息	信息不确定性	信息风险	信息获取	非对称的信息
薪酬激励	高管薪酬	激励	股权激励	CEO薪酬	薪酬	薪酬差距	薪酬业绩敏感性	薪酬契约
税负	避税	税收优惠	税收规避	企业避税	税收积极性	税收筹划	税金	税收激励
内部控制	内部控制	管理控制	内部控制质量	内部控制缺陷	控制	控制杠杆	管理控制系统	财务报告的内部控制
企业社会责任	企业社会责任	投资者保护	社会责任	利益相关者	慈善捐赠	社会责任信息披露	供应链	非营利组织

对于市场营销领域，表 2-7 展现的是不同学术主题下的国际研究文献的研究重点。①在竞争与战略主题，文献主要关注的是价值共创、不确定性、顾客关系价值、营销能力、互动导向等主题词；②在消费者行为主题，文献主要关注的是行为意向、解释水平理论、顾客参与、自我建构、心理距离等主题词；③在产品与品牌主题，文献主要关注的是产品创新、品牌、虚拟品牌社区、产品类型、品牌态度、自有品牌等主题词；④在广告与沟通主题，文献主要关注的是社交网络、网络口碑、微博、在线广告、广告、合作广告、定向广告、意见领袖等主题词；⑤在定价与促销主题，文献主要关注的是定价、动态定价、价格承诺、产品定价、预售、价格竞争、感知价值等主题词；⑥在销售与渠道主题，文献主要关注的是供应链、双渠道、电子商务、网络购物、零售、网络外部性等主题词。

表 2-7 市场营销领域各研究方向的热点主题词分布

研究方向	热词1	热词2	热词3	热词4	热词5	热词6	热词7	热词8
竞争与战略	价值共创	不确定性	顾客关系价值	营销能力	互动导向	博弈论	用户导向	企业管理
消费者行为	行为意向	解释水平理论	顾客参与	自我建构	心理距离	感知风险	消费者满意度	决策
产品与品牌	产品创新	品牌	虚拟品牌社区	产品类型	品牌态度	自有品牌	品牌信任	品牌关系
广告与沟通	社交网络	网络口碑	微博	在线广告	广告	合作广告	定向广告	意见领袖
定价与促销	定价	动态定价	价格承诺	产品定价	预售	价格竞争	感知价值	退款保证
销售与渠道	供应链	双渠道	电子商务	网络购物	零售	网络外部性	移动商务	隐私关注

对于生产与质量管理领域，表 2-8 展现的是不同学术主题下的国际研究文献的研究重点。①在质量管理模式主题，文献主要关注的是全面质量管理、零缺陷、管理范式、质量奖、EFQM[①]全面质量管理框架、5S 管理、质量文化等主题词；②在生产管理主题，文献主要关注的是生产现场管理、生产能力、生产计划、过程监控、现场研究等主题词；③在过程控制主题，文献主要关注的是（多变量）控制图、统计过程控制、变点、决策支持系统、多阶段过程控制等主题词；④在可靠性主题，文献主要关注的是可靠性评估、风险分析、失效模式、检测方法、定期检查等主题词；⑤在可维修性主题，文献主要关注的是周期性检查、预防性维修、多状态系统、视情维修、更新过程、退化等主题词；⑥在生产决策主题，文献主要关注的是动态定价、整数规划、多目标规划、生产、生产线、产量预测、绿色生产、按订单生产等主题词；⑦在库存主题，文献主要关注的是库存管理、库存控制、提前期、仓库业务、虚订购、生产计划等主题词；⑧在调度与排程主题，文献主要关注的是机器调度、设施选址、服务系统调度、资源配置优化、调度算法等主题词；⑨在设计质量与过程优化主题，文献主要关注的是质量功能展开、测量系统分析、质量屋、卡诺模型、田口方法等主题词；⑩在供应链质量管理主题，文献主要关注的是供应商质量管理、供求不匹配、信息不对称、再制造、绿色供应链等主题词；⑪在服务质量主题，文献主要关注的是顾客满意、顾客参与、顾客忠诚、顾客感知、口碑等主题词；⑫在医疗质量主题，文献主要关注的是健康医疗、医院管理、外包、医疗保健服务、调度等主题词；⑬在精益生产主题，文献主要关注的是精益实施、精益思考、精益六西格玛、价值流图、JIT[②]等主题词。

---

① EFQM 表示 European Foundation for Quality Management（欧洲品质管理基金会）。
② JIT 表示 just in time（准时生产）。

表 2-8 生产与质量管理领域各研究方向的热点主题词分布

研究方向	热词1	热词2	热词3	热词4	热词5	热词6	热词7	热词8
质量管理模式	全面质量管理	零缺陷	管理范式	质量奖	EFQM全面质量管理框架	5S管理	质量文化	质量意识
生产管理	生产现场管理	生产能力	生产计划	过程监控	现场研究	机器调度	排队系统	
过程控制	(多变量)控制图	统计过程控制	变点	决策支持系统	多阶段过程控制	响应曲面建模	数据融合	稳健参数设计
可靠性	可靠性评估	风险分析	失效模式	检测方法	定期检查	可靠性优化设计	多阶段可靠性评估	失效概率
可维修性	周期性检查	预防性维修	多状态系统	视情维修	更新过程	退化	维护策略	选择性维修
生产决策	动态定价	整数规划	多目标规划	生产	生产线	产量预测	绿色生产	按订单生产
库存	库存管理	库存控制	提前期	仓库业务	虚订购	生产计划	仓库设计	储存架设计
调度与排程	机器调度	设施选址	服务系统调度	资源配置优化	调度算法	双层规划	设施选址	项目调度
设计质量与过程优化	质量功能展开	测量系统分析	质量屋	卡诺模型	田口方法	故障模式和效应分析FMEA	EQUASS	质量认证
供应链质量管理	供应商质量管理	供求不匹配	信息不对称	再制造	绿色供应链			
服务质量	顾客满意	顾客参与	顾客忠诚	顾客感知	口碑			
医疗质量	健康医疗	医院管理	外包	医疗保健服务	调度			
精益生产	精益实施	精益思考	精益六西格玛	价值流图	JIT			

注：FMEA 表示 failure mode and effect analysis（故障模式和效应分析），EQUASS 表示 European quality in social service（欧洲社会服务质量）

对于企业信息管理领域，表 2-9 展现的是不同学术主题下的国际研究文献的研究重点。①在系统设计科学主题，文献主要关注的是设计科学、系统设计、人机交互、互联网广告、网站浏览等主题词；②在信息系统对企业管理和企业价值影响主题，文献主要关注的是信息技术的商业价值、ERP/SCM/DSS[①]、数据仓库、群体支持系统、移动办公等主题词；③在开源软件、在线社区主题，文献主要关

---

① ERP 表示 enterprise resource plan（企业资源计划），SCM 表示 supply chain management（供应链管理），DSS 表示 decision-making support system（决策支持系统）。

注的是开源软件、开源社区、开源技术、在线社区、论坛、众包、创新等主题词；④在社会网络、社会化媒体主题，文献主要关注的是网络效应、社会网络、社会资本、口碑效应、社交媒体、咨询网络、意见领袖等主题词；⑤在隐私与网络安全主题，文献主要关注的是信息安全、隐私、道德规范、防火墙、反欺诈、钓鱼等主题词；⑥在IT+医疗主题，文献主要关注的是平台、开放平台、平台竞争、信息技术平台、网络效应、平台治理、协同等主题词；⑦在平台的价值与管理主题，文献主要关注的是互联网+医疗、医疗科技、医疗信息化、医疗信息化管理、医疗保险、健康管理等主题词；⑧在IT+政务主题，文献主要关注的是电子政务、智慧城市、实时交通、舆情管理、犯罪、决策、公共健康等主题词；⑨在互联网金融主题，文献主要关注的是互联网金融、金融科技、众筹融资、互联网保险、金融监管等主题词；⑩在其他交叉领域主题，文献主要关注的是在线教育、共享经济、数据科学、绿色信息技术、O2O[①]等主题词。

表2-9 企业信息管理领域各研究方向的热点主题词分布

研究方向	热词1	热词2	热词3	热词4	热词5	热词6	热词7
系统设计科学	设计科学	系统设计	人机交互	互联网广告	网站浏览	界面设计	排序
信息系统对企业管理和企业价值影响	信息技术的商业价值	ERP/SCM/DSS	数据仓库	群体支持系统	移动办公	BI/BA	物联网
开源软件、在线社区	开源软件	开源社区	开源技术	在线社区	论坛	众包	创新
社会网络、社会化媒体	网络效应	社会网络	社会资本	口碑效应	社交媒体	咨询网络	意见领袖
隐私与网络安全	信息安全	隐私	道德规范	防火墙	反欺诈	钓鱼	匿名
IT+医疗	平台	开放平台	平台竞争	信息技术平台	网络效应	平台治理	协同
平台的价值与管理	互联网+医疗	医疗科技	医疗信息化	医疗信息化管理	医疗保险	健康管理	可穿戴设备
IT+政务	电子政务	智慧城市	实时交通	舆情管理	犯罪	决策	公共健康
互联网金融	互联网金融	金融科技	众筹融资	互联网保险	金融监管	金融创新	互联网借贷
其他交叉领域	在线教育	共享经济	数据科学	绿色信息技术	O2O	战略创新	

注：BI表示business intelligence（商业智能），BA表示business analysis（商业分析）

---

① O2O表示online to offline（线上到线下）。

对于电子商务领域，表 2-10 展现的是不同学术主题下的国际研究文献的研究重点。①在电子商务企业业务与运营研究主题，文献主要关注的是 B2C[①]电子商务、渠道管理、物联网、订单分配、动态定价、演化博弈、运营策略等主题词；②在互联网与电子商务创新主题，文献主要关注的是互联网+、微创新、协同演化、创新战略、供应链转型等主题词；③在在线评论与口碑主题，文献主要关注的是口碑、在线口碑、社交媒体、用户生成内容、在线评论、文本分析、社交网络等主题词；④在社交媒体、社交网站与社交电商研究主题，文献主要关注的是社交网络、社会行为、自我披露、文本挖掘、意见领袖等主题词；⑤在信息安全、网络隐私与道德主题，文献主要关注的是信息安全、盗版、众包平台、隐私披露、市场监管、医疗信息等主题词；⑥在广告及个性化推荐等电子商务营销模式主题，文献主要关注的是个性化、互联网广告、数据分析、社交网络、广告屏蔽、网络营销等主题词；⑦在电子商务环境下的战略与组织研究主题，文献主要关注的是 IT 外包、价值共创、组织架构、绩效、工作满意度等主题词；⑧在消费者行为、感知及人机交互研究主题，文献主要关注的是人机交互、用户感知、消费者满足、消费者行为、移动应用、设计科学、现场实验等主题词；⑨在人工智能、云计算等新技术的应用主题，文献主要关注的是人工智能、云计算、大数据、深度学习、机器学习、自然语言处理、数据挖掘等主题词；⑩在电子商务环境下信息系统的发展与应用主题，文献主要关注的是信息系统、离岸外包、企业绩效、ERP 系统、信息系统管理、信息系统决策、IS[②]工件、信息技术等主题词；⑪在电子政务与公共事务监管主题，文献主要关注的是 IT 政府、IT 医疗、绿色信息系统、IT 监管、政府行为、突发安全事件、应急管理、公众参与等主题词；⑫在数据科学主题，文献主要关注的是大数据、数据分析、商务智能、数据质量、决策系统等主题词；⑬在管理决策支持方法与应用主题，文献主要关注的是管理决策、管理支持系统、数据分析、决策模型、商务智能、决策制定、数据驱动等主题词；⑭在电子商务环境下的 IT 应用与发展主题，文献主要关注的是 IT 政策与管理、流程建模、IT 应用、IT 商业价值等主题词；⑮在金融科技主题，文献主要关注的是众筹、比特币、区块链、金融科技、金融监管、风险控制等主题词。

表 2-10 电子商务领域各研究方向的热点主题词分布

研究方向	热词1	热词2	热词3	热词4	热词5	热词6	热词7	热词8
电子商务企业业务与运营研究	B2C 电子商务	渠道管理	物联网	订单分配	动态定价	演化博弈	运营策略	物流配送
互联网与电子商务创新	互联网+	微创新	协同演化	创新战略	供应链转型	新业态	O2O	众包

---

① B2C 表示 business-to-consumer（企业对个人）。
② IS 表示 information system（信息系统）。

续表

研究方向	热词1	热词2	热词3	热词4	热词5	热词6	热词7	热词8
在线评论与口碑	口碑	在线口碑	社交媒体	用户生成内容	在线评论	文本分析	社交网络	个性化
社交媒体、社交网站与社交电商研究	社交网络	社会行为	自我披露	文本挖掘	意见领袖	社交媒体Twitter	行为经济学	用户生成内容
信息安全、网络隐私与道德	信息安全	盗版	众包平台	隐私披露	市场监管	医疗信息	金融科技	众筹
广告及个性化推荐等电子商务营销模式	个性化	互联网广告	数据分析	社交网络	广告屏蔽	网络营销	网络口碑	在线平台
电子商务环境下的战略与组织研究	IT外包	价值共创	组织架构	绩效	工作满意度	社交网络	信息系统	组织敏捷性
消费者行为、感知及人机交互研究	人机交互	用户感知	消费者满足	消费者行为	移动应用	设计科学	现场实验	眼球追踪
人工智能、云计算等新技术的应用	人工智能	云计算	大数据	深度学习	机器学习	自然语言处理	数据挖掘	物联网
电子商务环境下信息系统的发展与应用	信息系统	离岸外包	企业绩效	ERP系统	信息系统管理	信息系统决策	IS工件	信息技术
电子政务与公共事务监管	IT政府	IT医疗	绿色信息系统	IT监管	政府行为	突发安全事件	应急管理	公众参与
数据科学	大数据	数据分析	商务智能	数据质量	决策系统	商业价值	预测分析	商业分析
管理决策支持方法与应用	管理决策	管理支持系统	数据分析	决策模型	商务智能	决策制定	数据驱动	博弈
电子商务环境下的IT应用与发展	IT政策与管理	流程建模	IT应用	IT商业价值	IT架构	IT工件	IT外包	IT项目管理
金融科技	众筹	比特币	区块链	金融科技	金融监管	风险控制	共享经济	互联网金融

对于运营管理领域，表2-11展现的是不同学术主题下的国际研究文献的研究重点。①在库存管理主题，文献主要关注的是库存控制、不确定需求、随机产出、报童模型、成本、提前期等主题词；②在服务运营管理主题，文献主要关注的是服务、感知价值、交易成本、供应商选择、消费者行为、定价、委托代理、博弈等主题词；③在供应链优化主题，文献主要关注的是网络结构、算法、风险控制、不确定性、动态、机制设计等主题词；④在物流与供应链管理主题，文献主要关注的是订货、冷链物流、电子商务、易逝品、优化模型等主题词；⑤在绿色与低碳供应链管理主题，文献主要关注的是逆向供应链、再制造、绿色创新、企业社会责任、环境规制、新能源等主题词；⑥在与金融/营销/工商结合主题，文献主要关注的是资金约束、前景理论、过度自信、消费者行为、创新绩效、合同契约、信息披露等主题词；⑦在供应链中断与突发事件应急管理主题，文献主要

关注的是最优决策、仿真、应急管理、需求预测、风险控制、协调机制等主题词；⑧在数字经济与供应链运作管理主题，文献主要关注的是大数据、信息共享、创新绩效、电子商务、技术创新等主题词；⑨在供应链协调与协同主题，文献主要关注的是合同契约、非对称信息、信息共享、定价、博弈、合作、库存决策、协调等主题词；⑩在生产制造与服务质量管理主题，文献主要关注的是服务型制造、服务质量、定价、成本、满意度、供应商选择、制造业服务化、顾客参与等主题词。

表 2-11　运营管理领域各研究方向的热点主题词分布

研究方向	热词1	热词2	热词3	热词4	热词5	热词6	热词7	热词8
库存管理	库存控制	不确定需求	随机产出	报童模型	成本	提前期	易逝品	退货
服务运营管理	服务	感知价值	交易成本	供应商选择	消费者行为	定价	委托代理	博弈
供应链优化	网络结构	算法	风险控制	不确定性	动态	机制设计	随机需求	约束
物流与供应链管理	订货	冷链物流	电子商务	易逝品	优化模型	绿色物流	碳排放	新能源
绿色与低碳供应链管理	逆向供应链	再制造	绿色创新	企业社会责任	环境规制	新能源	闭环供应链	社会福利
与金融/营销/工商结合	资金约束	前景理论	过度自信	消费者行为	创新绩效	合同契约	信息披露	大数据
供应链中断与突发事件应急管理	最优决策	仿真	应急管理	需求预测	风险控制	协调机制	合同契约	突发事件
数字经济与供应链运作管理	大数据	信息共享	创新绩效	电子商务	技术创新	共享经济	顾客参与	双边市场
供应链协调与协同	合同契约	非对称信息	信息共享	定价	博弈	合作	库存决策	协调
生产制造与服务质量管理	服务型制造	服务质量	定价	成本	满意度	供应商选择	制造业服务化	顾客参与

对于创业管理领域，表2-12展现的是不同学术主题下的国际研究文献的研究重点。①在创业/新企业融资与风险投资主题，文献主要关注的是风险资本、众筹、创业、创业融资、绩效、首次公开发行、创新等主题词；②在创业过程的关键要素主题，文献主要关注的是创业、商业模式、机会、创业团队、创新、多样性、知识等主题词；③在创业认知与决策主题，文献主要关注的是创业、绩效、自我效能、激情、不确定性、创业者、决策等主题词；④在创业导向与创业战略主题，文献主要关注的是创业导向、公司创业、绩效、创新、市场导向、创业等主题词，同时研究集中在家族企业和中小企业情境，与公司创业主题存在紧密关联；⑤在社会网络与创业资源主题，文献主要关注的是创业、绩效、创新、网络和社会资本等主题词，嵌入性和知识是其核心解释逻辑；⑥在新企业生成、成长与绩效主

题，文献主要关注的是创业、创新、绩效、新企业、中小企业、自我雇佣、成长等主题词；⑦在社会创业与社会企业主题，文献主要关注的是社会创业、社会企业、混合组织、拼凑、创业、绩效、同情心和组织身份等主题词；⑧在情境化的创业分类研究主题，文献主要关注的是创业、国际创业、绩效、学术创业、创新、知识、制度创业和移民创业等主题词；⑨在家族企业主题，文献主要关注的是家族企业、社会情感财富、绩效、所有权和公司治理等主题词；⑩在公司创业主题，文献主要关注的是公司创业、公司风险资本、绩效、创新、公司新事业、裂变等主题词；⑪在政策、环境与制度主题，文献主要关注的是创业、创新、制度、自我雇佣等主题词；⑫在创业与经济社会发展主题，文献主要关注的是创业、可持续发展、创新、经济增长、地区发展、制度、贫穷和绿色创业等主题词；⑬在创业生态系统主题，文献主要关注的是创业生态系统、创业、生态系统、创新、治理、集群、孵化器等主题词。

表2-12 创业管理领域各研究方向的热点主题词分布

研究方向	热词1	热词2	热词3	热词4	热词5	热词6	热词7	热词8
创业/新企业融资与风险投资	风险资本	众筹	创业	创业融资	绩效	首次公开发行	创新	声誉
创业过程的关键要素	创业	商业模式	机会	创业团队	创新	多样性	知识	绩效
创业认知与决策	创业	绩效	自我效能	激情	不确定性	创业者	决策	手段导向
创业导向与创业战略	创业导向	公司创业	绩效	创新	家族企业	市场导向	创业	中小企业
社会网络与创业资源	创业	绩效	创新	网络	社会资本	中小企业	嵌入性	知识
新企业生成、成长与绩效	创业	创新	绩效	新企业	中小企业	自我雇佣	成长	人力资本
社会创业与社会企业	社会创业	社会企业	混合组织	拼凑	创业	绩效	同情心	组织身份
情境化的创业分类研究	创业	国际创业	绩效	学术创业	创新	知识	制度创业	移民创业
家族企业	家族企业	社会情感财富	绩效	所有权	公司治理	传承	代理成本	风险承担
公司创业	公司创业	公司风险资本	绩效	创新	公司新事业	裂变	探索开发	战略创业
政策、环境与制度	创业	创新	制度	自我雇佣	绩效	制度理论	文化	研发
创业与经济社会发展	创业	可持续发展	创新	经济增长	地区发展	制度	贫穷	绿色创业
创业生态系统	创业生态系统	创业	生态系统	创新	治理	集群	孵化器	新企业

2.2 国内发展现状与热点

与国际期刊和会议的遴选类似,由各领域规划负责人根据学科共识,以及期刊和会议的认可度、权威性,初步遴选出该领域内的国内重要期刊,然后征集领域内相关专家(学术骨干/学科带头人)的意见,对初步遴选的期刊进行修订和补充,力求这些期刊能代表国内学术动态,针对这些期刊内的文章进行分析能较好地把握国内研究现状、水平和未来趋势。最终,13 个领域共确定了 41 个重要国内期刊,涵盖了这些期刊和会议 2014 年至 2019 年上半年的学术成果,文章总数为 21 456 篇。与国际文献的分析相一致,我们一方面描述各领域国内研究的整体态势,另一方面进一步凝练国内研究所关注的重点问题和方向。

2.2.1 各学科领域发展

对于战略管理领域,如图 2-14 所示,国内文献对不同学术主题的关注度与国际文献大致相同,国内文献更偏重非市场战略、公司治理、创新等基础性主题,对战略变革、社会责任与利益相关者、资源与能力、知识管理等主题关注不够。

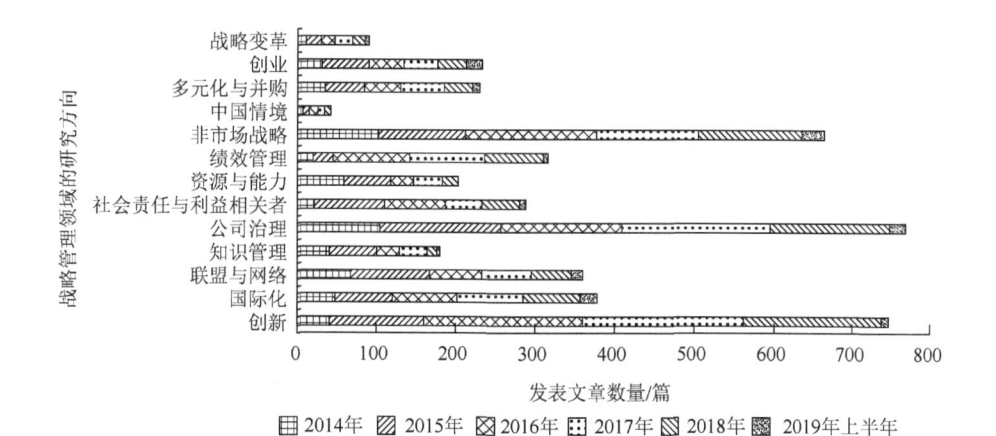

图 2-14 战略管理领域各研究方向在重要国内期刊的发文统计

对于组织理论与组织行为领域,如图 2-15 所示,国内文献对不同学术主题的关注度与国际文献大致相同,国内文献更偏重创新与创造力、领导与追随、个体心理与动机等基础性主题,对工作关系、团队与组织氛围、恶性组织行为、组织过程(理论)、组织文化、冲突与谈判等主题关注不够。

对于企业技术管理与创新管理领域，如图 2-16 所示，国内文献对不同学术主题的关注度与国际文献大致相同，国内文献更偏重市场环境要素、创新类型和网络、公司战略要素等基础性主题；国内文献对技术项目管理、信息技术、创新流程要素、新技术对组织形式和电子商务的影响、技术专业人员的行为和特征、技术发展轨迹等主题的关注不够。

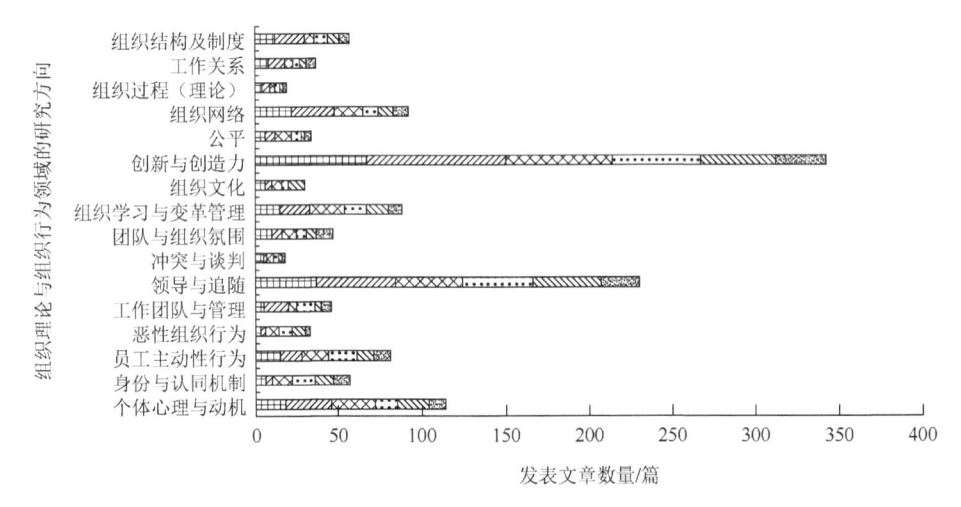

图 2-15 组织理论与组织行为领域各研究方向在重要国内期刊的发文统计

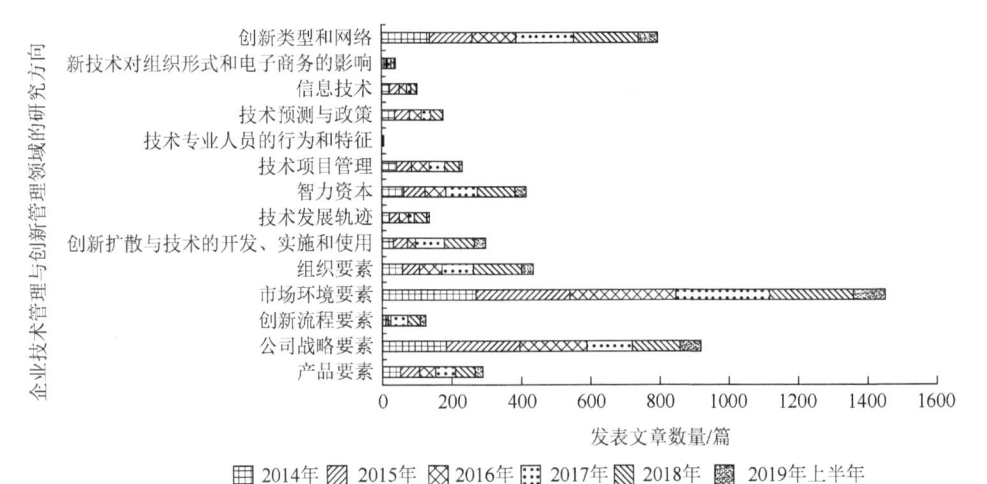

图 2-16 企业技术管理与创新管理领域各研究方向在重要国内期刊的发文统计

对于人力资源管理领域，如图 2-17 所示，国内文献对不同学术主题的关注度与国际文献大致相同，国内文献更偏重领导力与团队过程，工作家庭平衡、员工幸福感与工作知觉，高管团队与明星员工管理，数字经济下劳动力市场与雇佣关系的变革等主题，对全球化背景下的包容性组织与员工多样性和社会网络视角下的人力资本管理等主题关注不够。

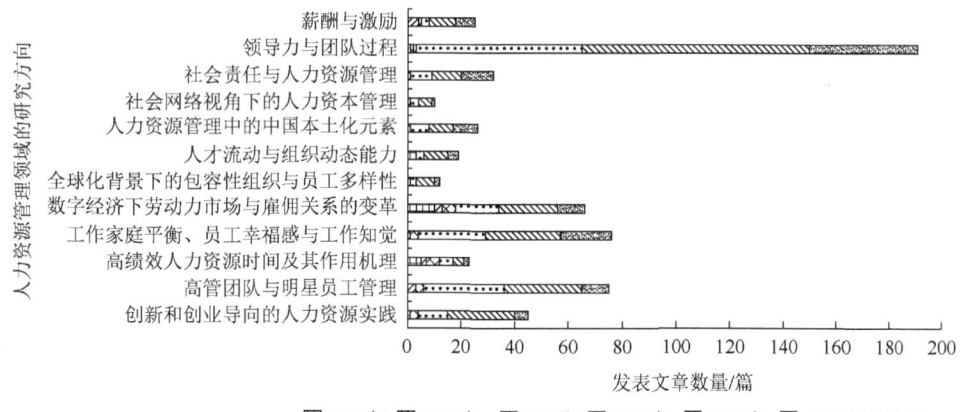

图 2-17　人力资源管理领域各研究方向在重要国内期刊的发文统计

对于财务管理领域，如图 2-18 所示，国内文献对不同学术主题的关注度与国际文献大致相同。国内文献更偏重公司治理、企业创新、企业融资等基础性主题，对风险投资与私募，衍生金融，大数据、社会网络与金融科技，高管薪酬，并购与投资等主题关注不够。

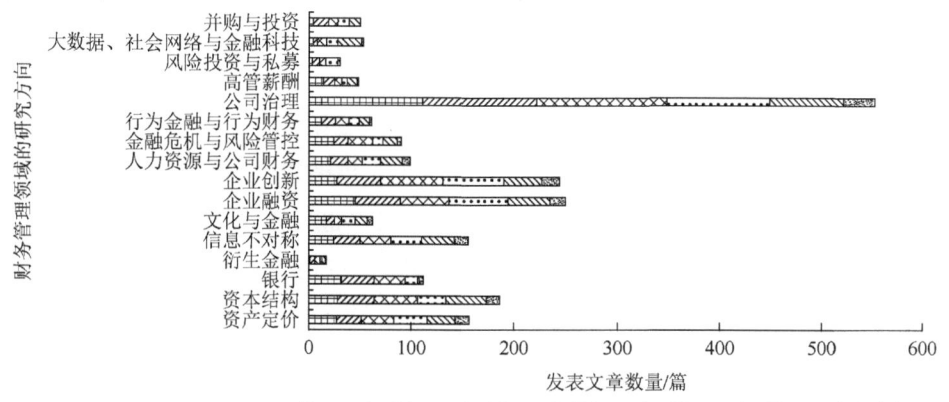

图 2-18　财务管理领域各研究方向在重要国内期刊的发文统计

对于会计与审计领域，如图 2-19 所示，国内文献对不同学术主题的关注度与国际文献大致相同，国内文献更偏重企业绩效、会计信息质量等基础性主题，对审计、会计理论和准则等主题关注不够。

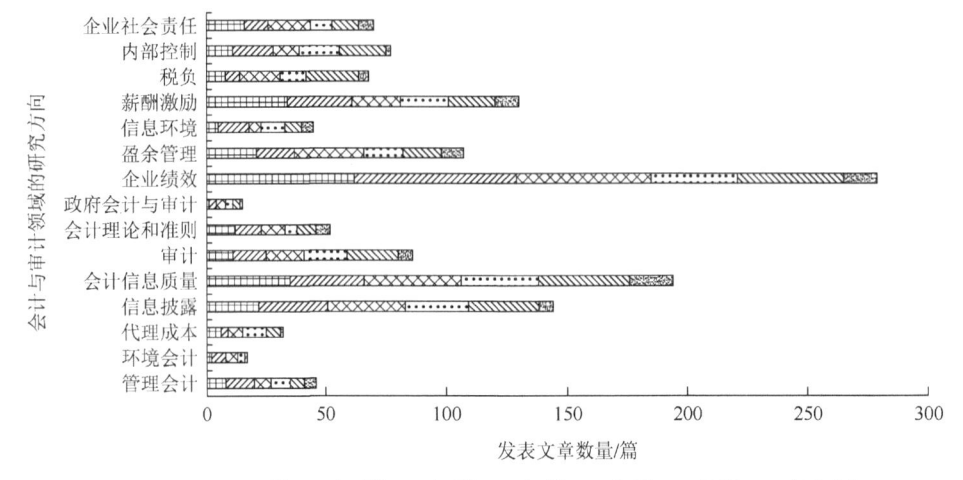

图 2-19　会计与审计领域各研究方向在重要国内期刊的发文统计

对于市场营销领域，如图 2-20 所示，国内文献对不同学术主题的关注度与国际文献大致相同，国内文献更偏重竞争与战略、消费者行为、产品与品牌等基础性主题，对定价与促销、销售与渠道等主题关注不够。

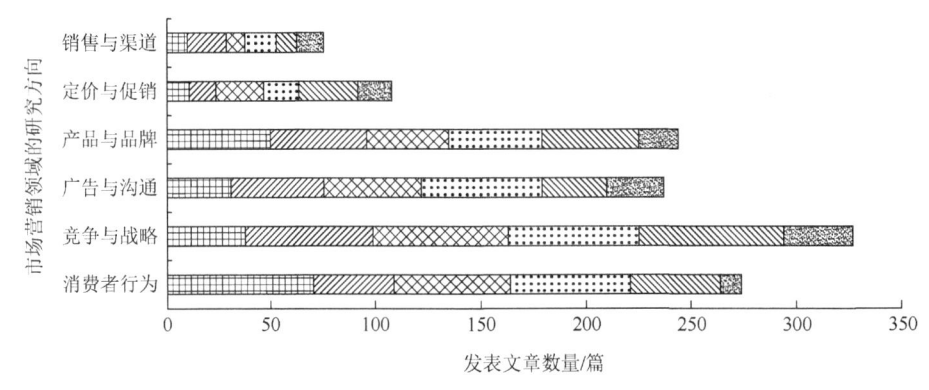

图 2-20　市场营销领域各研究方向在重要国内期刊的发文统计

对于生产与质量管理领域，如图 2-21 所示，国内文献有几个方面的情况值得关注，国内文献更偏重质量管理模式、供应链质量管理、生产决策等基础性主题，对库存、可靠性、过程控制、可维修性等主题关注不够。

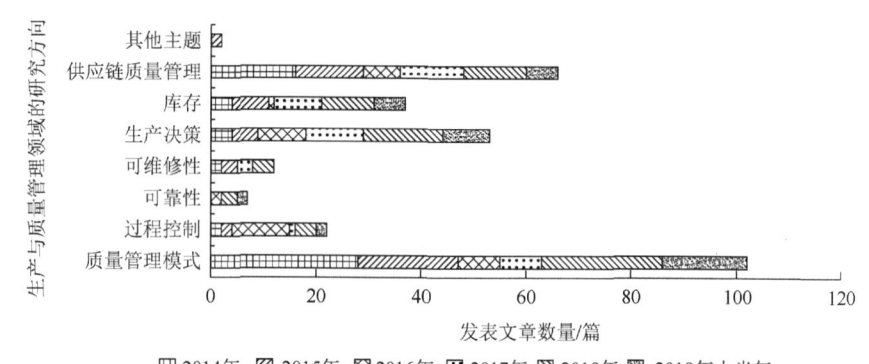

图 2-21 生产与质量管理领域各研究方向在重要国内期刊的发文统计

对于企业信息管理领域，如图 2-22 所示，国内文献对不同学术主题的关注度与国际文献大致相同，国内文献更偏重信息系统对企业管理和企业价值影响与社会网络、社会化媒体等基础性主题，对平台的价值与管理，系统设计科学，隐私与网络安全，IT+医疗，开源软件、在线社区等主题关注不够。

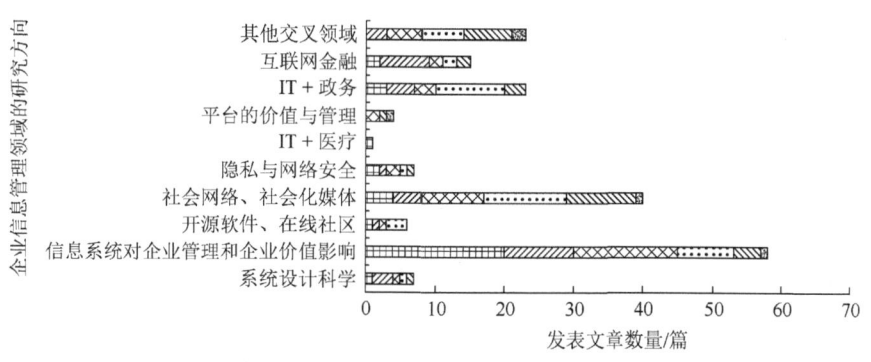

图 2-22 企业信息管理领域各研究方向在重要国内期刊的发文统计

对于电子商务领域，如图 2-23 所示，国内文献对不同学术主题的关注度与国际文献大致相同，国内文献更偏重电子商务企业业务与运营研究等基础性主题，对电子商务环境下的 IT 应用与发展、互联网与电子商务创新以及人工智能、云计算等新技术的应用等主题关注不够。

图 2-23 电子商务领域各研究方向在重要国内期刊的发文统计

对于运营管理领域，如图 2-24 所示，国内文献对不同学术主题的关注度与国际文献大致相同，国内文献更偏重生产制造与服务质量管理和供应链协调与协同等基础性主题，对供应链中断与突发事件应急管理、数字经济与供应链运作管理、库存管理等主题关注不够。

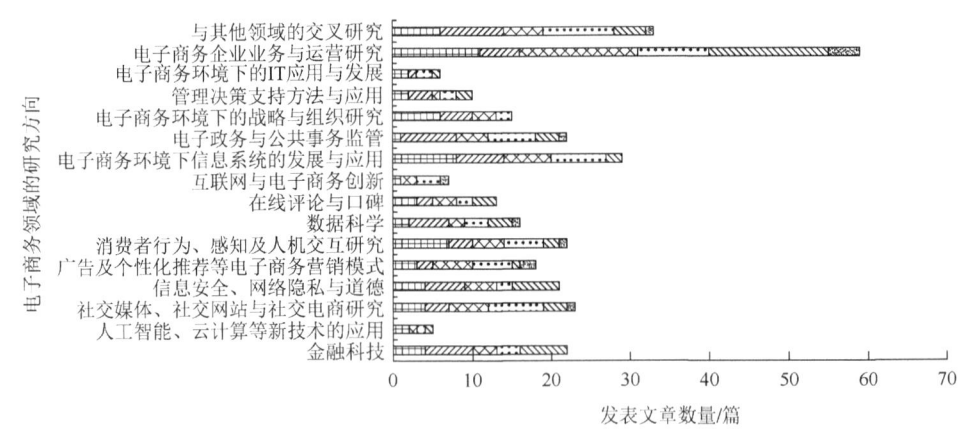

对于创业管理领域，如图 2-25 所示，国内文献对不同学术主题的关注度与国际文献大致相同，国内文献更偏重创业过程的关键要素，社会网络与创业资源，新企业生成、成长与绩效等基础性主题，对社会创业与社会企业、创业认知与决策、情境化的创业分类研究、创业与经济社会发展、创业生态系统等主题关注不够。

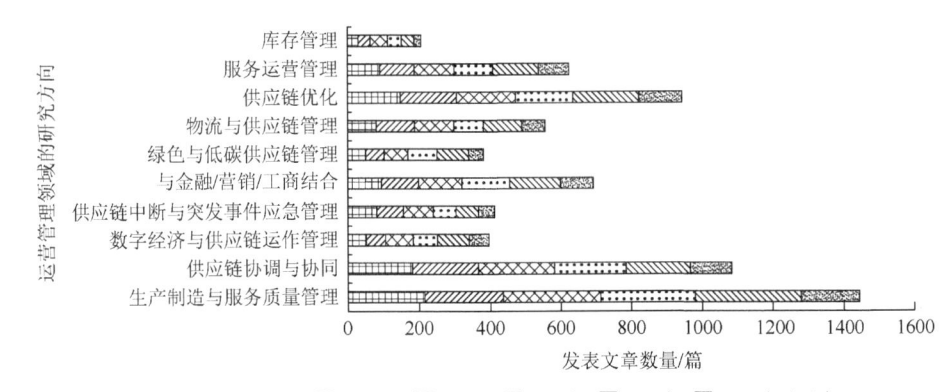

图 2-24 运营管理领域各研究方向在重要国内期刊的发文统计

图 2-25 创业管理领域各研究方向在重要国内期刊的发文统计

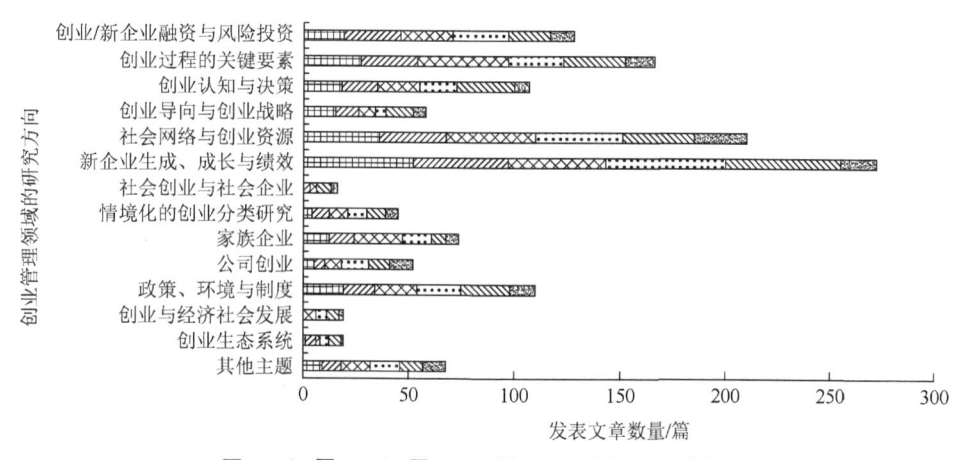

2.2.2 国内学科发展特征及热点问题

基于国内外文献分析，在"十三五"期间，工商管理学科取得了显著的进步，文献数量大幅增长，同时，研究主题与国际研究前沿基本保持一致，而且这种一致性在时间方面的差距显著缩小，可以说，国际关注的前沿问题也是国内研究关注的热点问题。面向"十四五"，国内研究至少有以下三个方面的问题值得关注。

第一，在研究方向和问题上与国际上主流研究基本保持同步，甚至在某些领域方向上比国际上主流研究超前，但各领域发展仍然存在着高度的非均衡性。在工商管理学科的各学科领域，基本都能做到与国际主流研究保持同步，这是国内工商管理学科研究的重要进步，表明国内研究开始逐步摆脱跟随研究的基本态势，开始与国际主流研究并肩前行，甚至在局部领域（如战略管理、企业信息管理等）的某些领域方向上比国际主流研究超前。但是，在领域方向和研究主题层面，仍然可以看到各领域的进展存在着高度的非均衡性，尽管有些领域方向发展速度较快，但是有些领域方向仍然存在着滞后甚至落后于国际研究的状况。这可能与我国产业发展非均衡和产业政策等存在着紧密关联。例如，在电子商务这一新兴领域方向，国内研究起步并不晚于国际研究，但国内研究更加偏重电子商务企业业务与运营研究方向，在电子商务背后底层的新兴技术演化及其商业化过程的管理问题关注方面（如人工智能、云计算等新技术的应用）滞后于国际研究，这可能与我国电子商务企业的繁荣及其实践高度关联。

第二，中国情境和中国管理实践受到高度重视，基于中国情境和中国管理实践的研究开始在大多数领域方向涌现，但进入国际主流研究体系的成果偏少。在工商管理学科的各学科领域，基于中国情境的研究成果开始涌现，但这些成果大都发表在国内重要期刊,在国际主流学术期刊的文章数量相对不足。改革开放四十多年来,中国经济的快速发展和在国际经济中的影响力日益增强,特别是中国在互联网和数字经济等新兴领域开始展现出局部优势,基于中国情境开展学术问题凝练并通过学术话语将中国实践背后蕴含的管理规律向国际主流研究传播,贡献管理理论的中国力量,这自然至关重要。关键在于如何将中国情境和问题予以理论化。例如,中国经济快速发展中"政府-市场-企业"三元关系在时间和空间维度上表现出了极大的动态性与复杂性,在这一三元关系背后可能蕴含着制度问题、交易与资源配置、企业战略和行为等理论问题,而这些理论问题又因具体情境而发生微妙变化,新兴企业的战略和行为也许不同于国有企业,这些问题也是国内学者重点关注的问题。

第三,在一些新兴的前沿研究方向上,国内研究相对于国际主流研究存在较大的差距。例如,在云计算、区块链、人工智能等新兴技术对企业战略、运营和商业模式等产生的复杂影响方面,国外已经开始涌现出系列化研究,并提出了不少具有前瞻性的理论观点,尽管国内研究在这一领域快速起步,但是相关研究仍处于描述性阶段,在理论建构特别是针对我国新兴实践背后的理论问题的总结显得非常不够。在电子商务领域,尽管国内研究也重视云计算等新兴技术在电子商务领域的应用问题,但是相对于国际研究存在较大差距,有关电子商务企业业务与运营研究仍然在国内研究中占据着重要位置。

2.3 国内外重点领域对比分析

在分别描述国际、国内工商管理学科各学科领域发展态势的基础上,进一步分析和比较了国内外研究总体态势的异同,这有助于进一步发现国内工商管理学科取得的进步和存在的不足,有助于提升发展战略和学科规划的针对性与目的性。以下选择几个学科领域分析。

对于战略管理领域,如图 2-26 所示,尽管在总体态势上国内研究与国外研究基本一致,但是从重要学术刊物的发文比例来看,国内研究呈现为整体领先的态势。战略变革、创业与国际化主题国外研究分布比例与国内研究大致相当。非市场战略、绩效管理、资源与能力、社会责任与利益相关者、公司治理、创新等主题,国内研究在重要刊物上的文献比例远远高于国外研究。

对于组织理论与组织行为领域,如图 2-27 所示,尽管在总体态势上国内研究与国外研究基本一致,但是从重要学术刊物的发文比例来看,国内研究呈现为整体领先的态势。创新与创造力、组织网络主题国外研究分布比例与国内研究大致相当。工作关系、公平、冲突与谈判及领导与追随等主题,国内研究在重要刊物上的文献比例远远高于国外研究。

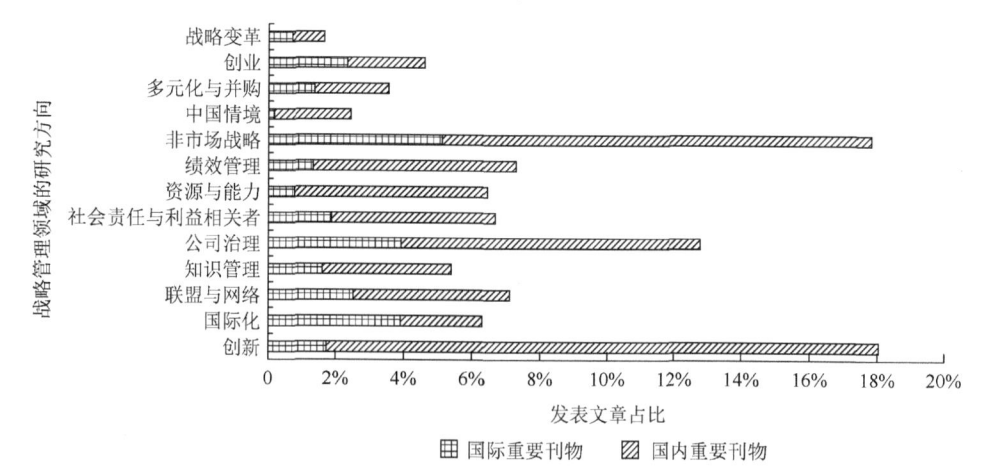

图 2-26　战略管理领域国内外期刊文章研究方向分布比较

注：国际重要刊物包括 Academy of Management Journal、Academy of Management Review、Administrative Science Quarterly、Entrepreneurship Theory and Practice、Journal of Business Venturing、Journal of International Business Studies、Journal of Management、Journal of Management Studies、Journal of Marketing、Journal of Operations Management、Journal of World Business、Organization Studies、Strategic Entrepreneurship Journal 和 Strategic Management Journal；国内重要刊物包括《中国社会科学》《管理工程学报》《管理科学》《管理科学学报》《管理评论》《管理世界》《管理学报》《会计研究》《金融研究》《经济研究》《科学学研究》《科学学与科学技术管理》《科研管理》《南开管理评论》《数量经济技术经济研究》《系统工程理论与实践》《系统工程学报》《系统管理学报》《研究与发展管理》《预测》《中国工业经济》《中国管理科学》《中国农村经济》《中国软科学》

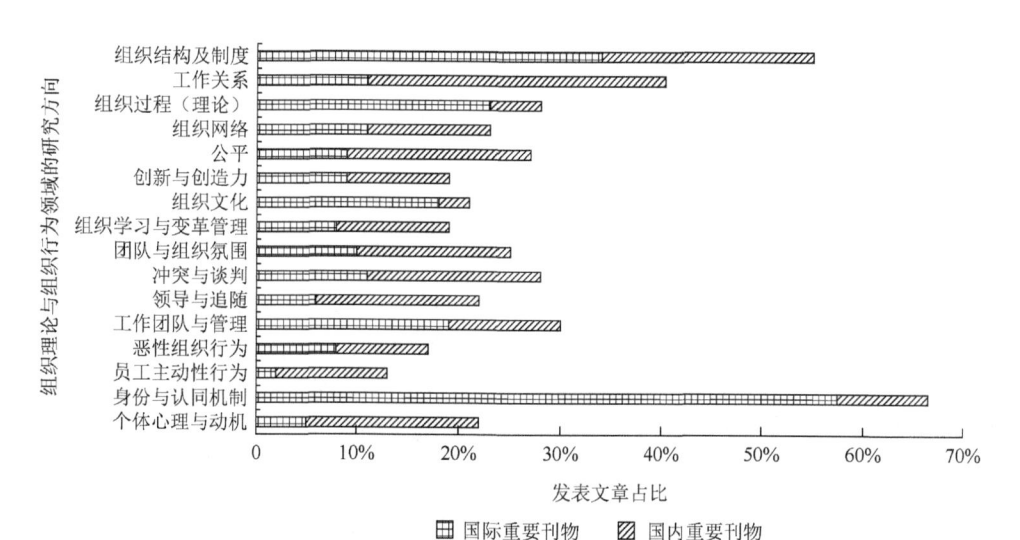

图 2-27　组织理论与组织行为领域国内外期刊文章研究方向分布比较

注：国际重要刊物包括 Academy of Management Journal、Academy of Management Review 和 Administrative Science Quarterly；国内重要刊物包括《管理世界》《南开管理评论》

对于企业技术管理与创新管理领域，如图 2-28 所示，尽管在总体态势上国内研究与国外研究基本一致，但是从重要学术刊物的发文比例来看，国内研究呈现为整体领先的态势。智力资本、组织要素与公司战略要素主题国外研究分布比例与国内研究大致相当。创新类型和网络、市场环境要素等主题，国内研究在重要刊物上的文献比例远远高于国外研究。

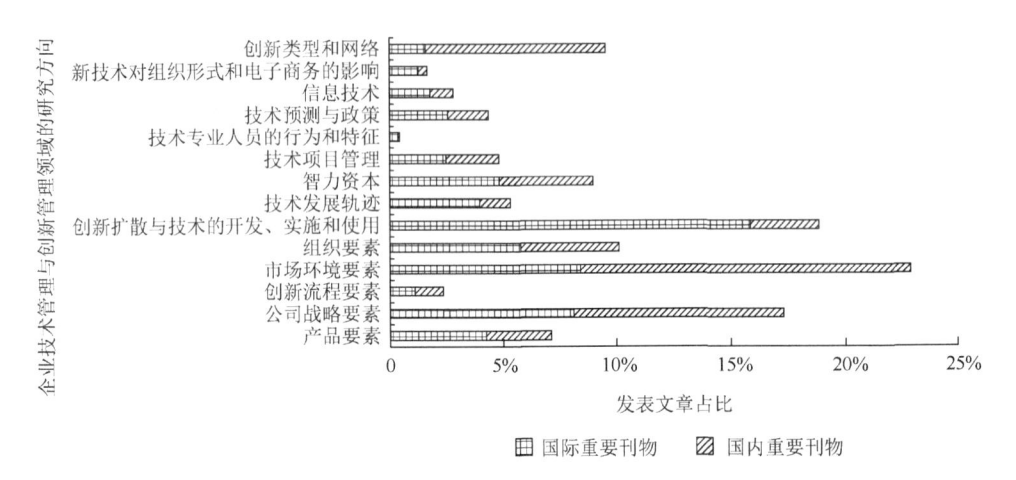

图 2-28 企业技术管理与创新管理领域国内外期刊文章研究方向分布比较

注：国际重要刊物包括 Academy of Management Journal、Journal of Management Studies、Journal of Management、Organization Science、Organization Studies、Strategic Management Journal、Technovation、Technological Forecasting and Social Change、Research Policy、Journal of Product Innovation Management、R&D Management、Journal of Engineering and Technology Management；国内重要刊物包括《管理科学学报》《系统工程理论与实践》《管理世界》《数量经济技术经济研究》《中国软科学》《金融研究》《中国管理科学》《系统工程学报》《会计研究》《系统管理学报》《管理评论》《管理工程学报》《南开管理评论》《科研管理》《情报学报》《公共管理学报》《管理科学》《预测》《运筹与管理》《科学学研究》《中国工业经济》《农业经济问题》《管理学报》《工业工程与管理》《系统工程》《科学学与科学技术管理》《研究与发展管理》《中国人口、资源与环境》《数理统计与管理》《中国农村经济》

对于人力资源管理领域，如图 2-29 所示，尽管在总体态势上国内研究与国外研究基本一致，但是从重要学术刊物的发文比例来看，国内研究呈现为整体领先的态势。创新和创业导向的人力资源实践主题国外研究分布比例与国内研究大致相当。薪酬与激励、数字经济下劳动力市场与雇佣关系的变革等主题，国内研究在重要刊物上的文献比例远远高于国外研究。这一结果表明，国内研究及权威学术刊物对人力资源管理领域重要研究主题的兴趣在整体上要高于国际研究，特别是与"十三五"规划相比较，国内研究在权威刊物发表文献分布比例的优势在进一步扩大，这也在一定程度上反映出国内人力资源管理研究在 2014~2019 年取得了显著的进步和进展，形成了面向"十四五"期间突破性发展的重要学科基础。

第 2 章 学科发展现状和动态

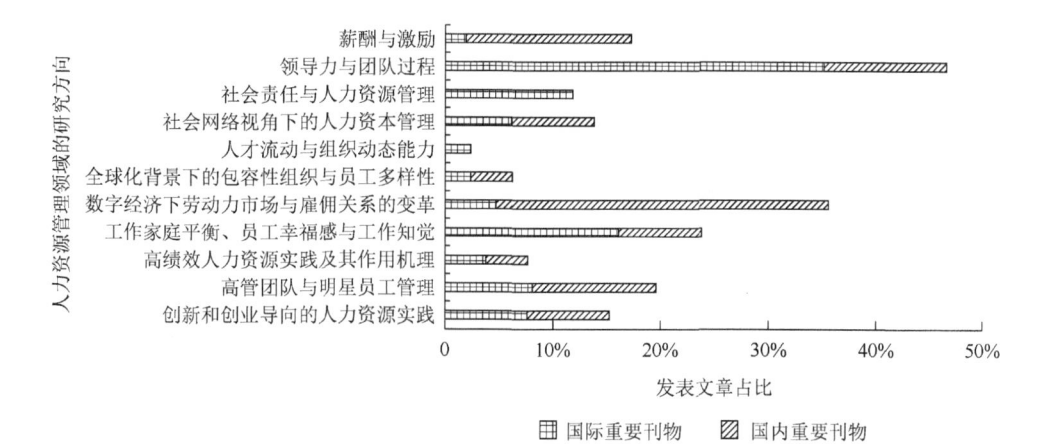

图 2-29 人力资源管理领域国内外期刊文章研究方向分布比较

国际重要刊物包括 *Academy of Management Journal*、*Academy of Management Review* 和 *Administrative Science Quarterly*；国内重要刊物包括《管理世界》《管理科学学报》《中国社会科学》

对于财务管理领域，如图 2-30 所示，尽管在总体态势上国内研究与国外研究基本一致，但是从重要学术刊物的发文比例来看，国内研究仍有发展的潜力与空间，相对于国际研究仍有差距，尤其是公司治理、企业融资、资产定价等主题，相对于国际研究存在着很大差距。

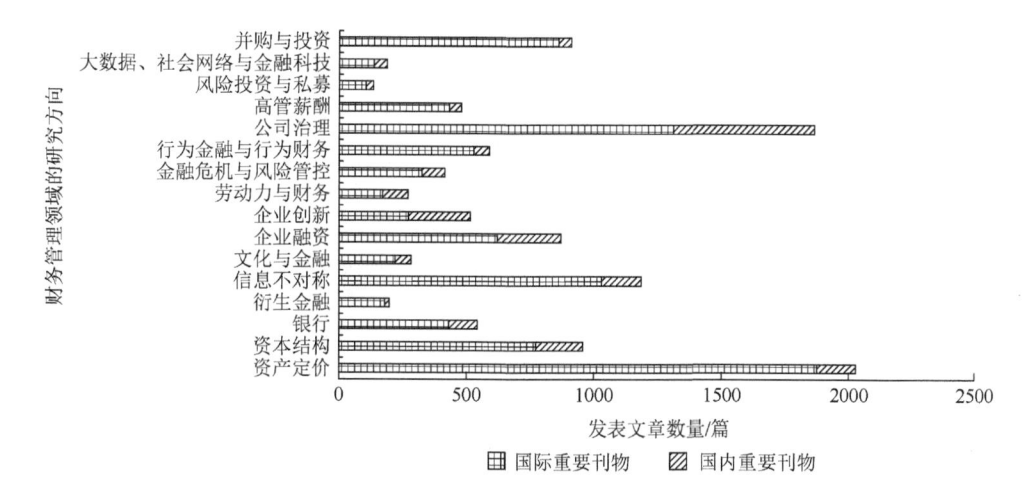

图 2-30 财务管理领域国内外期刊文章研究方向分布比较

国际重要刊物包括 *Journal of Finance*、*Journal of Financial Economics*、*Review of Financial Studies*、*Journal of Financial and Quantitative Analysis*、*Journal of Corporate Finance* 和 *Management Science*；国内重要刊物包括《经济研究》《管理世界》《管理科学学报》《中国社会科学》《南开管理评论》《金融研究》《会计研究》《经济学季刊》《中国工业经济》

对于会计与审计领域，如图 2-31 所示，尽管在总体态势上国内研究与国际研究基本一致，但是从重要学术刊物的发文比例来看，国内研究仍有发展的潜力与空间。国内研究在企业绩效方面的重视程度和发文数量高于国际研究，在会计信息质量方面与国际研究大致相当，但在信息披露、审计、会计理论和准则等基础性主题方面与国际研究相比仍具有较大差距。

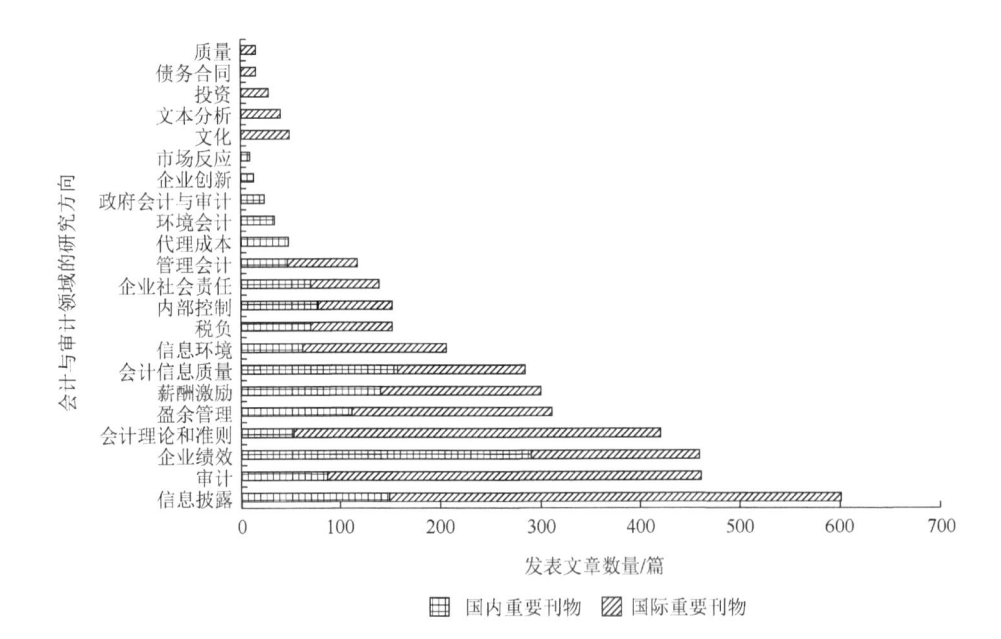

图 2-31　会计与审计领域国内外期刊文章研究方向分布比较

国际重要刊物包括 Accounting Horizons、Accounting Organizations and Society、Accounting Review、Auditing-a Journal of Practice & Theory、Contemporary Accounting Research、European Accounting Review、International Journal of Accounting、Journal of Accounting & Economics、Journal of Accounting and Public Policy、Journal of Accounting Auditing and Finance、Journal of Accounting Research、Journal of Business Finance & Accounting、Journal of Management Accounting Research、Management Accounting Research、Review of Accounting Studies；国内重要刊物包括《管理科学》《管理科学学报》《管理评论》《管理世界》《管理学报》《会计研究》《金融研究》《经济研究》《科学学研究》《科学学与科学技术管理》《南开管理评论》《数量经济技术经济研究》《系统工程理论与实践》《系统工程学报》《系统管理学报》《研究与发展管理》《预测》《中国工业经济》《中国管理科学》《中国会计评论》《中国软科学》《中国社会科学》

对于市场营销领域，如图 2-32 所示，尽管在总体态势上国内研究与国外研究基本一致，但是从重要学术刊物的发文比例来看，国内研究呈现为整体领先的态势。定价与促销主题国外研究分布比例与国内研究大致相当。产品与品牌、广告与沟通、竞争与战略等主题，国内研究在重要刊物上的文献比例远远高于国外研究。

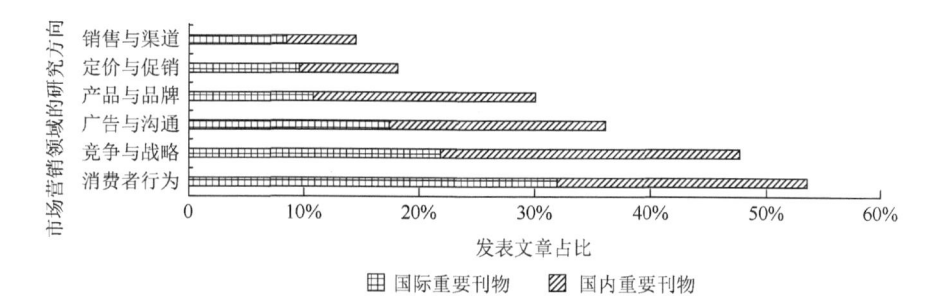

图 2-32 市场营销领域国内外期刊文章研究方向分布比较

国际重要刊物包括 Academy of Management Journal、International Journal of Research in Marketing、Journal of Consumer Psychology、Journal of Consumer Research、Journal of Marketing、Journal of Marketing Research、Journal of Retailing、Journal of the Academy of Marketing Science、Management Science、Marketing Science、Strategic Management Journal；国内重要刊物包括《工业工程与管理》《管理工程学报》《管理科学》《管理科学学报》《管理评论》《管理世界》《管理学报》《科研管理》《南开管理评论》《数理统计与管理》《系统工程》《系统工程理论与实践》《系统工程学报》《系统管理学报》《营销科学学报》《预测》《运筹与管理》《中国工业经济》《中国管理科学》《中国软科学》

对于生产与质量管理领域，如图 2-33 所示，尽管在总体态势上国内研究与国外研究基本一致，但是从重要学术刊物的发文比例来看，国内研究呈现为整体领先的态势。绝大部分主题国内研究分布超过国外研究，特别是调度与排程、生产决策、过程控制、质量管理模式等主题，国内研究在重要刊物上的文献比例远远高于国外研究。这一结果表明，国内研究及权威学术刊物对生产与质量管理领域重要研究主题的兴趣在整体上要高于国际研究，特别是与"十三五"规划相比较，国内研究在权威刊物发表文献分布比例的优势在进一步扩大，这也在一定程度上反映出国内生产与质量管理研究在 2014~2019 年取得了显著的进步和进展，形成了面向"十四五"期间突破性发展的重要学科基础。

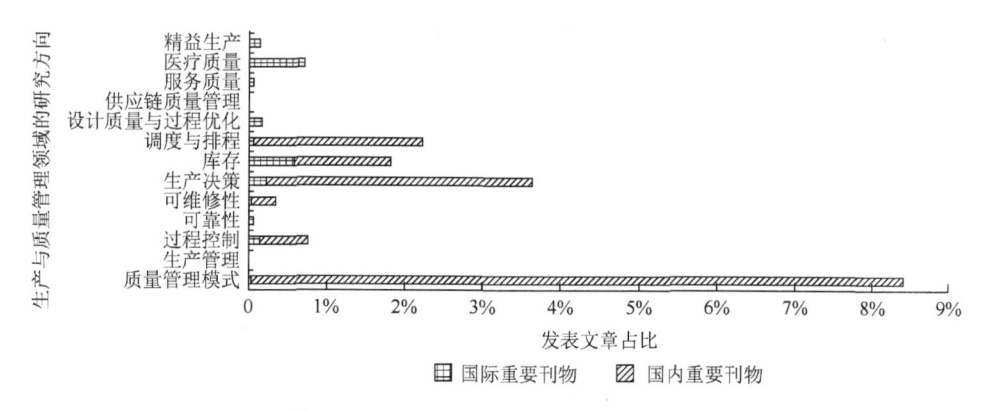

图 2-33 生产与质量管理领域国内外期刊文章研究方向分布比较

国际重要刊物包括 Journal of Operations Management、Management Science 和 Operations Research；国内重要刊物包括《管理世界》《管理科学学报》《管理学报》

对于企业信息管理领域,如图 2-34 所示,尽管在总体态势上国内研究与国外研究基本一致,但是从重要学术刊物的发文比例来看,国内研究呈现为整体领先的态势。平台的价值与管理和系统设计科学主题国外研究分布比例与国内研究大致相当。其他交叉领域、互联网金融、IT+政务以及社会网络、社会化媒体等主题,国内研究在重要刊物上的文献比例远远高于国外研究。

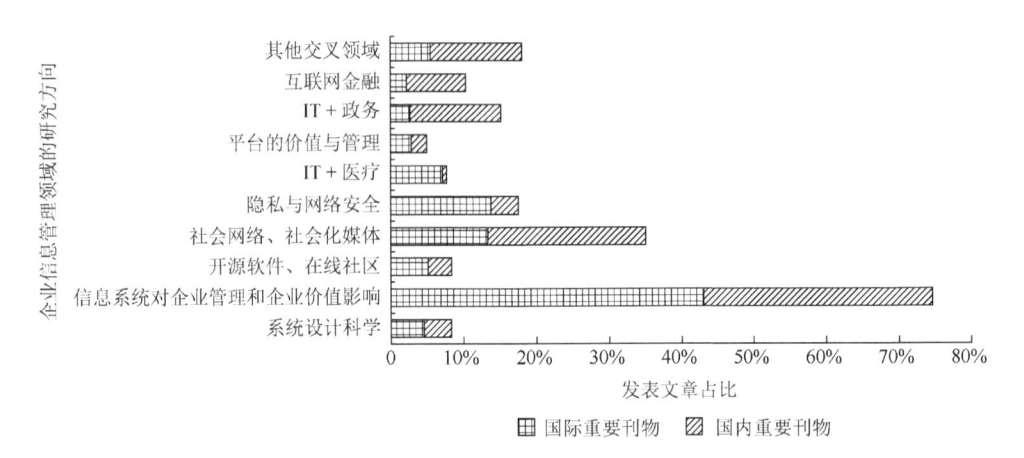

图 2-34 企业信息管理领域国内外期刊文章研究方向分布比较

国际重要刊物包括 Decision Support Systems、European Journal of Information Systems、Information & Management、Information System Journal、Information Systems Research、Journal of Strategic Information Systems、Journal of the Association for Information Systems、MIS Quarterly;国内重要刊物包括《管理世界》《管理科学学报》《系统工程学报》《信息系统学报》

对于电子商务领域,如图 2-35 所示,在总体态势上国内研究与国外研究基本一致,但从重要学术刊物的发文比例来看,国内研究仍有发展的潜力与空间。尤其是电子商务企业业务与运营研究、电子政务与公共事务监管、电子商务环境下信息系统的发展与应用、金融科技等主题,国内研究相对于国外研究有着较大差距。

对于运营管理领域,如图 2-36 所示,尽管在总体态势上国内研究与国外研究基本一致,但是从重要学术刊物的发文比例来看,国内研究呈现为整体领先的态势。供应链优化、数字经济与供应链运作管理、供应链协调与协同主题国外研究分布比例与国内研究大致相当。服务运营管理、物流与供应链管理、绿色与低碳供应链管理、生产制造与服务质量管理等主题,国内研究在重要刊物上的文献比例远远高于国外研究。

对于创业管理领域,如图 2-37 所示,尽管在总体态势上国内研究与国外研究基本一致,但是从重要学术刊物的发文比例来看,国内研究呈现为整体领先的态势。创业过程的关键要素、创业与经济社会发展及创业导向与创业战略等主题,国外研究分布比例与国内研究大致相当。家族企业、创业/新企业融资与风险投资、

第 2 章 学科发展现状和动态

[图表：电子商务领域研究方向分布条形图，横轴为发表文章数量/篇（0–600），纵轴为电子商务领域的研究方向]

电子商务领域的研究方向：
- 与其他领域的交叉研究
- 电子商务企业业务与运营研究
- 电子商务环境下的IT应用与发展
- 管理决策支持方法与应用
- 电子商务环境下的战略与组织研究
- 电子政务与公共事务监管
- 电子商务环境下信息系统的发展与应用
- 互联网与电子商务创新
- 在线评论与口碑
- 数据科学
- 消费者行为、感知及人机交互研究
- 广告及个性化推荐等电子商务营销模式
- 信息安全、网络隐私与道德
- 社交媒体、社交网站与社交电商研究
- 人工智能、云计算等新技术的应用
- 金融科技

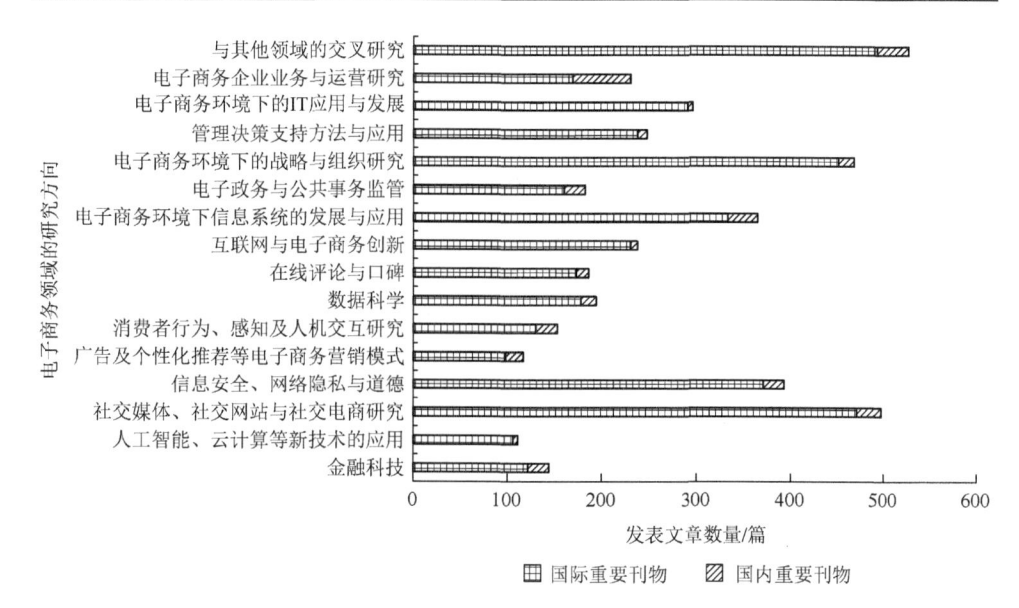

图例：国际重要刊物　国内重要刊物

图 2-35　电子商务领域国内外期刊文章研究方向分布比较

国际重要期刊包括 Decision Support Systems、European Journal of Information Systems、Information & Management、Information Systems Journal、Information Systems Research、Journal of Management Information Systems、Journal of Strategic Information Systems、Journal of The Association for Information Systems、MIS Quarterly；国内重要期刊包括《管理科学学报》《管理世界》《系统工程学报》《信息系统学报》

公司创业、社会创业与社会企业等主题，国内研究在重要刊物上的文献比例远远高于国外研究。

[图表：运营管理领域研究方向分布条形图，横轴为发表文章占比（0–35%），纵轴为运营管理领域的研究方向]

运营管理领域的研究方向：
- 库存管理
- 服务运营管理
- 供应链优化
- 物流与供应链管理
- 绿色与低碳供应链管理
- 与金融/营销/工商结合
- 供应链中断与突发事件应急管理
- 数字经济与供应链运作管理
- 供应链协调与协同
- 生产制造与服务质量管理

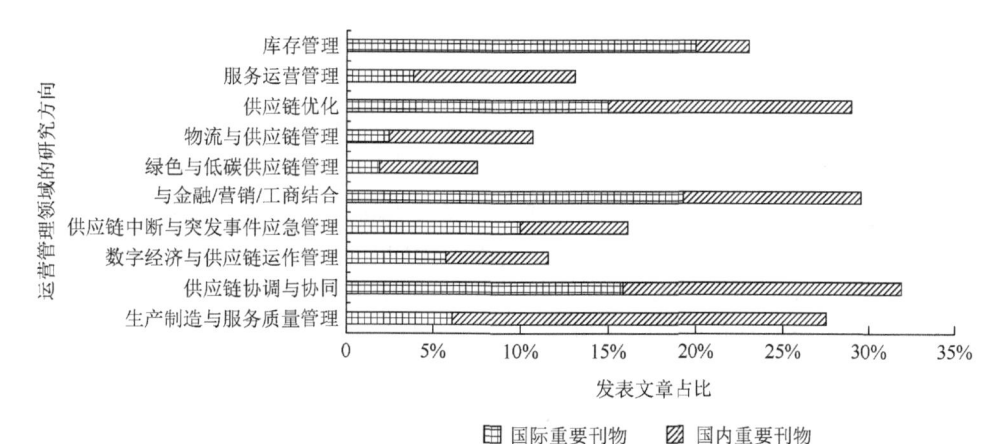

图例：国际重要刊物　国内重要刊物

图 2-36　运营管理领域国内外期刊文章研究方向分布比较

国际重要期刊包括 Manufacturing & Service Operations Management、Management Science、Journal of Operations Management、Production and Operations Management、Operations Research、INFORMS Journal of Computing、Transportation Science；国内重要期刊包括《管理科学学报》《系统工程理论与实践》《管理世界》《中国管理科学》《管理工程学报》

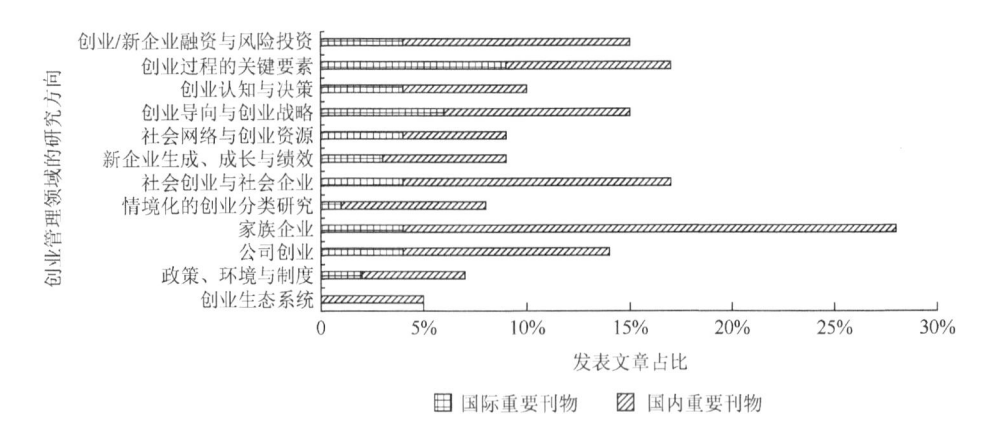

图 2-37 创业管理领域国内外期刊文章研究方向分布比较

国际重要刊物包括 *Academy of Management Journal*、*Academy of Management Review* 和 *Administrative Science Quarterly*；国内重要刊物包括《管理世界》《管理科学学报》《中国社会科学》

2.4 资助格局及支持领域

国家自然科学基金是管理学科基础研究资助的主渠道之一，主要包括人才项目系列、探索项目系列、工具项目系列、融合项目系列四类项目。其中，人才项目系列包括青年科学基金项目、地区科学基金项目、优秀青年科学基金项目、国家杰出青年科学基金项目、创新研究群体项目、海外及港澳优秀学者项目、外国青年学者研究基金等；探索项目系列包括面上项目、重点项目、应急管理项目等；工具项目系列主要包括国家重大科研仪器研制项目、相关基础数据与共享资源平台建设等；融合项目系列主要包括重大项目、重大研究计划项目、联合基金项目、国际（地区）合作研究与交流项目、基础科学中心项目等。"十三五"期间，根据学科发展和资助需要，为了更好地适应管理科学的发展需求，国家自然科学基金委员会对已有的基金类型进行了补充与优化。2017年，管理科学部优化了学科布局，调整了申请代码，增设了经济学科处；2019年，对青年科学基金的申请过程进行调整，首次实行无纸化申请，同时规定项目申请无须列出项目参与人；2019年，优秀青年科学基金项目和国家杰出青年科学基金项目的资助数量各增加了50%，分别由400项、200项增加至600项和300项。

为更全面、系统地对工商管理学科的资助格局进行分析，本书从基金项目的总体资助情况、分支学科领域资助情况、项目主持人及团队合作情况几个方面，对2010~2019年国家自然科学基金资助的工商管理学科项目信息进行统计描述。

2.4.1 总体资助情况

1. 面上项目、青年科学基金项目、地区科学基金项目资助情况

2010～2019 年，工商管理学科共接受面上项目、青年科学基金项目和地区科学基金项目的申请 22 984 项，资助 4257 项，平均资助率为 18.52%，如图 2-38 所示。其中，"十二五"期间申请量变化较大，资助数量相对稳定；"十三五"期间申请数量呈稳步增长趋势，资助数量则相对稳定。由图 2-38 中的项目资助率曲线可知，项目的资助率在"十二五"期间总体上呈增长趋势，"十三五"期间则呈明显的下降趋势，至 2019 年，项目资助率出现 10 年间的最低值，首次低于 16%，仅为 15.84%。

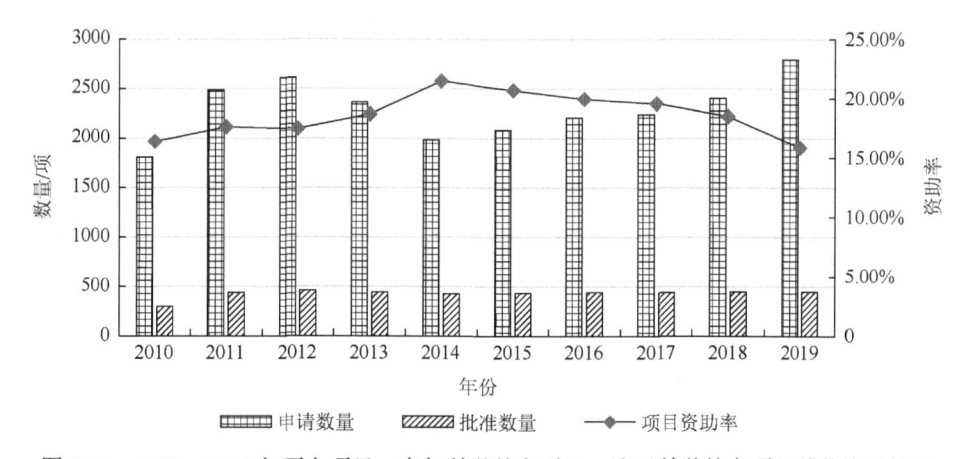

图 2-38 2010～2019 年面上项目、青年科学基金项目、地区科学基金项目总体资助情况

在项目资助数量稳定的同时，项目的资助强度相对稳定（图 2-39），2010～2019 年，面上项目、青年科学基金项目和地区科学基金项目平均资助强度分别为 48.13 万元、18.09 万元和 28.49 万元，这反映出国家在"十二五"和"十三五"期间充分发挥了资助强度的杠杆调节作用，对科研资源进行了优化配置。

2010～2019 年，项目资助格局发生了一定的变化（图 2-40）。2010 年，面上项目为 172 项，青年科学基金项目为 112 项，地区科学基金项目为 12 项。"十二五"期间面上项目不断调整，在"十三五"期间趋于稳定。青年科学基金项目在"十二五"和"十三五"期间总体呈增长趋势，其中，2017～2019 年，连续 3 年超过面上项目的资助数量。地区科学基金项目的覆盖范围决定了其总量远远小于面上项目和青年科学基金项目，但纵向比较，在"十二五"和"十三五"期间，其资助总量保持增长，2019 年达到 37 项，较 2010 年的 12 项增加了 2.08 倍。

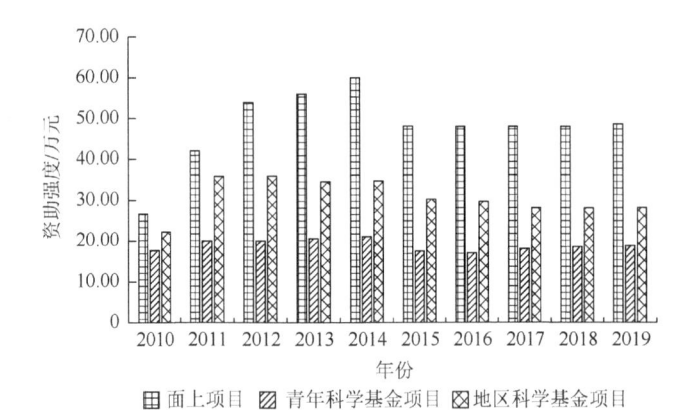

图 2-39 2010~2019 年面上项目、青年科学基金项目、地区科学基金项目资助强度

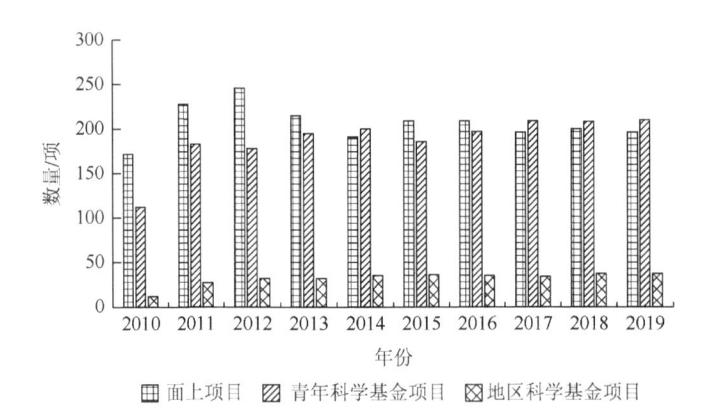

图 2-40 2010~2019 年面上项目、青年科学基金项目、地区科学基金项目资助数量分类统计

2. 其他重要项目的资助情况

1) 优秀青年科学基金项目

优秀青年科学基金项目是国家自然科学基金委员会为了进一步应对国家中长期人才发展的需要，加强对创新型青年人才的培养，完善国家自然科学基金人才资助体系，于 2012 年设立的一项重要人才类型项目。该项目旨在与青年科学基金项目和国家杰出青年科学基金项目之间形成有效衔接，促进创新型青年人才的快速成长。优秀青年科学基金项目主要支持具有 5~10 年科研经历并取得一定科研成就的青年科学技术人员在科研一线锐意进取、开拓创新，自主选择研究方向开展基础研究。2015 年，优秀青年科学基金资助额度从 2012 年的 100 万元提升至 130 万元。

2010~2019 年工商管理学科资助的 33 项优秀青年科学基金项目,如表 2-13 所示,其中,项目负责人的研究领域分布为运营管理 7 位、市场营销 6 位、生产与质量管理 4 位、财务管理 3 位、会计与审计 3 位、电子商务 3 位,其他领域的项目负责人均为 1 位。这也表明了运营管理和市场营销作为工商领域的强势学科,近几年其优秀青年人才队伍的发展速度较快。

表 2-13 工商管理学科优秀青年科学基金项目列表

项目批准号	负责人	依托单位	项目名称	批准金额/万元
71222201	梁建	上海交通大学	员工建言研究	100
71222202	谢恩	西安交通大学	组织网络与创新	100
71222203	吴文锋	上海交通大学	公司金融与公司治理	100
71222204	岳衡	北京大学	财务会计信息与资本市场	100
71222205	徐菁	北京大学	消费者行为决策	100
71322201	薛健	清华大学	会计信息的产生与影响	100
71322202	张紫琼	哈尔滨工业大学	互联网情感分析与用户创造内容挖掘	100
71422005	金立印	复旦大学	消费者行为	100
71422006	卢向华	复旦大学	互联网营销;在线试用营销;在线口碑营销;电子商务	100
71422007	镇璐	上海大学	生产与服务运作管理优化	100
71422008	王艳艳	厦门大学	信息披露与宏观经济稳定	100
71522005	张燕	北京大学	领导学与团队动力学研究	130
71522006	彭志伟	复旦大学	移动商务	130
71522007	李玲芳	复旦大学	电子商务及信息经济学	130
71522008	杨金强	上海财经大学	动态投融资与资产定价	130
71522009	荣鹰	上海交通大学	服务运营优化	130
71522010	方正	四川大学	移动互联网营销	130
71622008	许开全	南京大学	多渠道和多屏幕营销	130
71622009	刘和福	中国科学技术大学	跨渠道供应链整合下的 IT 价值共创机制	130
71622010	许年行	中国人民大学	公司理财与资本市场	130
71722001	陆瑶	清华大学	公司治理与资本市场	130
71722010	姜元春	合肥工业大学	个性化营销理论与方法	130
71722012	吴超鹏	厦门大学	公司财务与资本市场	130
71722013	沈俏蔚	北京大学	营销模型	130

续表

项目批准号	负责人	依托单位	项目名称	批准金额/万元
71822201	窦一凡	复旦大学	信息产品的定价策略研究	130
71822202	牛保庄	华南理工大学	供应链竞合管理	130
71822203	贺伟	南京大学	组织薪酬分配与员工激励	130
71922008	田林	复旦大学	面向平台模式的运营优化研究	120
71922011	严鸣	暨南大学	员工职场行为基础理论及实证研究方法的发展：基于"心理需求满足"视角的研究	130
71922012	宋培建	南京大学	互联网平台治理	120
71922017	才凤艳	上海交通大学	消费者的亲社会行为研究	120
71922018	严登峰	上海纽约大学	消费者行为	130
71922022	李炜文	中山大学	战略领导	120

2）国家杰出青年科学基金项目

国家杰出青年科学基金项目于1994年开始设立，旨在支持在基础研究方面已取得突出成绩的青年学者自主选择研究方向开展创新研究，促进青年科学技术人才的成长，吸引海外人才，培养造就一批进入世界科技前沿的优秀学术带头人。

2010～2019年，工商管理学科共资助了21项国家杰出青年项目（表2-14），其中，2010～2018年，市场营销方向有吴联生、靳庆鲁和王永贵陆续获得资助；2019年，同时有方正、张影、周欣悦三位获得资助。在运营管理方向，曾大军、徐心和李勇建分别在2010年、2012年、2017年获得资助。项目管理方向，朱庆华和霍宝锋分别在2010年和2015年获得资助。

表2-14 工商管理学科国家杰出青年项目列表

项目批准号	主持人	依托单位	项目名称	批准金额/万元
71025001	曾大军	中国科学院自动化研究所	协同式管理信息系统与电子商务	140
71025002	朱庆华	大连理工大学	物流与供应链管理	140
71025003	吴联生	北京大学	会计与审计	140
71025006	曾赛星	上海交通大学	面向可持续竞争力的企业环境创新管理理论与方法	140
71125003	万国华	上海交通大学	服务运作管理	168
71188002	周长辉	北京大学	国际化与中国企业战略	168

续表

项目批准号	主持人	依托单位	项目名称	批准金额/万元
71225001	徐心	清华大学	企业信息管理——信息技术在企业管理中的应用与影响	196
71225006	何桢	天津大学	质量管理与质量工程	196
71325004	刘俏	北京大学	公司金融	224
71325005	陈煜波	清华大学	全球互联时代的市场营销与商业创新	224
71425003	刘军	中国人民大学	组织行为	280
71425004	施俊琦	中山大学	领导力与团队绩效研究	280
71525004	路江涌	北京大学	国际创业	245
71525005	霍宝锋	浙江大学	供应链管理	245
71625002	靳庆鲁	上海财经大学	制度、体制改革与会计及财务问题研究	245
71725003	王永贵	对外经济贸易大学	服务营销与创新	245
71725004	李勇建	南开大学	物流与供应链管理	245
71825002	田轩	清华大学	工商管理	245
71925003	方正	四川大学	基于人工智能的市场营销	280
71925004	张影	北京大学	消费者行为	280
71925005	周欣悦	浙江大学	消费者情绪与行为决策	280

3）创新研究群体项目

创新研究群体项目于 2000 年设立，根据 2014 年 2 月 1 日起实施的《国家自然科学基金创新研究群体项目管理办法》，创新研究群体项目旨在支持优秀中青年科学家为学术带头人和研究骨干，共同围绕一个重要研究方向合作开展创新研究，培养和造就在国际科学前沿占有一席之地的研究群体。

工商管理学科批准的 5 项创新研究群体项目，如表 2-15 所示。徐信忠、陈国权、唐立新、陈国权和曾大军分别在 2010 年、2011 年、2013 年、2014 年和 2016 年获得该项资助，其中，2014 年，陈国权的创新研究群体项目获得第二次延续资助。

表 2-15 工商管理学科创新研究群体项目列表

项目批准号	主持人	依托单位	项目名称	批准金额/万元
71021001	徐信忠	北京大学	行为金融：心理偏差、投资行为与资产定价	350
71121001	陈国权	清华大学	复杂变化环境下企业组织管理整体系统及其学习变革研究	420

续表

项目批准号	主持人	依托单位	项目名称	批准金额/万元
71321001	唐立新	东北大学	制造与物流系统中的空间与时间二维调度理论方法及应用研究	420
71421061	陈国权	清华大学	复杂变化环境下企业组织管理整体系统及其学习变革研究	420
71621002	曾大军	中国科学院自动化研究所	大数据驱动的安全信息学	735

4）重点项目

重点项目是国家自然科学基金研究项目系列中的一个重要类型，支持从事基础研究的科学技术人员针对已有较好基础的研究方向或学科生长点开展深入、系统的创新性研究，促进学科发展，推动若干重要领域或科学前沿取得突破。

2010~2019年，工商管理学科共资助重点项目98项（表2-16），其中，"十二五"期间年均资助数量为10.4项，"十三五"期间年均资助数量为10项。在2010~2019年，该类项目的申请和资助数量变化较大，平均资助率25.96%。"十二五"期间平均资助强度快速增长，由2010年的151.00万元增至2014年的260.00万元，增加幅度为72.19%。"十三五"期间则稳定在235万元左右。

表2-16 工商管理学科重点项目年度统计

年份	申请数量/项	批准数量/项	项目资助率	经费学科占比	平均资助强度/万元
2010	13	6	46.15%	11.71%	151.00
2011	46	8	17.39%	11.39%	228.25
2012	54	14	25.93%	16.15%	247.43
2013	37	8	21.62%	9.33%	220.83
2014	30	8	26.67%	9.19%	260.00
2015	54	14	25.93%	17.52%	247.14
2016	26	8	30.77%	9.55%	230.00
2017	39	8	20.51%	8.04%	240.00
2018	53	15	28.30%	16.06%	235.06
2019	55	9	16.36%	10.87%	236.00

2012年，工商管理学科开始设立重点项目群（计入重点项目数量），旨在聚集国内最优秀的研究团队，对已有较好研究基础学科的重要研究方向和生长点进行多学科、多角度的深入系统性研究。截止到2019年12月31日，共资助6个重

点项目群（表 2-17～表 2-22），分别为 2012 年"基于中国管理实践的理论创新"重点项目群，包含 6 个重点项目；2014 年"互联时代的医疗与健康运作管理"重点项目群，包含 6 个重点项目；2015 年"大数据驱动的管理与决策若干基础问题研究"重点项目群，包含 4 个重点项目；2017 年"企业创新驱动的机制与体系研究"重点项目群，包含 5 个重点项目；2018 年"基于中国实践的组织行为与人力资源管理研究"重点项目群，包含 4 个重点项目；2018 年"经济转型背景下市场营销的重大理论与实践问题研究"，包含 5 个重点项目。

表 2-17　"基于中国管理实践的理论创新"重点项目群

项目批准号	主持人	依托单位	项目名称	批准金额/万元
71232002	杨斌	清华大学	中国企业战略领导力研究：集体领导力的理论模型及有效性	240.00
71232010	陆亚东	中山大学	中国企业/组织管理理论创新研究	238.00
71232011	蔡莉	吉林大学	中国转型经济背景下企业创业机会与资源开发行为研究	239.00
71232012	王重鸣	浙江大学	基于并行分布策略的中国企业组织变革与文化融合机制研究	300.00
71232013	吴晓波	浙江大学	中国企业自主创新与技术追赶理论研究：模式、机制与动态演化	240.00
71232014	席酉民	西安交通大学	建构中国本土管理理论：话语权，启示录与真理	240.00

表 2-18　"互联时代的医疗与健康运作管理"重点项目群

项目批准号	主持人	依托单位	项目名称	批准金额/万元
71432002	李金林	北京理工大学	医疗与健康的数据分析与决策	259.00
71432003	陈旭	电子科技大学	医疗与健康的物流管理	259.00
71432004	姚大卫	清华大学	医疗与健康的数据分析与决策	270.50
71432005	井润田	上海交通大学	变革环境下中国企业领导行为研究	259.00
71432006	江志斌	上海交通大学	医疗与健康的价值链整合与管理	259.00
71432007	苏强	同济大学	面向全生命周期的医疗质量安全管理与资源优化配置	259.00

表 2-19　"大数据驱动的管理与决策若干基础问题研究"重点项目群

项目批准号	主持人	依托单位	项目名称	批准金额/万元
71532001	陈松蹊	北京大学	大数据驱动的管理决策模型与算法	266.00
71532002	张润彤	北京交通大学	大数据驱动的智慧医疗健康管理创新	256.00

续表

项目批准号	主持人	依托单位	项目名称	批准金额/万元
71532009	熊熊	天津大学	基于大数据的金融创新及其风险分析理论	292.00
71532014	刘远立	中国医学科学院	基于健康大数据的新兴公共卫生管理研究	288.00

表 2-20 "企业创新驱动的机制与体系研究"重点项目群

项目批准号	主持人	依托单位	项目名称	批准金额/万元
71732008	魏江	浙江大学	"互联网+"嵌入企业协同创新生态系统研究：新范式与创新行为	240.00
71732006	王能民	西安交通大学	企业绿色增长模式与价值链重构研究	240.00
71732004	杨俊	浙江大学	新创企业商业模式形成与成长路径	240.00
71732002	杨忠	南京大学	领军企业创新链的组织架构与协同管理	245.00
71732005	谭劲松	天津大学	突破性技术创新的形成机理和演化路径	240.00

表 2-21 "基于中国实践的组织行为与人力资源管理研究"重点项目群

项目批准号	主持人	依托单位	项目名称	批准金额/万元
71832007	赵曙明	南京大学	基于创新导向的中国企业人力资源管理模式研究	240.00
71832003	刘善仕	华南理工大学	共享理念下的多元雇佣：合作型人才管理理论建构与作用机理研究	240.00
71832006	刘洪	南京大学	变革环境下的组织变革及其管理研究	225.86
71832004	刘智强	华中科技大学	基于跨界共享的组织竞合与突破性创新机制研究	240.00

表 2-22 "经济转型背景下市场营销的重大理论与实践问题研究"重点项目群

项目批准号	主持人	依托单位	项目名称	批准金额/万元
71832002	范秀成	复旦大学	转型升级背景下消费者幸福感形成机理与提升策略研究——基于享乐论和实现论平衡视角	240.00
71832005	滕乐法	江南大学	经济转型与国际化背景下品牌建设的理论创新研究	240.00
71832008	刘益	上海交通大学	移动互联网时代的全渠道营销研究	240.00
71832010	曾伏娥	武汉大学	移动互联网时代的新产品开发策略与商业模式创新	240.00
71832015	王海忠	中山大学	经济转型与国际化背景下品牌建设的理论创新研究	215.00

5）重大项目

重大项目旨在面向国家经济建设、社会可持续发展和科技发展的重大需求，选择具有战略意义的关键科学问题，汇集创新力量，开展多学科综合研究和学科交叉研究，充分发挥导向和带动作用，进一步提升我国基础研究源头创新能力。

工商管理学科围绕电子商务、大数据、中国情景、会计审计、公司财务等具有重要战略意义的关键科学问题，先后于"十二五"和"十三五"期间启动了 2 个重大项目（表 2-23 和表 2-24），完成了 2008 年启动的一个重大项目。2008 年启动的"新兴电子商务重大基础问题与关键技术研究"重大项目已于 2012 年顺利完成，并在新兴电子商务参与者行为、微观市场结构与商务模式、商务知识发现与管理、交易安全与社会计算等方面取得丰硕的研究成果。接着，2014 年启动了"大数据环境下的商务管理研究"重大项目，旨在从商务行为机理、顾客洞察与营销策略、运营与优化协调、商务智能与模式创新、商务分析与计算方法等角度对大数据带来的商务管理挑战开展科学攻关。2017 年启动了"基于中国情景的会计审计与公司财务关键科学问题研究"重大项目，旨在从中国制度、文化背景、公司财务、会计审计、制度变革等角度对我国的企业财务管理挑战开展攻关。

表 2-23 "大数据环境下的商务管理研究"重大项目

项目批准号	主持人	依托单位	项目名称	批准金额/万元
71490720	陈剑	清华大学	大数据环境下的商务管理研究	1800
其中包括下列 5 个课题				
71490721	黄丽华	复旦大学	大数据环境下的商务行为机理研究	285
71490722	贾建民	西南交通大学	大数据环境下的顾客洞察与市场营销策略研究	285
71490723	陈剑	清华大学	大数据环境下的运营策略优化与协调研究	650
71490724	陈国青	清华大学	基于大数据的商务智能与模式创新研究	275
71490725	刘业政	合肥工业大学	面向大数据的商务分析与计算方法以及支撑平台研究	305

表 2-24 "基于中国情景的会计审计与公司财务关键科学问题研究"重大项目

项目批准号	主持人	依托单位	项目名称	批准金额/万元
71790600	吴世农	厦门大学	基于中国情景的会计审计与公司财务关键科学问题研究	1530.90
其中包括下列 5 个课题				
71790601	吴世农	厦门大学	中国制度和文化背景下公司财务政策的理论与实践研究	349.50
71790602	杜兴强	厦门大学	制度变革、非正式制度因素与会计审计行为研究	291.40
71790603	郑国坚	中山大学	会计、审计对企业经营管理与宏观经济发展的影响研究	295.00

续表

项目批准号	主持人	依托单位	项目名称	批准金额/万元
71790604	张新民	对外经济贸易大学	互联网时代的公司财务行为研究	290.00
71790605	张晓燕	清华大学	中国资本市场的行为特征研究	305.00

2.4.2 分支学科领域资助情况

2010～2019 年，工商管理学科各分支学科领域在申请和资助方面具有较大的差异。如表 2-25 所示，申请数量最多的分支学科领域是财务管理（G0205）共 3005 项，其次是运营管理（G0211）共 2931 项，然后是市场营销（G0207）共 2883 项。而资助数量排在前三位的分支学科领域分别为市场营销（G0207）共 622 项、财务管理（G0205）共 569 项、运营管理（G0211）共 491 项。资助率最高分支学科包括市场营销（G0207），占 21.57%；项目管理（G0212），占 20.73%；创业管理（G0213），占 20.52%。

表 2-25 2010～2019 年面上项目、青年科学基金项目、地区科学基金项目学科领域统计

学科代码	2010年/项	2011年/项	2012年/项	2013年/项	2014年/项	2015年/项	2016年/项	2017年/项	2018年/项	2019年/项	批准总数/项	申请总数/项	资助率
G02	2	0	0	1	0	4	7	7	3	3	27	355	7.61%
G0201	32	46	45	36	28	30	32	23	21	31	324	1875	17.28%
G0202	29	47	39	49	48	47	34	38	57	44	432	2397	18.02%
G0203	30	41	43	41	49	48	44	36	46	38	416	2593	16.04%
G0204	18	24	23	26	20	21	26	26	24	14	222	1463	15.17%
G0205	33	62	58	56	47	58	62	72	61	60	569	3005	18.94%
G0206	29	36	59	60	44	45	38	43	47	62	463	2418	19.15%
G0207	43	72	67	59	56	58	74	65	62	66	622	2883	21.57%
G0208	8	18	15	15	17	14	15	13	14	9	138	709	19.46%
G0209	6	10	9	2	12	12	5	15	8	8	87	443	19.64%
G0210	7	11	18	17	12	7	7	16	14	15	124	716	17.32%
G0211	33	40	45	56	58	51	59	47	52	50	491	2931	16.75%
G0212	12	13	16	8	14	14	8	13	11	10	119	574	20.73%
G0213	12	14	15	10	17	19	23	18	19	26	173	843	20.52%
G0214	1	0	0	1	1	0	7	6	7	0	23	177	12.99%
G0215	1	4	4	5	3	3	7	0	0	0	27	151	17.88%
合计	296	438	456	442	426	431	441	439	445	443	4257	23 533	18.09%

资助数量低于 100 项的学科方向有 4 个，分别为企业信息管理（G0209）87 项、工商管理（G02）27 项、创业与中小企业管理（G0215）27 项、国际商务与跨文化管理（G0214）23 项，其中，工商管理、国际商务与跨文化管理和人力资源管理的资助率居后三位，仅为 7.61%、12.99% 和 15.17%。从 2015～2019 年的项目资助情况来看，创业与中小企业管理、创业管理、市场营销、生产与质量管理、企业信息管理等学科领域保持较高的资助水平。同时，为保证学科领域的均衡发展，工商管理学科每年通过项目指南列出资助政策引导申请方向，旨在促进"弱小"学科领域的成长，并取得一定的成效。2019 年，在整体资助下降的情况下，企业信息管理、国际商务与跨文化管理、战略管理 3 个学科领域的项目资助均有较大的增长。

面上项目、青年科学基金项目、地区科学基金项目在各学科领域中的分布较为均衡（图 2-41）。青年科学基金资助项目中市场营销、财务管理学科领域占比较大，而国际商务与跨文化管理、创业与中小企业管理学科领域则占比较小。地区科学基金项目总体数量虽然较少，但在科学基金的支持下，学科领域的研究队伍正在逐步形成，相对而言，财务管理和市场营销学科领域占比较大，这也与青年科学基金项目的资助领域一致。

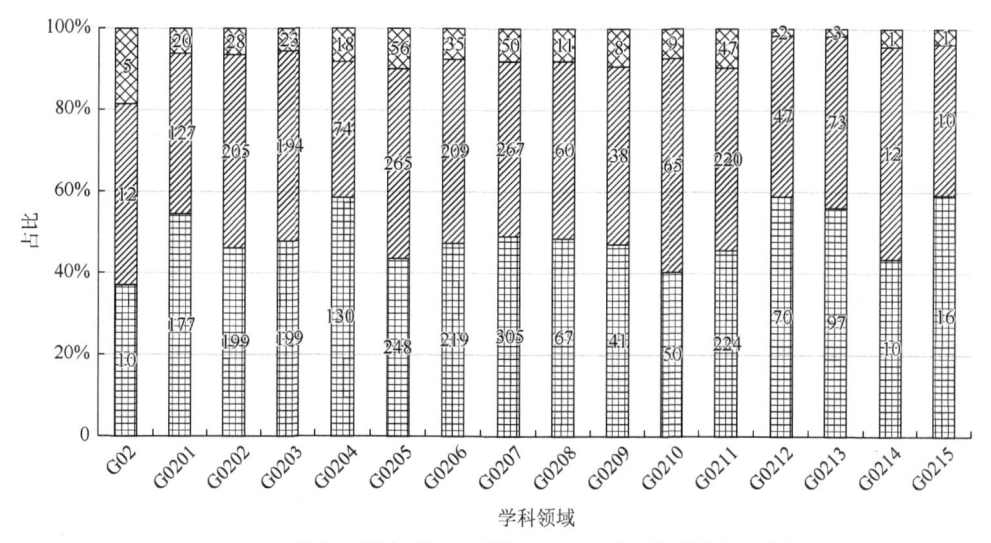

图 2-41 2010～2019 年面上项目、青年科学基金项目、地区科学基金项目资助数

2.4.3 项目主持人及团队合作情况

项目主持人及研究团队在很大程度上决定了项目的执行程度。通过对 2010～

2019年工商管理学科资助的面上项目、青年科学基金项目、地区科学基金项目的主持人及研究团队进行研究，着重分析我国工商管理学科研究队伍的构成及合作情况。

1. 项目主持人结构分析

1）年龄结构

表 2-26 为 2010~2019 年面上项目、青年科学基金项目、地区科学基金项目主持人平均年龄分布情况。2010~2019 年，工商管理学科面上项目、青年科学基金项目、地区科学基金项目主持人的平均年龄整体呈下降趋势。其中，面上项目和青年科学基金项目的主持人年龄基本保持稳定，青年科学基金项目由于女性主持人年龄上限调整为 40 岁，使其略有上升；地区科学基金项目主持人的平均年龄下降较为显著，这是由于随着一批高校优秀博士毕业生进入地区高校，显著地提高了地区项目的竞争实力。

表 2-26 2010~2019 年面上项目、青年科学基金项目、地区科学基金项目主持人平均年龄分布情况（单位：岁）

项目类型	2010年	2011年	2012年	2013年	2014年	2015年	2016年	2017年	2018年	2019年	平均年龄
面上项目	42.2	44.2	42.8	43.5	42.4	42.9	42.2	41.9	42.3	42.4	42.7
青年科学基金项目	32.0	32.7	32.8	32.6	32.3	32.1	32.2	32.4	32.4	31.9	32.3
地区科学基金项目	43.7	40.4	40.3	40.7	38.0	42.9	42.4	40.8	38.8	40.8	40.9

2）职称结构

2010~2019 年，工商管理学科面上项目、青年科学基金项目、地区科学基金项目主持人的职称以正高、副高和中级为主，占比分别为 27.81%、32.93%和 37.44%，另外有 1.81%的其他职称。由于不同项目的资助对象和要求的差异，面上项目、青年科学基金项目、地区科学基金项目主持人在职称方面也有较大差异（表 2-27~表 2-29）。面上项目主要以正高职称为主，占比为 50.87%；青年科学基金项目主要以中级职称为主，占比为 74.23%；而地区科学基金项目主持人以副高职称最多，正高职称其次，占比分别为 41.96%和 37.54%。

表 2-27 2010～2019 年面上项目主持人职称分布情况（单位：人）

职称	2010年	2011年	2012年	2013年	2014年	2015年	2016年	2017年	2018年	2019年	总计
正高	78	129	122	123	85	108	104	96	99	105	1049
副高	77	86	109	88	85	86	93	86	85	81	876
中级	17	11	15	4	21	15	12	14	16	10	135
其他	0	2	0	0	0	0	0	0	0	0	2

表 2-28 2010～2019 年青年科学基金项目主持人职称分布情况（单位：人）

职称	2010年	2011年	2012年	2013年	2014年	2015年	2016年	2017年	2018年	2019年	总计
正高	2	6	1	2	2	1	1	1	0	0	16
副高	28	41	61	56	43	33	34	38	26	33	393
中级	77	128	112	128	151	148	157	159	170	164	1394
其他	5	8	4	9	4	4	5	11	12	13	75

表 2-29 2010～2019 年地区科学基金项目主持人职称分布情况（单位：人）

职称	2010年	2011年	2012年	2013年	2014年	2015年	2016年	2017年	2018年	2019年	总计
正高	5	13	11	12	8	15	15	13	11	16	119
副高	7	10	16	15	16	16	13	13	13	14	133
中级	0	4	5	5	11	5	7	8	13	7	65

3）项目主持人学历结构

2010～2019 年，项目的主持人绝大部分都具有博士学位，占比为 97.74%，硕士学位占比为 1.93%，学士学位占比只有 0.33%。2010～2019 年，具有博士学位的项目主持人比例总体在上升（图 2-42）。总体而言，青年科学基金项目主持人博士学位比例基本在 98%以上，是三类项目中最高的；相对而言，地区科学基金项目主持人的学历较低；地区科学基金项目主持人中具有博士学位的占比在 10 年内增加较为显著，由 2010 年的 75.00%上升至 2019 年的 97.30%。这一方面说明我国获博士学位的研究人员不断增加，另一方面说明项目对研究能力的要求也在不断提高。

4）性别结构

2010～2019 年，工商管理学科面上项目和青年科学基金项目女性主持人比例不断上升（表 2-30）。2019 年，面上项目女性主持人数量占比达到 32.14%，比 2010 年增加了 17.02 个百分点；2019 年，青年科学基金项目女性主持人数量比 2010 年增加了 17.8 个百分点，2013～2019 年，青年科学基金项目女性主持人占比超过 50%，这体现了工商管理学科的女性学者越来越重要。

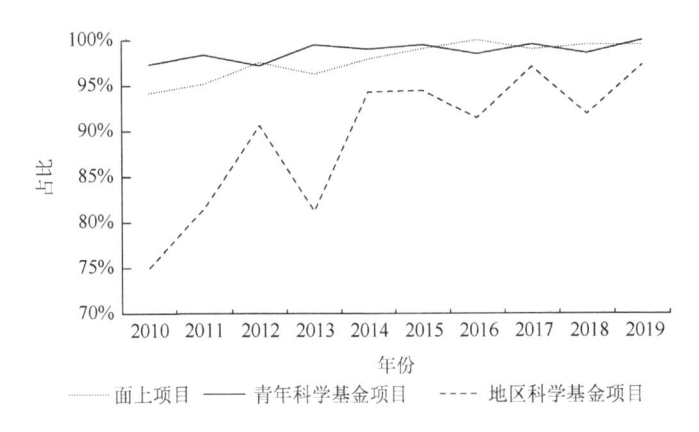

图 2-42 项目主持人博士学位占比

表 2-30 2010～2019 年面上项目、青年科学基金项目、地区科学基金项目女性主持人占比统计

项目类型	2010年	2011年	2012年	2013年	2014年	2015年	2016年	2017年	2018年	2019年
面上项目	15.12%	25.44%	23.58%	22.33%	29.32%	19.62%	33.97%	27.04%	38.50%	32.14%
青年科学基金项目	38.39%	40.98%	43.26%	53.33%	51.00%	51.08%	53.81%	55.50%	59.62%	56.19%
地区科学基金项目	25.00%	25.93%	21.88%	28.13%	14.29%	25.00%	31.43%	38.24%	32.43%	29.73%

2. 项目研究团队合作情况

2010～2019 年，工商管理学科基金项目研究团队全部由境内学者组成的比例分别为面上项目 60.96%、青年科学基金项目 76.30%、地区科学基金项目 90.54%、重点项目 26.53%，而研究团队中有境外学者参加的比例分别为面上项目 39.04%、青年科学基金项目 23.70%、地区科学基金项目 9.46%、重点项目 73.47%，如图 2-43 所示。按照年度统计，项目团队境外学者参与的比例在"十三五"期间显著增加（图 2-44），特别是地区科学基金项目和重点项目。

2010～2019 年境外学者参与比例学科领域统计，如表 2-31 所示，其中，国际商务与跨文化管理（G0214）、企业信息管理（G0209）的学科领域境外学者参与比例较高，平均占比超过 40%；而财务管理（G0205）、创业与中小企业管理（G0215）、运营管理（G0211）、企业技术管理与创新管理（G0203）及项目管理（G0212）学科领域境外学者参与比例较低，平均占比不足 30%。

第 2 章　学科发展现状和动态

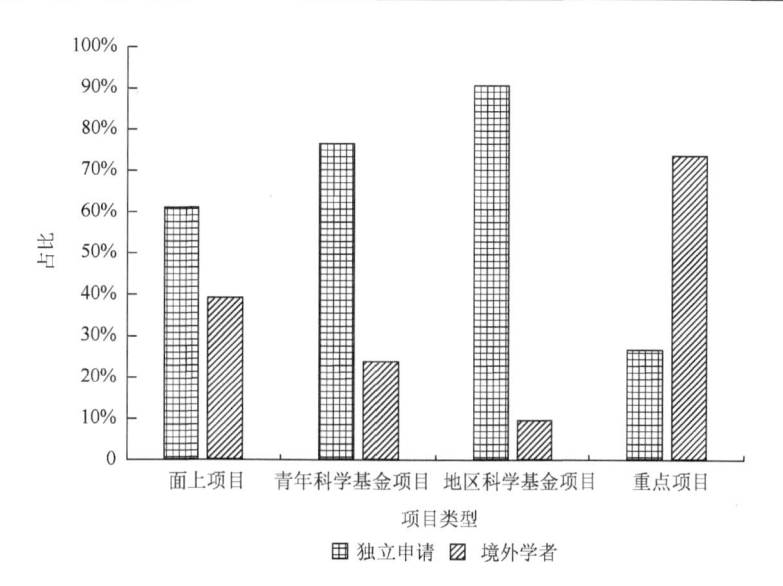

图 2-43　2010～2019 年工商管理学科项目研究团队构成

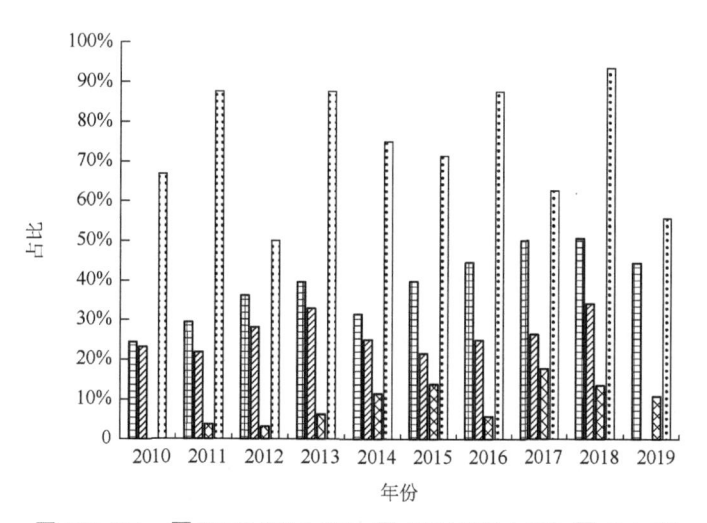

图 2-44　2010～2019 年境外学者参与比例年度统计

表 2-31　2010～2019 年境外学者参与比例学科领域统计

分支学科	地区科学基金项目	面上项目	青年科学基金项目	重点项目	总计
G02	0	40.0%	16.7%	75.0%	34.3%
G0201	5.0%	37.9%	26.0%	80.0%	31.9%

续表

分支学科	地区科学基金项目	面上项目	青年科学基金项目	重点项目	总计
G0202	10.7%	47.2%	29.3%	72.7%	37.2%
G0203	8.7%	25.6%	19.6%	81.8%	23.4%
G0204	11.1%	43.1%	29.7%	88.9%	38.1%
G0205	8.9%	36.3%	21.1%	33.3%	26.6%
G0206	11.4%	41.6%	19.6%	85.7%	30.2%
G0207	14.0%	43.6%	29.2%	100%	36.2%
G0208	0	50.7%	21.7%	42.9%	34.5%
G0209	12.5%	51.2%	34.2%	100%	40.9%
G0210	22.2%	44.0%	27.7%	0%	33.6%
G0211	6.4%	31.7%	19.1%	57.1%	24.6%
G0212	0	28.6%	17.0%	0	23.3%
G0213	0	40.2%	20.5%	100%	32.8%
G0214	0	80.0%	25.0%	100%	52.0%
G0215	0	25.0%	30.0%	—	25.9%
总计	9.5%	39.0%	23.7%	73.5%	31.0%

根据项目研究成员信息统计，2010~2019年，工商管理学科面上项目、青年科学基金项目、地区科学基金项目及重点项目团队中港澳台及海外学者共计1865人次，涉及31个国家及地区的481个机构。表2-32展示了2010~2019年部分境外合作国家/地区情况，其中，美国、中国香港参与的机构数和人数较多，分别为245个机构和817人次、9个机构和351人次，其次是澳大利亚、英国、新加坡和加拿大。

表2-32　2010~2019年境外合作国家/地区情况

国家/地区	机构数/个	学者数/人次	国家/地区	机构数/个	学者数/人次	国家/地区	机构数/个	学者数/人次
美国	245	817	德国	12	17	新加坡	4	103
英国	46	139	日本	11	18	丹麦	4	13
澳大利亚	34	141	荷兰	10	17	挪威	4	11
加拿大	29	101	中国香港	9	351	中国澳门	3	20
中国台湾	16	32	瑞典	6	10			
法国	13	21	新西兰	5	11			

如表 2-33 所示，2010～2019 年境外合作排名前十位的机构主要集中在中国香港、美国和新加坡。中国香港由于地缘邻近的关系，合作关系最为紧密，其中香港中文大学是合作最多的机构，合作数达到 103 人次。

表 2-33　2010～2019 年境外合作机构统计

机构	国家/地区	学者数/人次	机构	国家/地区	学者数/人次
香港中文大学	中国香港	103	康涅迪格大学	美国	14
香港城市大学	中国香港	65	多伦多大学	加拿大	13
新加坡国立大学	新加坡	59	华盛顿大学	美国	12
香港理工大学	中国香港	49	亚利桑那州立大学	美国	12
香港科技大学	中国香港	41	印第安纳州立大学	美国	12
香港大学	中国香港	39	爱荷华大学	美国	11
香港浸会大学	中国香港	37	马里兰大学	美国	11
南洋理工大学	新加坡	34	南加利福尼亚大学	美国	11
罗格斯大学	美国	25	普渡大学	美国	11
宾夕法尼亚州立大学	美国	19	悉尼大学	澳大利亚	11
新南威尔士大学	澳大利亚	18	悉尼科技大学	澳大利亚	11
莫纳什大学	澳大利亚	17	澳大利亚国立大学	澳大利亚	10
佛罗里达大学	美国	16	澳门大学	中国澳门	10
佛罗里达州立大学	美国	16	剑桥大学	英国	10
西北大学（美国）	美国	15	香港岭南大学	中国香港	10
亚利桑那大学	美国	15	约克大学（加拿大）	加拿大	10
得克萨斯大学达拉斯分校	美国	14	佐治亚州立大学	美国	10

2010～2019 年境外合作国家/地区机构按学科领域统计，如表 2-34 所示，其中，各学科领域境外合作最多的国家与地区前三位主要集中在美国、中国香港和澳大利亚。国际商务与跨文化管理学科领域合作最多的国家是澳大利亚，其余学科领域合作最多的都是美国。另外，英国与中国在企业技术管理与创新管理、国际商务与跨文化管理和工商管理学科领域的合作，新加坡与中国在企业信息管理学科领域的合作都列在第二位；中国香港有 63 个机构在市场营销领域与中国内地开展合作。

表 2-34　2010～2019 年境外合作国家/地区机构按学科领域统计

学科方向	学科代码	第一位	第二位	第三位
工商管理	G02	美国（7）	英国（3）	澳大利亚（2）
战略管理	G0201	美国（65）	中国香港（23）	澳大利亚（17）
组织理论与组织行为	G0202	美国（92）	中国香港（53）	澳大利亚（19）
企业技术管理与创新管理	G0203	美国（49）	英国（27）	中国香港（8）
人力资源管理	G0204	美国（61）	中国香港（20）	澳大利亚（16）
财务管理	G0205	美国（80）	中国香港（38）	澳大利亚（23）
会计与审计	G0206	美国（83）	中国香港（60）	新加坡（13）
市场营销	G0207	美国（176）	中国香港（63）	加拿大（20）
生产与质量管理	G0208	美国（26）	中国香港（11）	中国澳门（4）
企业信息管理	G0209	美国（25）	新加坡（12）	中国香港（10）
电子商务	G0210	美国（28）	中国香港（6）	澳大利亚（4）
运营管理	G0211	美国（72）	中国香港（34）	英国（11）
项目管理	G0212	美国（6）	澳大利亚（6）	新加坡（6）
创业管理	G0213	美国（38）	中国香港（15）	澳大利亚（7）
国际商务与跨文化管理	G0214	澳大利亚（7）	英国（6）	美国（5）
创业与中小企业管理	G0215	美国（4）	加拿大（3）	澳大利亚（1）

2010～2019 年境外合作机构按分支学科领域统计，如表 2-35 所示，其中，各学科领域境外合作最多的机构前两位主要集中在中国香港，其中，香港中文大学、香港科技大学分别占据 4 个和 2 个分支学科领域合作排名第一位。新加坡国立大学分别在企业信息管理（G0209）和项目管理（G0212）学科领域合作排名第一位。美国的机构众多（超过 100 家），合作人数相对分散，从工商管理学科领域二级代码看，只有新泽西州立罗格斯大学在人力资源管理（G0204）学科领域和佛罗里达州立大学在电子商务（G0210）学科领域合作排名第一位。

表 2-35　2010～2019 年境外合作机构按分支学科领域统计

学科代码	第一位	第二位	第三位
G02	得克萨斯大学达拉斯分校（2）	伯明翰大学（1）	俄亥俄州立大学（1）
G0201	香港城市大学（9）	香港中文大学（7）	悉尼大学（5）
G0202	香港浸会大学（12）	香港中文大学（12）	香港理工大学（9）

续表

学科代码	第一位	第二位	第三位
G0203	雷丁大学（5）	剑桥大学（4）	曼彻斯特大学（4）
G0204	新泽西州立罗格斯大学（9）	香港中文大学（8）	宾夕法尼亚州立大学（7）
G0205	香港中文大学（18）	南洋理工大学（13）	佛罗里达州立大学（10）
G0206	香港中文大学（20）	香港理工大学（11）	香港大学（9）
G0207	香港中文大学（20）	香港城市大学（18）	新加坡国立大学（10）
G0208	香港科技大学（6）	澳门大学（4）	弗吉尼亚理工学院暨州立大学（3）
G0209	新加坡国立大学（11）	香港城市大学（4）	香港理工大学（3）
G0210	佛罗里达州立大学（5）	新加坡国立大学（4）	图尔库大学（3）
G0211	香港科技大学（10）	香港理工大学（9）	香港城市大学（5）
G0212	新加坡国立大学（4）	香港大学（3）	华刚矿业股份有限公司（2）
G0213	香港中文大学（6）	圣路易斯大学（4）	布鲁克大学（3）
G0214	乌普萨拉大学（3）	西澳大学（3）	杜伦大学（2）

第 3 章 工商管理学科主要创新与差距

3.1 工商管理学科学术成果与影响力不断提升

工商管理学科是自然科学和社会科学高度融合的交叉学科，聚焦企业等微观组织的管理问题，既能体现中国特色，又与国际研究范式接轨。自改革开放以来，特别是加入世界贸易组织（World Trade Organization，WTO）、融入经济全球化进程后，我国工商管理学科经历了"引进来""走出去"等阶段，积极学习国际优秀理论成果，紧跟国际学术前沿，凝练本土管理实践的经验教训，在企业等微观组织提质增效等方面发挥了指导作用，有力地促进了经济社会发展。未来我国工商管理学科如何讲好中国故事，提出原创性的理论与方法，提升中国学者的学术话语权，成为"十四五"和未来很长一段时间努力的目标。因此，基于 2000～2019 年 UTD 24 期刊正式发表的所有文献信息，以中国学者发表的 1144 篇论文[①]为样本，利用文献计量、网络聚类分析的方法，系统分析了 2000～2019 年我国工商管理国际高水平研究的动态变化趋势、前沿领域方向和综合学术影响[②]。

3.1.1 研究方法与数据

学术影响取决于研究成果的认可深度与广度。一个国家的学科领域的国际学术综合影响力，则具体表现为公开发表与出版的国际学术论文和专著、专利，组织的国际会议，承担的国际科研合作项目，研究人员在国际学术组织和国际期刊的任职情况，以及获得的国际科研奖项等多个方面[③]。在本领域国际顶级期刊发表论文数量成为反映一个学科国际学术影响力的最直观指标。例如，姜尚荣等曾使用文献计量方法对价值共创领域的样本文献进行了统计分析、共引分析和突现分析，识别出了价值共创领域的研究重点和发展趋势，进一步完善现有的价值共创理论，为现代企业战略决策与商业模式创新提供理论创新指导[④]。

[①] 本章中数据不包含港澳台地区数据。
[②] 赵新元，吴刚，伍之昂，等. 从跟跑到并跑——中国工商管理研究国际影响力的回顾与展望. 管理评论，2021，33（11）：13-27.
[③] 姚乐野，王阿陶. 我国高校人文社会科学学术成果的国际影响力分析——基于"985"高校在 Web of Science 期刊发文引文的研究. 四川大学学报（哲学社会科学版），2015，196（1）：111-120.
[④] 姜尚荣，乔晗，张思，等. 价值共创研究前沿：生态系统和商业模式创新. 管理评论，2020，32（2）：3-17.

UTD 24 期刊目录是聚焦工商管理研究的国际顶级期刊列表,引导了全球学界的科学研究和学科建设。本书从 Web of Science 数据库(检索日期为 2020-04-14)检索获取 2000~2019 年在 UTD 24 期刊正式发表的所有文献记录。每条文献记录由标题、摘要、期刊名、文献类型、作者、作者机构、通讯作者、发表年、作者关键词、keyword plus 等 Web of Science 标准字段构成。鉴于 Web of Science 数据库文献类型(document tpye,DT)有 article、book review、editorial material 等多种,本书仅保留文献类型为 article 的论文,共计 27 830 篇,其中,财务与金融领域的 6 种期刊发表论文 7608 篇(中国 194 篇,占比 2.55%),运营与优化领域的 5 种期刊发表论文 7749 篇(中国 492 篇,占比 6.35%),商务智能领域的 3 种期刊发表论文 2334 篇(中国 136 篇,占比 5.83%),市场营销领域的 4 种期刊发表论文 4149 篇(中国 126 篇,占比 3.04%),组织管理领域的 6 种期刊发表论文 5990 篇(中国 196 篇,占比 3.27%)。在每条记录的作者机构(affiliations,AF)字段中检索出包含"China"的文献记录,进一步筛选出作者单位为中国机构的论文 1144 篇(占比 4.11%)。本书以中国学者发表的 1144 篇 UTD 24 期刊论文信息为样本,辅以 UTD 24 期刊编委会成员列表、期刊高被引论文等数据,采用文献计量和关键词网络聚类分析方法,系统分析我国工商管理学科在国际高水平研究成果方面的发展脉络,准确定位我国工商管理研究各领域的国际学术状况、前沿方向和热点领域,分析我国学者在国际顶级学术舞台上的影响力变化趋势,以期推动我国工商管理学科的国际学术影响力提升,实现"从跟跑到并跑,最终超越、领跑"。根据 UTD 24 期刊征稿的主要范围,本书将这些期刊归为财务与金融、运营与优化、商务智能、市场营销、组织管理等五个领域(表 3-1),从年度文献量、合作发表论文、我国学者主导研究论文数量、高频关键词、编委会成员和高被引论文等指标分别加以分析。

表 3-1 UTD 24 期刊领域分布

财务与金融	运营与优化
①*The Accounting Review* ②*Journal of Accounting and Economics* ③*Journal of Accounting Research* ④*Journal of Finance* ⑤*Journal of Financial Economics* ⑥*The Review of Financial Studies*	①*Management Science* ②*Operations Research* ③*Journal of Operations Management* ④*Manufacturing and Service Operations Management* ⑤*Production and Operations Management*
商务智能	组织管理
①*Information Systems Research* ②*Journal on Computing* ③*MIS Quarterly*	①*Academy of Management Journal* ②*Academy of Management Review* ③*Administrative Science Quarterly* ④*Journal of International Business Studies* ⑤*Organization Science* ⑥*Strategic Management Journal*

续表

市场营销	
①*Journal of Consumer Research* ②*Journal of Marketing* ③*Journal of Marketing Research* ④*Marketing Science*	

资料来源：https://jindal.utdallas.edu/the-utd-top-100-business-school-research-rankings[2022-12-21]

3.1.2　讨论分析

1. 我国工商管理学科国际高水平研究成果呈快速上升态势

2000~2019 年，UTD 24 期刊中，我国学者的论文数量从 2000 年的寥若晨星到 2019 年的群星璀璨（2000 年仅 3 篇，占比 0.32%；2019 年 179 篇，占比 9.58%，论文占比增加了 9.26 个百分点），总体呈现快速上升趋势，各领域的成果数量与质量都显著提升，已在国际工商管理学界占有重要地位。

2000~2003 年，我国学者在 UTD 24 期刊发文极少，而且集中在中外合作的学术机构（如中欧国际工商学院、长江商学院等）。2004~2007 年，论文发表数量增长非常缓慢，每年发文数量基本停留在个位数，而且集中在个别高校的个别学者，研究领域也集中在组织管理（18 篇，年均 4.5 篇）及运营与优化（15 篇，年均 3.75 篇），而财务与金融（8 篇）、商务智能（3 篇）和市场营销（2 篇）领域则相对较少。2008~2013 年，随着我国 SCI 和 SSCI 发文数量的快速增长，国际学术论文发表也开始实现从量变到质变的转变，在 UTD 24 期刊发表论文的学术机构和学者数量大幅度增加。UTD 24 期刊发表论文数量年平均增长 27.7%，运营与优化（117 篇）、组织管理（53 篇）、财务与金融（47 篇）、市场营销（35 篇）、商务智能（30 篇）领域均有较大突破，其中，市场营销领域的论文数量增长超过 15 倍。2014~2019 年，我国 UTD 24 期刊论文数量产生质的飞跃，年平均增长 65.2%，运营与优化（353 篇）、组织管理（120 篇）及商务智能（102 篇）等领域的论文数量增长接近 3 倍，财务与金融（137 篇）和市场营销（88 篇）领域也取得较大进展。涵盖的研究方向也进一步拓宽，几乎涉及 UTD 24 期刊所有领域，而且不少学者都已发表多篇 UTD 24 期刊论文，学术合作与科研团队明显成熟，工商管理学者的国际学术影响力正快速提升（图 3-1）。

2. 领域发展不均衡，运营与优化领域一枝独秀

我国工商管理学科各领域国际高水平研究成果并不均衡，2000~2019 年呈现不同的发展态势（图 3-2）。运营与优化领域一枝独秀，特别是 2012 年以后增长非

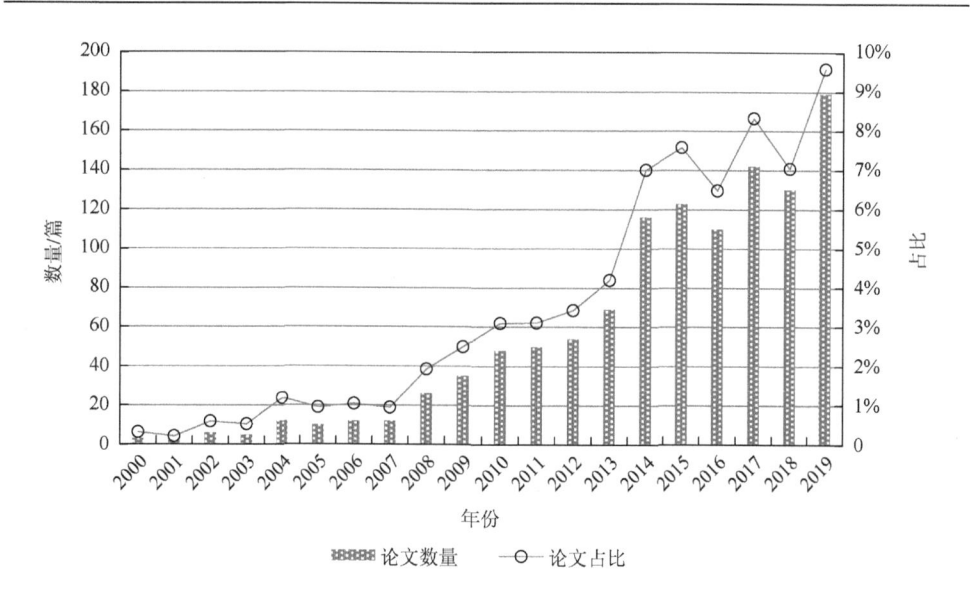

第 3 章 工商管理学科主要创新与差距

图 3-1 2000~2019 年我国学者 UTD 24 期刊论文发表情况

常快，财务与金融领域后发优势明显。2019 年，运营与优化领域发表论文 84 篇，领先其他 4 个领域（财务与金融 38 篇、商务智能 27 篇、组织管理 17 篇、市场营销 13 篇）。

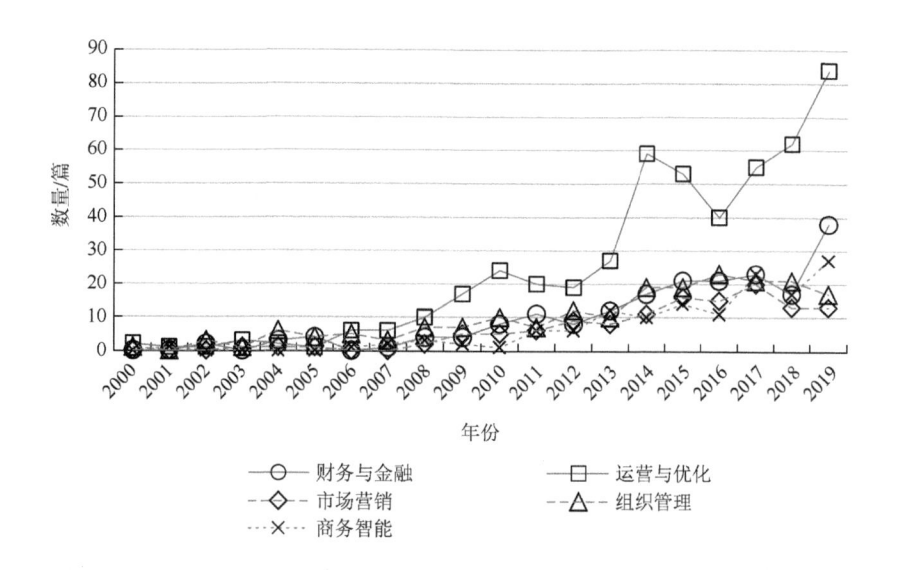

图 3-2 2000~2019 年我国学者 UTD 24 期刊各领域发表论文变化趋势

然而，各领域论文绝大部分都是与境外地区机构合作发表的（图3-3）。中国学者主导研究的论文（第一作者或通讯作者来自内地机构）中，商务智能、运营与优化、市场营销领域占比较高，分别为61.0%、60.6%和51.6%。商务智能领域成长非常快，从2008年开始出现我国学者主导的研究论文起，2008～2013年有14篇，2014～2019年增长到69篇；组织管理和财务与金融领域占比则相对较低（分别为40.8%和31.4%）。从时间上看，2006年之前，各领域我国学者主导的研究还很少，运营与优化方面发表的论文数量自2007年开始快速增长，但是其他4个领域从2012年之后才开始明显增多（图3-4）。尤其需要注意的是，由我国学者独立完成的论文有56篇，发表时间以2014～2019年为主（2014～2019年发表论文39篇，占比约70%），其中，运营与优化领域论文相对较多（29篇，占比51.8%）。因此，在国际学术合作氛围显现"逆全球化"苗头的情况下，我国工商管理学科的国际高水平研究亟待提升独立自主的探索勇气与创新能力。

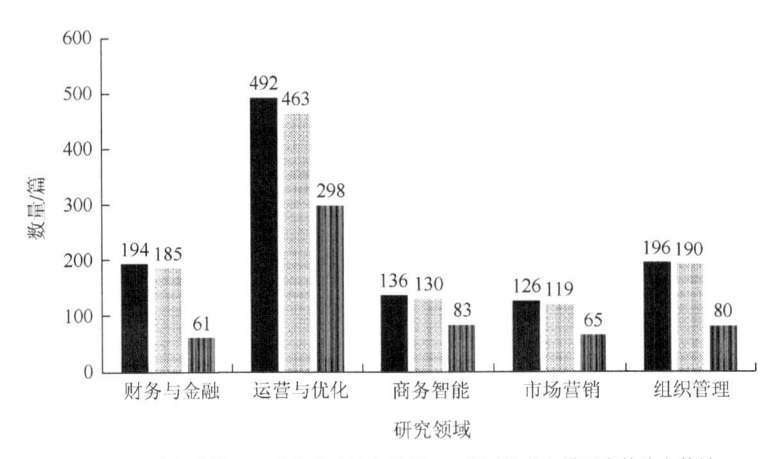

图3-3 各领域的境外合作发表论文情况

我国学者在不同UTD 24期刊的发文数量也有较大差别（图3-5）。运营与优化领域主要集中在 *Management Science*、*Operations Research*、*Production and Operations Management* 3种期刊，2000～2019年发文总量分别达到139篇、101篇和179篇。市场营销领域4种期刊和商务智能领域3种期刊发文数量则比较均衡。财务与金融领域约64%的文章发表在 *Journal of Financial Economics* 和 *The Review of Financial Studies* 2种期刊上。组织管理领域约42.3%的论文发表在 *Journal of International Business Studies* 上。值得注意的是，UTD 24各期刊均具有极高的拒稿率，所以某个期刊发表我国学者论文数量相对较多，并不意味着该刊好发、容

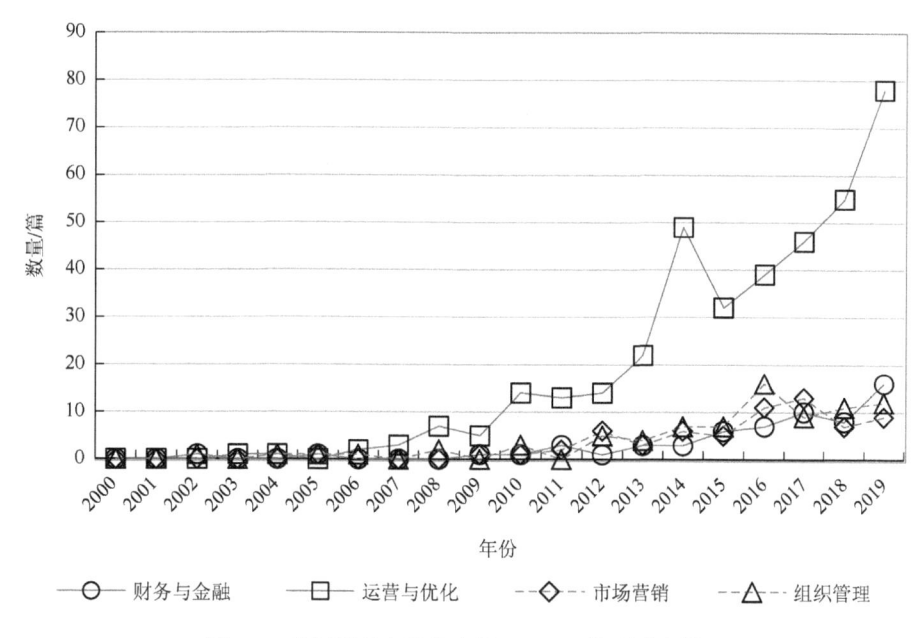

第 3 章　工商管理学科主要创新与差距

图 3-4　我国学者主导发表的 UTD 24 期刊论文情况

易，根本原因是各研究团队的艰辛努力；经过合理设计的科研评价机制均应加以公平对待和肯定，激发和保护研究人员的科研热情与积极性。

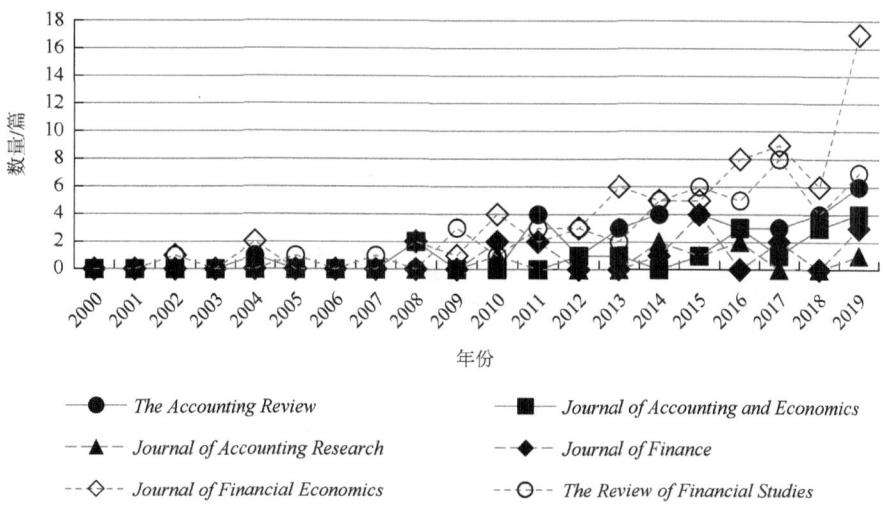

(a) 财务与金融

(b) 运营与优化

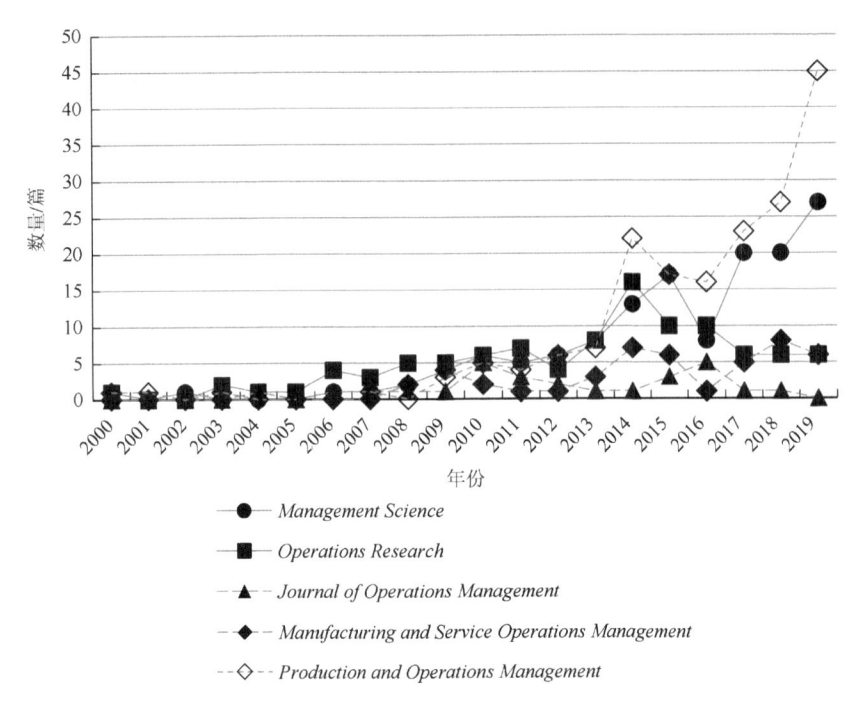

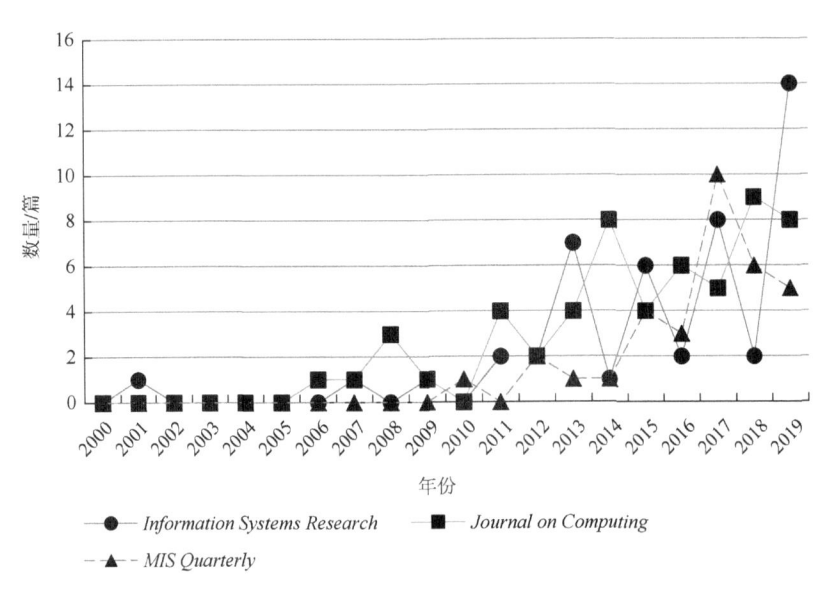

(c) 商务智能

(d) 市场营销

(e) 组织管理

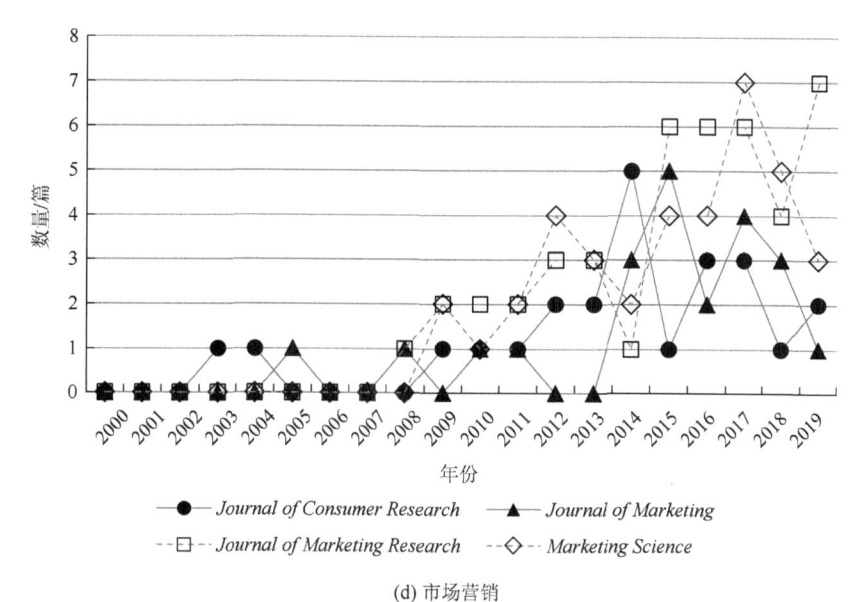

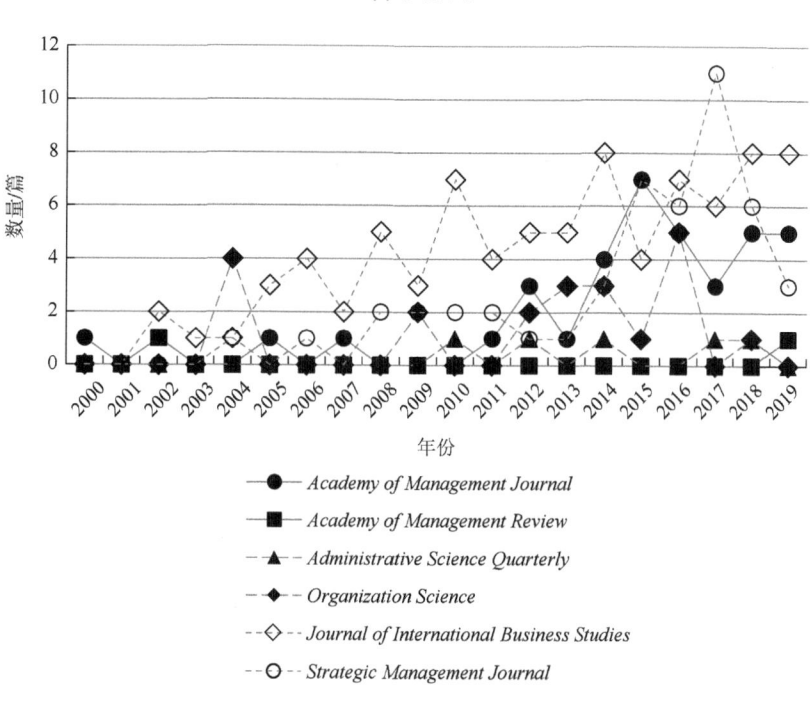

图 3-5　各领域 UTD 24 期刊论文发表情况

3. 我国工商管理学者关注的各领域前沿方向

基于文献计量分析方法，本书统计了我国学者发表论文与各领域 UTD 24 期刊论文的关键词词频（表 3-2）。从论文关键词词频统计分析来看，我国学者的研究与 UTD 24 期刊兴趣点或关注点的契合度越高的领域，在 UTD 24 期刊发表论文的数量就越多，增长就越快。例如，在运营与优化领域，供应链（supply chain）和库存管理（inventory management）均是我国学者发文与 UTD 24 期刊论文词频排前 5 位的关键词。我国学者在市场营销领域的研究范式、关注的科学问题与国际基本接轨，所以我国学者发文的关键词与 UTD 24 期刊论文的关键词契合度很高，在词频排前 10 位的关键词中，有 6 个一致。因此，近年来我国学者在 UTD 24 期刊中市场营销领域的 4 种期刊均有较大突破。组织管理领域比较重视中国情境，发文关键词与 UTD 24 期刊论文关键词契合度不够高，在词频排前 10 位的关键词中，仅有 4 个一致。因此，超过 40%的研究都集中发表在 *Journal of International Business Studies* 上，而在组织管理领域的其他 UTD 24 期刊发表相对较少。财务与金融领域发文关键词与 UTD 24 期刊论文关键词契合度也不高，在词频排前 10 位的关键词中，仅有 4 个一致。例如，我国学者感兴趣的信息（information）并未出现在 UTD 24 期刊论文关键词词频的前 10 位，投资（investment）也仅排在第 9 位。未来我国工商管理研究既要重视扎根本土情境，面向国家重大需求，总结研究中国企业管理问题，也要注意瞄准国际学术研究前沿，做好前瞻性研究，引领国际学术发展。

表 3-2　各领域 UTD 24 期刊前 10 关键词

领域	我国学者发文关键词词频*		UTD 24 期刊发文关键词词频**	
财务与金融	market	25.3%	audit	4.2%
	investment	24.7%	corporate governance	2.9%
	information	21.1%	tax	2.3%
	cross-section	16.0%	bank	2.1%
	performance	16.0%	disclosure	2.1%
	risk	16.0%	risk	1.9%
	firm	14.9%	liquidity	1.7%
	corporate governance	14.0%	accounting	1.7%
	incentive	14.0%	investment	1.6%
	stock return	11.3%	market	1.5%
运营与优化	model	20.1%	supply chain	6.9%
	supply chain	18.9%	pricing	6.2%
	pricing	17.5%	uncertainty	5.7%
	information	15.7%	competition	4.8%

续表

领域	我国学者发文关键词词频*		UTD 24 期刊发文关键词词频**	
运营与优化	inventory management	15.0%	inventory management	4.6%
	demand	14.6%	risk	4.3%
	competition	13.8%	operations management	4.2%
	system	11.4%	network	3.7%
	risk	11.2%	equilibrium	3.2%
	performance	10.9%	competition	2.8%
商务智能	model	33.8%	model	17.1%
	impact	21.3%	information technology	13.8%
	e-commerce	16.2%	system	13.8%
	information technology	14.7%	knowledge	12.5%
	knowledge	13.2%	network	12.2%
	optimization	13.2%	e-commerce	11.8%
	system	13.2%	algorithm	9.0%
	word-of-mouth	13.2%	information system	8.5%
	network	12.5%	business	8.0%
	social media	11.8%	optimization	7.6%
市场营销	behavior	23.0%	branding	6.0%
	pricing	21.4%	behavior	5.4%
	marketing	18.3%	marketing	5.0%
	impact	14.3%	advertising	4.6%
	choice model	11.9%	pricing	3.8%
	information	11.1%	competition	3.5%
	competition	10.3%	game theory	2.9%
	branding	10.3%	Bayesian estimation	2.1%
	word-of-mouth	10.3%	word-of-mouth	2.0%
	performance	10.3%	behavioral economics	1.9%
组织管理	performance	36.2%	innovation	5.1%
	organization	32.1%	performance	3.1%
	firm	30.0%	foreign direct investment	3.1%
	China	28.1%	competition	2.6%
	emerging market economy	20.0%	resource-based view	2.6%
	knowledge	17.9%	CEO	2.6%
	strategy	17.3%	knowledge management	2.6%
	management	14.3%	strategy	2.3%
	innovation	12.8%	culture	2.1%
	foreign direct investment	12.8%	corporate governance	2.0%

*百分比表示该关键词所出现论文数量在中国学者发表 UTD 论文总量（1144 篇）的占比；**百分比表示该关键词所出现论文数量在 UTD 论文总量（27 830 篇）的占比

4. 我国工商管理学者的国际影响力快速提升

随着中国经济的腾飞和本土企业的快速成长，我国工商管理学者的国际学术影响力也快速提升，体现在以下多个方面：高水平研究成果占比大幅提升，2019 年已约占 UTD 24 期刊的 10%；影响力较大的高被引成果从无到有、从少到多；越来越多的基于中国实践的研究成为高被引成果；国际高水平期刊的编委数量快速增长；越来越多的国际高级别学术年会在中国组织召开，而且大量的国内学者担任大会主席。为定量分析我国工商管理学者的国际学术影响力，本书专门收集和分析了 UTD 24 期刊的高被引研究情况，逐一检索了 UTD 24 期刊网页上所列出的该刊高被引论文，最终找出我国学者的 11 篇高被引论文。这些论文分布期刊如图 3-6 所示。

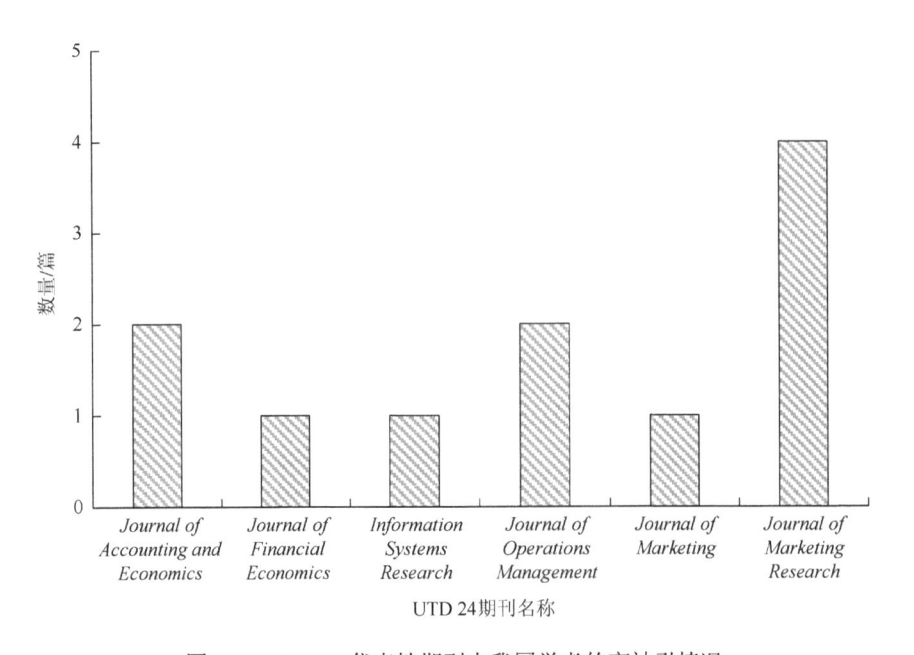

图 3-6　UTD 24 代表性期刊中我国学者的高被引情况

从高被引论文来看，我国学者论文的数量从无到有、从少到多，影响力不断提升。2003 年高被引论文仅 1 篇，2017 年之后高被引论文 8 篇。然而，总体数量仍然偏少（2000～2019 年 UTD 24 期刊高被引论文共 369 篇，其中，我国学者论文 11 篇，仅占比 2.98%）。各领域高被引论文分布并不均衡，市场营销领域最多（5 篇）。值得注意的是，我国的高被引论文往往讲的都是中国故事。从 11 篇论文研究的主题上看，有 6 篇立足于讨论中国问题，或是依托中国的相关数据展开的研究。但是，国际合作的依存度仍然较高，仅有 5 篇论文以国内机构为第一单位。因此，立足中国企业发展实践，面向世界科学前沿，自主创新，讲好中国故事是提升我国工商管理研究国际学术影响力的关键。

从期刊学术兼职上看，我国工商管理学者的国际学术影响力也在快速提升，特别是 2015～2019 年，担任 UTD 24 期刊编委的中国学者数量增长很快（图 3-7）。其中，运营与优化领域的高水平期刊编委数量最多，增长也最快，市场营销领域也增长较快。

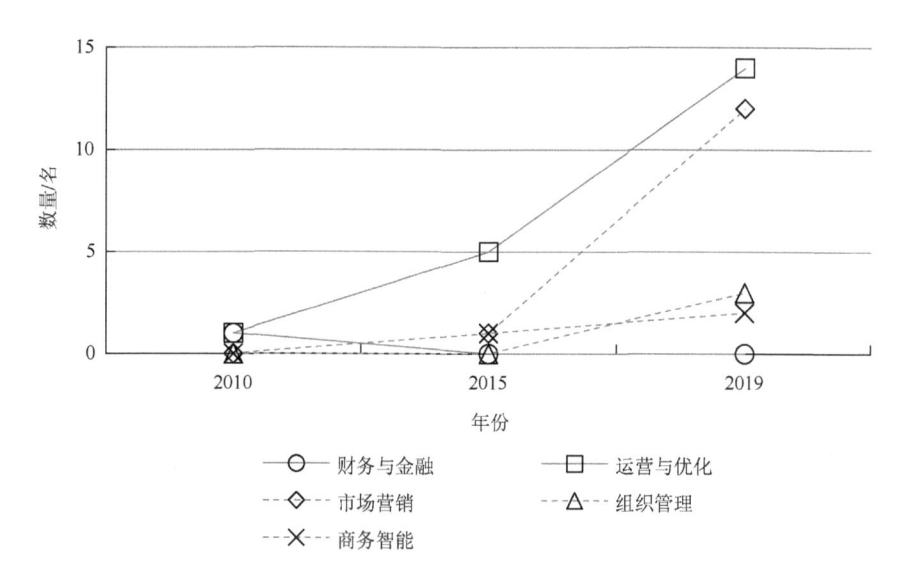

图 3-7 UTD 24 期刊我国学者的编委数量变化

3.1.3 我国工商管理研究国际学术影响力的演进

上述分析表明，我国工商管理学科的高水平研究成果自 2000 年以来呈现出阶段性跨越发展的特征，与经济发展基本同步，这反映了学界面向世界前沿，立足中国企业发展实践，引进、消化、吸收、创新的发展历程。

第一阶段（2000～2006 年）为探索期。20 世纪 80 年代国门初开，人们骤然发现，我国工商管理研究和管理水平与国际先进潮流存在巨大差距，因此，积极吸收国外管理先进经验和做法，致力于建立工商管理学科的学术机构和人才队伍，大力引进欧美国家的教学和研究体系，科学研究与人才培养逐步正规化。随着 21 世纪初中国加入 WTO，工商管理学界受到经济全球化深刻影响，国际化意识显著增强，主要学术交流平台不仅关注国内期刊，更期望通过发表国际期刊论文，与国内外同行对话。其间，国内学者开始注重科学、规范的研究范式，积极学习和领会理论体系、主流方法和话语体系，日益重视博士生学术训练，提出更高要求。例如，中国管理研究国际学会（International Association for Chinese Management Research，IACMR）于 2004 年在北京成立，逐年轮流主办双年会和研究方法培训班，创办 SSCI 索引期刊《组织管理研究》（*Management and Organization Review*），为提升中国情境下的组织管理研究创建了国际化学术交流平台。

第二阶段（2007~2013 年）为融入期。2007 年以后，特别是 2008 年全球金融危机爆发，我国应对果断，经济快速发展，中国智慧与中国方案日益受到国际学界关注。2007~2013 年，发表于国际顶级学术期刊的高水平论文如雨后春笋般迅速增长，论文占比显著提升。工商管理学界经过若干年的国际化发展，已经初步具备与国际同行对话的人才队伍和研究积累。例如，越来越多的博士生得到国内外联合培养的机会，知识和视野都得到跃升。北京大学光华管理学院创办国际博士生（International Dotctor of Philosophy，IPHD）项目，在该项目所培养的博士生中，已有多位以第一作者的身份在国际顶级期刊上发表学术论文，陆续有 9 位博士毕业生获得海外教职。

第三阶段（2014 年至今）为跨越期。党的十八大以来，我国经济进入转型提质的新时代，外部环境发生剧烈变化，不断涌现供给侧结构性改革、治理体系现代化、国企改革和"双循环"等新探索，过时的研究主题不断退出，新兴的研究方向不断涌现，工商管理学者发表的国际顶级期刊论文数量呈快速上升趋势，2019 年发表了 179 篇，相对于 2013 年（69 篇）增长了 1.6 倍（159%）。这一阶段，国内外许多学术期刊都十分重视发表中国情境下管理研究问题的学术论文，甚至开辟中国管理学研究专栏，对中国管理理论创新起到了很好的推动作用，这表明中国管理科学开始注重整体学科积累，逐步走向成熟。

回顾以上三个阶段，我国工商管理研究国际化发展受益于社会经济发展、学界奋发图强、全球化学术交流等有利因素。改革开放以来，我国社会经济环境日新月异，发生了翻天覆地的变化，既提出了大量需要学界积极回应的挑战，又存在众多亟待解决的问题。40 多年来，工商管理学界励精图治，在软硬件基础、人才培养和科学研究等方面已经赶上国际先进水平，形成了知识更新同步、学科布局良好和人才培养梯队化的有利态势。过去 40 多年，特别是我国加入 WTO 以来，国际学术交流迅猛发展，引进来，走出去，工商管理学界积极地通过学术会议、学术期刊、讲座、工作坊、博士生联合培养、境外长期访学、短期访问等多种方式，全方位地融入了国际学术主流，不仅开展了处于国际前沿的科学研究，在各领域顶级期刊发表高水平论文，而且吸收新的教学理念与体系，培养人才，引进师资，推动了相关学院和机构的发展、转型与升级。

UTD 24 期刊论文是国际学术影响力的一面"镜子"。科学研究是对未知客观规律的好奇与探索,论文是学术交流的渠道。无论是发表 UTD 24 期刊论文,还是不发表 UTD 24 期刊论文,这都不是研究目的或"初心"。工商管理既要做高水平的研究,也要做负责任的研究,在发表高水平成果的基础上,提倡科学研究与管理应用的融合及转化,切实促进企业发展和社会福祉。

3.2 立足企业实践和服务国家战略需求能力显著增强

工商管理研究源于实践,又指导实践。优秀的工商管理研究成果,并没有仅仅停留在学术论文发表上,而是更加注重与企业管理实践融合,加强科技成果转化,把论文真正写在了中国大地上。

改革开放以来,我国企业管理经历了承包制改革、多元化经营、科技型创新、国际化创业、企业转制变革、数字化转型等重要实践,提出了一些新的重要理论问题与实践挑战。国家自然科学基金委员会管理科学部首个重点项目群"基于中国管理实践的理论创新研究",通过中国企业与组织管理实践的多视角协同研究,深度探索中国企业与组织管理的成功实践、作用机制及其发展演进机理,提出在复杂多变和具有中国特色的管理制度、经济环境、社会与文化条件下,我国企业及其他微观组织的管理模式、行为机制与成长策略,形成富有中国企业管理特色的理论创新成果,显著提升我国管理学基础研究和理论发展的原始创新能力。中国企业集体领导力、中国管理"合"理论体系、中国企业创业机会资源论、中国企业变革赋能行动论、中国企业超越追赶论、中国本土管理理论等代表性成果,既扎根我国企业管理实践,又为我国企业管理的优化和提升赋予理论指导,更为国际学界和业界贡献中国智慧,提出中国方案。

国家自然科学基金所资助的各类型项目都敏锐地关注企业实际问题,有力地指导企业实践,较好地服务于国家重大战略需求。大数据技术和应用快速发展对管理决策理论与实践带来深刻影响。党的十九大报告提出,"加快建设制造强国,加快发展先进制造业,推动互联网、大数据、人工智能和实体经济深度融合,在中高端消费、创新引领、绿色低碳、共享经济、现代供应链、人力资本服务等领域培育新增长点、形成新动能"[①]。重大研究计划"大数据驱动的管理与决策研究"自启动以来,取得行业应用成果 114 项,政策影响成果 67 项(如在科技部、教育部、工商行政管理总局、中国科学技术协会、国家禁毒委员会、贵州省、安徽省、深圳市、中油财务有限责任公司、春雨医生、36 氪、德勤有限公司等部门得到应用)。

---

① 《习近平:决胜全面建成小康社会 夺取新时代中国特色社会主义伟大胜利——在中国共产党第十九次全国代表大会上的报告》,http://www.gov.cn/zhuanti/2017-10/27/content_5234876.htm[2017-10-27].

例如，为国家计算机网络与信息安全管理中心对互联网金融的实时风险监测提供了重要的信息技术平台和算法。党的二十大报告提出，"推进新型工业化，加快建设制造强国、质量强国、航天强国、交通强国、网络强国、数字中国""推动制造业高端化、智能化、绿色化发展""加快发展数字经济，促进数字经济和实体经济深度融合，打造具有国际竞争力的数字产业集群"[①]。未来项目资助将更加密切地服务于国家战略需求与产业发展方向，增强自主创新能力。

创新研究群体项目"制造与物流系统中的空间与时间二维调度理论方法及应用研究"，紧密围绕工业智能化和绿色化的国家重大发展战略需求，基于系统优化与人工智能，对从典型制造和物流系统中提炼出的时空调度问题进行基础与应用研究。针对我国工业普遍存在的能耗大、成本高、能效低、资源利用率低、环境污染严重等问题，将数学优化与数据解析技术相融合，从生产与物流建模理论、优化方法、工程优化等不同维度进行立体研究，实现生产与物流的时空调度的优化决策，从而促进工业智能化。

重大项目"大数据环境下的商务管理研究"针对大数据环境下的新情境特征，采用建模、实验、实证、案例分析等研究方法，从参与者与市场的商务行为、顾客洞察与市场营销、企业运营策略与优化、商务智能方法与模式创新、商务分析与计算方法、大数据支撑平台等角度，全面系统地研究当前大数据环境下的商务管理的重大科学问题，揭示了大数据环境下商务管理中参与者与市场的交互式商务行为机理，洞察了顾客行为与价值实现机理并设计相应的市场营销策略，优化了大数据环境下的企业运营策略与协调方法，设计了商务智能方法，剖析了商业模式创新机制，研发了商务分析与计算方法，构建了大数据支撑平台和企业示范平台。该项目取得了一批高水平创新性的研究成果，提升了我国在相关领域的学术影响力；相关研究成果被苏宁、奇瑞汽车等企业应用；有关政策报告得到中央领导的批示。其中，课题"大数据环境下的顾客洞察与市场营销策略研究"基于手机用户位移数据，建立了人口流动-风险源模型，准确预测了新冠疫情在全国扩散的时空分布特征，所取得的成果在国际顶级期刊 *Nature* 上发表，并服务于国家新冠疫情防控。

重点项目"高风险复杂随机生产过程供应链研究"针对高风险复杂随机生产过程供应链管理实践中关于生产系统、外部监管和市场需求等方面的独特性与复杂性，研究了这些特性引致的运作管理、生产系统设计与优化、供应链管理新问题，取得了多项高水平研究成果。研究成果在中国石油天然气股份有限公司得到应用，每年为中石油节约成本约20亿元人民币。

---

① 《习近平：高举中国特色社会主义伟大旗帜 为全面建设社会主义现代化国家而团结奋斗——在中国共产党第二十次全国代表大会上的报告》，http://www.gov.cn/xinwen/2022-10/25/content_5721685.htm[2022-10-16].

3.3 学科差距分析

近年来，国内外的政治、经济与社会环境发生巨大变化，企业管理实践日新月异，工商管理研究面临新实践、新情境、新范式，理论前提与研究假设受到颠覆性挑战。根据"工商管理学科发展战略及'十四五'发展规划研究"项目组进行的问卷调查，不少学者认为与国际研究前沿相比，我国的工商管理研究还存在一定差距。具体问题及原因包括以下几个方面。

（1）研究队伍本身的问题。有学者反映，由于考核周期短、评价机制以论文为导向、教学任务较重等原因，一些学者无法沉下心来开展研究，产生了较为严重的"学术 GDP"现象。此外，国内研究队伍也存在缺乏科学精神、缺乏严格系统的方法论和科研思维训练、问题意识与科学问题提炼能力不突出等问题。研究队伍是学科建设和发展的根本，短期行为、急功近利、浮躁等是科学研究特别是基础研究的大忌。国家自然科学基金委员会将在项目评审、评估、考核等管理环节不断改善，发挥更好的引导作用。

（2）理论基础不够夯实。理论基础薄弱是学者普遍反映的问题，主要包括"对实践很少有深刻的理论洞察""理论基础薄弱，对相关文献基础的把握严重不足""往往熟悉文献、论文、观点，但对理论的系统性理解和积累不够"等观点。工商管理学科的一些教师存在"重术不重道"的偏误。工商管理学科有基础理论，强化基础理论研究是工商管理学科建设与发展的基础，这一点不能动摇，而且要加大各方面的投入，这也是国家自然科学基金与国家社会科学基金在管理研究资助方面的作用不同之所在。工商管理学科的研究应以基础学术研究成果服务国家战略，支持微观管理决策。

（3）实证研究的局限性。有学者表示，一定要打破单纯量化实证研究才是科学研究的认识局限，中国的管理问题很多并不是能够测量的。近年来，实证研究方法是很多学者采用的主要研究方法，但目前学术界存在"无聊"实证与"过度"实证的现象，缺乏新的管理理论。造成这一现象的原因也有很多，如很多国内期刊过于强调模型与计量分析的复杂性，出现管理学的经济学化现象；既有经济和管理理论基本上由西方学者构建，因此国内工商管理的研究也是在一个既定研究范式中追赶的过程；西方分析型思维和东方系统型思维的差异。

（4）理论与实践脱节。理论与实践结合是工商管理学科属性决定的，与东西方制度、文化等因素没有必然联系，西方学者也重视甚至更加重视理论与实践的结合，有学者认为理论与实践结合得不好是我们与国外相比存在的明显差距。现实中，我国很多较为成功的企业家与管理者也倾向于否定管理理论的作用[①]。导致这一问题的原因包括"学者不参与、不接触企业实践，对企业实践缺乏调研""简单模仿西方，缺乏对中国情境的深入研究"等。不少专家也呼吁不能太过强调中国特色和应用背景，没有研究一般规律。研究不能停留于解决一个公司的具体问题，而是要能解决一类企业的具体问题，解决一个行业的具体问题，突出基于科学规律的现实影响，关注科学性和实践性的结合。

占据国际前沿的领先创新型企业仍旧是少数、国内资本市场的成熟度和发展水平制约了相关研究、缺少高水平期刊等也是学者提出的造成国内外研究水平差距的原因。

---

① 于立. 工商管理学科的基础理论与研究方法. 经济管理，2013，35（12）：172-181.

第4章 工商管理学科发展战略

4.1 学科发展战略相关要素

发展战略是关于学科发展的理论体系，工商管理学科发展战略是一定时期内工商管理学科进行规划、布局、资源配置的指针。企业制定发展战略，要开展内外部环境分析，经常会用到 PEST[①]分析、价值链分析、SWOT[②]分析等分析框架和工具。学科发展战略和企业发展战略有相似之处，也需要开展内外部环境分析，但相比企业发展战略而言其更加难以预测和制定。国家自然科学基金侧重支持学科研究中的基础研究，鼓励科学家的自由探索。工商管理虽然具有很强的艺术性和实践性，但从国家自然科学基金的角度，工商管理学科同样要关注基础研究，学者通过相对独立的科学基础研究，为企业组织提供服务，为国家战略和政府决策提供理论支持与科学证据。

"工商管理学科发展战略及'十四五'发展规划研究"项目组共组织了20多场专家座谈会，向千余位学者和企业家展开了问卷调查工作。在工商管理学科战略制定的座谈中，也有不少学者担忧规划工作会限制学者的自由探索，遏制探索新兴的领域，有的学者甚至明确反对所谓的学科战略规划。我们理解也充分尊重学者的意见，研究课题很难规划，但可以加以组织引导，同时在学科战略分析方面更加注意工商管理学科的特点，借鉴比较适合学科战略分析的思路。

彼得·德鲁克对战略规划的解释就比较适合学科发展战略的分析。德鲁克特别强调思考"我们的事业是什么""我们的事业将会如何""我们的事业应该是什么"这些基础问题。他说，我们所需要的技能不是长期规划，而是战略决策的制定，或者干脆称之为战略规划。他告诫读者，战略规划不是锦囊妙计，不是预测，不是操纵未来，甚至不是应付未来的决策，而是思考当前决策的未来性（futurity）。要摆脱过去，确定必须做的新事情，特别是那些对未来影响大的或者说未来性强的新事情，并落实到工作，采取行动[③]。

工商管理学科发展战略是阶段性战略，要落脚到"十四五"规划上。阶段性战略既要对前一个阶段进行总结，又要在此基础上发展，还要考虑对下一个阶段

[①] PEST 表示 politics、economy、society、technology（政治、经济、社会、技术）。
[②] SWOT 表示 strengths、weakness、opportunities、threates（优势、劣势、机会、威胁）。
[③] 德鲁克 P. 管理：使命、责任、实践（使命篇）. 陈驯译. 北京：机械工业出版社，2019：151-162.

的影响。回顾过去，工商管理学科在"十三五"期间得到稳步的发展与提升，中国管理学者的工作在国际上逐步显现一定的影响力，学科影响力和国际学术话语权得到明显提升，工商管理学科服务国家战略和企业管理实践的能力得到显著加强，当然仍存在不足与制约。在当下阶段，更多地要考虑学科建设的基础和平台，以及面临什么样的阶段性环境。我国工商管理学者国际期刊论文发表数量位于全球领先位置（2013年排名第三，仅次于美国和英国；2018年排名第二，仅次于美国）；设置工商管理学科的高校数量超过经济学学科，在哲学社会科学领域，设置工商管理学科的高校最多。同时，我们面临百年未有之大变局、战略机遇期、经济发展的一系列国家战略举措（如创新驱动发展、双创推动的底层创新、混合所有制、"一带一路"倡议推进的全球化等）、数字技术的爆发性应用、新冠疫情带来的一系列冲击和变化，这些都是制定学科发展战略过程中需考虑的因素和前提。

学科发展包括科研和教学两个方面，具体体现在科学研究、人才培养、服务社会等功能上。本书主要聚焦学术研究，而教学层面的学科发展建设不属于本书的范畴，尽管学术研究可以服务并应用于教学与人才培养，教学与人才培养也事关学术研究队伍的建设。就学术研究而言，本书更加侧重基础研究，面向企业需求和国家战略的应用对策研究也需要建立在基础科学研究之上，支持基础研究是国家自然科学基金委员会的核心工作。工商管理学科也是如此。

综合杨善林院士、丁烈云院士、谭劲松教授、贾建民教授等的相关学术报告及论文中的观点，工商管理学科学术研究战略要考虑的基本要素有研究人员（学术研究队伍）、学术环境（包括资源、平台、学术社区、考核机制、文化等）、研究成果（包括成果发表、成果认定、成果应用等）。如图4-1[①]的"研究层面"部分所示（图中"教学层面"部分不属于本书的讨论范畴），这三方面要素相互影响甚至交融，并不独立。比如，高质量研究成果的产生离不开研究人员的努力和贡献，优秀研究人员的培养离不开良好学术环境的建设，而良好学术环境的建设也需要优秀研究人员的积极参与。根据此框架，战略发展规划也将围绕这三个基本要素来展开。

此外，发展战略和学科规划需要考虑工商管理学科本身的定位与特点，而且还需要考虑国家自然科学基金委员会的改革和战略方向。图4-2概括了国家自然科学基金深化改革要点。这些内容会影响到工商管理学科战略规划的方方面面。

[①] 谭劲松. 关于中国管理学科发展的讨论. 管理世界，2007，160（1）：81-91，104.

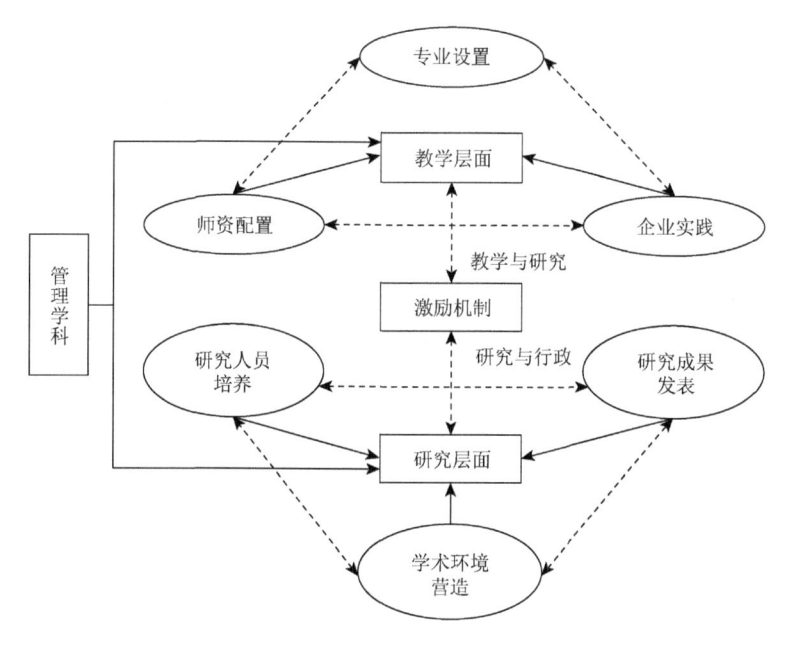

图 4-1 管理学科发展建设的分析框架

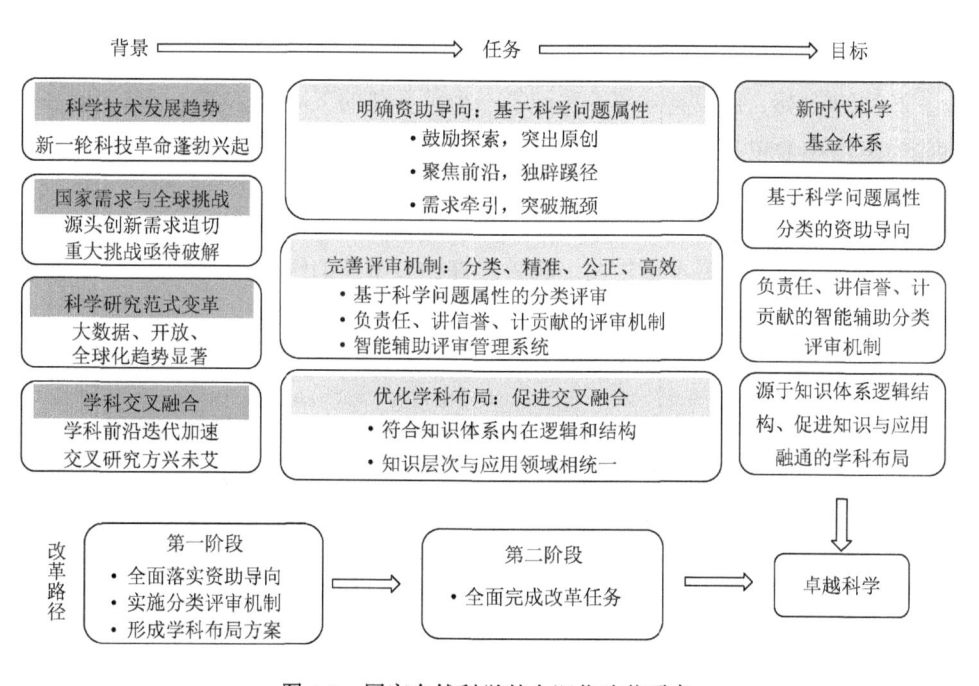

图 4-2 国家自然科学基金深化改革要点

张维教授针对"管理科学未来发展战略研究"专项任务,多次组织专家研讨,提炼出影响未来管理学科知识发展的四个重要影响因素[①]。这四个影响因素与国家自然科学基金委员会改革要点中对背景的分析一致,也与管理学科紧密相关,具体包括以下几个方面。

(1) 颠覆性技术的重要影响(impact of disruptive technology)。
(2) 中国的情境和实践(China's context and practice)。
(3) 全球治理格局的变化(changing atlas of global governance)。
(4) 人类发展面临的挑战(challenges to human development)。

在目标端,国家自然科学基金委员会深化改革要点中提出的负责任、讲信誉、计贡献、促进知识与应用融通,不仅是基金资助评审等工作所应坚持的原则,也是学术界及实践界所关心和努力的方向。

2010 年,在加拿大蒙特利尔举行的美国管理学会年会期间,徐淑英作为该次会议的程序委员会主席,为会议选定的主题是"勇于关爱:管理实践和研究的热情与同情"(Dare to care: passion and compassion in management practice and research)。一群关心世界可持续发展的商学院院长和管理学教授相聚于蒙特利尔,共商管理教育应当如何为迎接地球和人类可持续发展的挑战培养负责任的领导者问题。后来,他们提出了"50+20"[②]议程,旨在把管理教育的目标从"成为世界最好"转变为"最有利于世界"[③]。

2015 年开始,徐淑英教授等发起了一个负责任的工商管理研究全球运动——Responsible Research in Business and Management(RRBM)[④]。他们把负责任的研究定义为科学工作是生产可信且有用的知识,这些知识能直接或间接用于解决商业组织和社会中的重要问题。他们还以科学研究的严谨性和相关性对研究进行分类(表 4-1),呼吁开展严谨性高、相关性高的负责任的研究。一方面,负责任的

[①] 张维. 管理科学"十四五"战略完整报告. 北京:科学出版社, 2023.

[②] 20 世纪 50 年代,福特基金会(Ford Foundation)和卡内基基金会(Carnegie Foundation)出资完成了两份报告,前者资助的报告是"高等工商管理教育"(higher education for business),后者资助的报告是"美国企业家的教育"(the education of America businessmen)。两份报告均发表于 1959 年,旨在提高美国高等商业教育的科学严谨性和学术正当性。至今为止,在世界范围内,还没有任何一项倡议能像这两份报告一样,对过去 50 年里全球管理和商业教育的重心产生如此巨大的影响。大部分商学院及一般的管理教育工作(程度略低),仍以 20 世纪 50 年代末这两份报告所设定的议程为依据,并依据它们开展相应行动。两份报告的广泛采用是工业时代成功的典范。"50+20"议程中的 50 是指自基于两份报告的管理教育议程设定以来,已经过去了 50 多年了。"50+20"议程是 2012 年提出,其中的 20 是对 1992 年"里约地球峰会"20 周年的纪念:从最开始敦促各国政府重新思考经济发展问题,寻找有效的方式停止对不可再生自然资源的破坏,到现在已经过去了 20 年。值此重要的历史时刻,再次出发,为即将到来的 20 年乃至更远的未来重新设定管理教育议程。

[③] 穆夫 K,迪利克 T,德雷韦尔 M,等. 造福世界的管理教育:商学院变革的愿景. 周祖诚,徐淑英译. 北京:北京大学出版社, 2014.

[④] 资料来源: www.rrbm.network.

研究是对科学的责任，科学是追求真理，研究发现应当是可靠的并且可重复的。学者要提高研究结果的可信度与可靠度，规范研究过程，对"可信度"负责任。另一方面，负责任的研究是对社会的责任，科学的目标是改善人类境况，解决商业和社会问题，即对"有用性"负责任。研究者应努力缩小研究与实践的距离，为我们的企业应对21世纪的重大挑战提供有用的知识。

表 4-1 研究分类

有用性	可信度	
	低	高
低	垃圾科学	无用知识
高	误导实践	负责任的研究

在国内，十所管理学院/商学院于2019年12月12日在中国首届"服务社会的管理研究"峰会上达成共识，将共同贯彻落实"服务社会的管理研究行动纲要"[①]。"服务社会的管理研究"以下面三个原则为基础。

原则1：服务社会需求。同时鼓励理论领域前沿性探索与应用领域重大问题解决，创造有益于中国当下乃至未来经济社会发展的商业与社会知识，推动中国管理科学的跨越式发展。

原则2：遵循方法科学。无论是定性或定量研究，无论是理论或实证研究，均采用严谨的科学方法和流程，更加强调科学的研究方法论。

原则3：影响利益相关者。开展对研究情境或研究对象产生示范性、辐射性、启发性影响的研究，让成果服务于各类利益相关者，推进各种形式的知识传播，共同服务于实践发展。

遵循上述原则，在人才培养、科学研究、教员发展、管理体系等方面采取切实行动，包括但不限于以下几个行动。

行动1：完善研究生培养制度，引导学生做"服务社会的管理研究"。

行动2：完善教师的评价制度，支持教师做"服务社会的管理研究"。

行动3：突出服务社会评价在职称评审、岗位聘任和晋升制度中的权重。

行动4：推动管理学院/商学院与不同利益相关者的整合协同发展。

行动5：共同努力促进课题评审、论文评审和项目评价中更加关注研究成果的社会服务价值。

---

① 十所学院是南京大学商学院、中国科学技术大学管理学院、哈尔滨工业大学经济与管理学院、上海交通大学安泰经济与管理学院、复旦大学管理学院、浙江大学管理学院、北京大学光华管理学院、清华大学经济管理学院、西安交通大学管理学院、中国人民大学商学院。行动纲要可以从这些学院的网站浏览查阅。

行动6：探索并优化以服务社会为导向的管理研究人才培养体系。

具体到工商管理学科，在2019年10月国家自然科学基金委员会管理科学部工商管理处组织的问卷调查中，专门设置了战略相关的开放问题："站在发展战略角度，您认为工商管理学科今后5年最核心的任务是什么？"，"请列举您对我国工商管理学科发展进一步的意见或建议。"问卷调查涉及的主题见表4-2和表4-3。

表4-2 工商管理学科今后5年最核心的任务

频次	主题	内涵
157	理论结合实践	倡导基于管理实践进行理论探索；关注新技术环境下的管理变革/管理问题；用管理理论指导企业实践；服务于企业发展
116	中国特色管理理论	挖掘中国特色管理问题；提炼中国特色管理实践和智慧；突出中国在文化、哲学、制度、经济等方面的特色；特别强调中国情境和管理实践；提出中国原创管理理论/本土化理论；构建本土（化）理论架构/理论体系
59	科研管理机制	调整研究导向（基础导向/精品导向/自由探索/问题导向等）；改进考评机制；优化科研资助投入体系
34	学科建设	重视跨学科交叉融合；学科整体规划/建设
32	国际化	加强国际对话与合作；提升国家话语权和影响力；重视国际化研究
25	人才培育	学科人才培育；管理实践人才培育
22	创新	理论（研究）创新；关注并助力企业创新
22	服务国家	服务于国家各项发展需求以及战略规划
20	研究方法/技术手段	主要是指研究方法/技术手段的吸纳/融入/革新；采用更严谨的研究方法；变革研究范式；对标国际主流范式；引入和吸纳多元化的技术手段；研究方法与研究问题的匹配度
20	其他科研配套建设	中文期刊建设；学术共同体建设；学术环境优化；学术资源整合（主要是数据）

表4-3 对我国工商管理学科发展进一步的意见或建议

频次	主题	内涵
95	科研管理机制	科研资助投入：项目评审机制；资助范围/力度/方式/年限/导向/体系/质量；项目团队成员实质性合作机制。考核评价机制：学术成果认定；考核方式；学术评价体系。国家自然科学基金委员会管理：国家自然科学基金委员会作用发挥；国家自然科学基金委员会具体工作机制改革；国家自然科学基金委员会学术标准确立（如期刊认定）；学科代码修订
60	理论结合实践	理论研究与管理实践的紧密结合，倡导工商管理研究要贴近实践、联系实践、服务实践；针对新时代/技术等当前实际情景下的工商管理研究
37	其他科研配套建设	学科平台建设；数据（库）建设；中文期刊建设；学术协同机制建设；国际交流政策；学术道德/规范
32	中国特色管理理论	中国情境挖掘；中国情境下的管理问题研究；突出中国特色的管理问题提炼；本土化管理问题研究
29	学科交叉融合	重视、鼓励和支持学科交叉融合

续表

频次	主题	内涵
18	学科人才培养	博士培养机制改革；学术训练；课程教材更新升级；学科教育
14	研究范式/方法	研究范式和研究方法多元化；研究范式转变；方法创新
13	国际前沿	关注国际前沿；聚焦前沿问题

表 4-2 和表 4-3 涉及的主题具有很强的关联，有些主题的内容超出国家自然科学基金委员会的职责范畴，但都是学科建设与发展应该考虑的问题。

4.2 发展方向与目标

世界科学前沿和国家重大需求是凝练科学问题开展科学研究的两个最基本的出发点。世界科学前沿和国家重大需求之间多数情况下不是统一的，从科学到应用有一个过程，尽管这个过程在加快。华为公司投巨资于基础研究，自然科学、基础科学还是要允许和鼓励科学家自由探索。工商管理的学科属性和科研工作属性使得研究工作会有不同，更加注重需求牵引，有关负责任的研究、服务社会的研究等呼吁说明工商管理学科的研究工作会更加重视需求，工商管理学科的科研和教育应适当转型，当然面向基础的科学研究是负责任研究的需要，也是服务社会的要求。

结合问卷调查、座谈会的专家观点，在新的发展阶段，学科发展方向至少会有以下变化。

4.2.1 发展方向一：研究成果重量更重质

管理工作注重成果导向，要为人类知识库贡献文献，学科发展也是如此。从国际论文发表的数量看，2013 年，中国排第三位，位列美国、英国之后，但如果看工商管理学科人均论文发表数量，看高质量、高被引论文的发表数量，或者看论文的被引用率和影响力等，中国的位置会靠后很多。这也说明工商管理学科的科研成果不单要重视数量，更要重视质量。数量与质量的关系需要辩证地看待，唯论文数量论，或者唯杂志影响因子论都不科学，均不可取。需要注意的是，科研成果的质量表现为多个方面，不是用发表杂志的影响因子或者级别就可以简单衡量的。学科发展到今天，至少要努力实现以下转变。

要重视创新，更要重视贡献。创新和贡献并不矛盾，但侧重点不同，二者差异还是非常明显的。创新表现为"新、好和异"，创新需要比较才能识别，和以往相比是否有新的发现，和别人的研究工作相比是否更加严谨，研究方法是否不同。创新是学科进步的基础，但也会出现为了创新而创新的现象，如过度追求惊奇的或者反常识的研究发现，但这类研究结果或发现可能是脱离现实的或者不切实际的。

理论贡献和实践启示是学术论文几乎都要写的内容，但实际上重视程度和准确度都不够。贡献不是总结出来的，而是从研究设计初始就要考虑的，不仅要立足于眼前的贡献，还要面向未来；不仅能够贡献和丰富知识，还会增强工商管理学科理论研究的预测和指导作用。创新要继续鼓励，突出贡献的创新或者说要创新更要贡献是发展方向。

贡献更表现在要解决实际问题，解决实际问题不等同于咨询，与实践联系得再紧密的学者也替代不了企业家。学术研究可以提供工具性理论，如迈克尔·波特的五力分析模型、克里斯滕森针对创新者的窘境提出的分析思路等。要为政府决策提供科学依据，2020年初新冠疫情防控期间，管理学者为政府提供了大量基于数据和理论分析的对策建议，体现了管理学者的责任与担当。这就是把论文写在中国大地上的具体行动。

贡献还应表现为总结中国改革开放40多年的企业管理成功经验，中国企业在助力脱贫、自下而上的创新创业、国有企业改革、混合经济、逆向创新与全球化、技术应用、制度创业等多方面有丰富的经验和教训，值得进行理论总结，向世界推广，面对世界性的难题提供中国的解决方案，为人类做出贡献。

4.2.2 发展方向二：鼓励支持自由探索也鼓励需求牵引

允许和支持学者自由探索是国家自然科学基金委员会一直坚守的原则。虽然国家自然科学基金委员会每年都发布申报指南，但数量最多的面上项目、青年科学基金项目、地区科学基金项目准确地说都没有限定研究的主题，指南主要是提供注意事项和某些项目的鼓励研究方向。以国家自然科学基金委员会发布的《2020年度国家自然科学基金项目指南》为例，管理科学部对青年科学基金项目没有分学科介绍或提出鼓励的研究方向，让青年学者能够进行充分的自由探索。而对于面上项目，管理科学二处在管理科学部指南的基础上，就工商管理学科做了补充说明，鼓励探索，优先支持具有原创性的基础研究。不仅如此，人才项目、国际合作等多个项目也是申请人自由确定选题。

学者的自由探索仍然要支持和鼓励，但工商管理的研究更应强化需求驱动。鼓励管理学者关注企业、社会、国家的重大需求，做服务社会的工商管理研究。工商管理侧重微观研究，同时也关注宏观问题，这和工商管理学科的学科属性密不可分。虽然自由探索难以规划，但企业和国家需求是实实在在的，学者不仅要善于从管理现象和问题中识别科学问题，还要深入企业、社会主动了解和把握企业、社会与国家的重大需求。另外，改革开放 40 多年的经验表明，自下而上和自上而下互动是经济与社会发展的成功经验，工商管理学科的发展既要坚持自下而上自由探索的科学研究，又要重视自上而下需求驱动的研究，甚至逐渐以后者来引导前者。

4.2.3 发展方向三：鼓励原创研究和基于中国实践的研究成果

原创是学科发展的根本。国家自然科学基金委员会倡导的"32 字方针"中，"鼓励探索，突出原创"摆在首位。理论发展和社会中的创新类似，"引进—消化—吸收—再创新"解决不了"卡脖子"技术问题。然而，围绕国外特别是美国学术界聚焦的研究领域和研究问题开展跟随或者追赶研究，仍然是当前国内工商管理学科学术研究的主流。我们可以用中国学者在国际旗舰期刊（如 UTD 24、FT 50 列表中的期刊）上发表论文数量的提高来衡量学科进步，但这些进步未必代表原创水平的提高。原创需要对中国自身独特问题的关注，需要长期的积累，需要方法论和研究范式方面的创新。突出原创或者说加大对原创研究的支持力度，增加原创成果，特别是基于中国管理实践的原创成果比例是未来的重要努力方向。

4.2.4 发展方向四：强化学术队伍的科学精神和工商管理学科的科学化成分

科学精神是衡量学术队伍基本素质的关键，科学精神也是学者认为我国工商管理学科与国际水平差距仍然较大的主要原因之一。科学精神不只是学者个人对学术伦理的坚持，更应该是学科建设的核心内容，应体现在科学研究、人才培养、社会服务的方方面面。管理学者应在坚守科学精神的前提下，积极开展研究范式和研究方法的创新。

新中国成立以来的建设成就卓著，其中工商业功不可没，财富支撑了强大的国力；中国崛起势不可挡，必将承担更大的责任，为人类命运共同体做出担当和贡献。改革开放需要发展工商管理学科。如今，世界迎来百年未有之大变局，源于过去工业时代的管理理论与当今信息数字经济时代的管理实践不相匹配，而对信息数字经济时代的管理模式研究还处于支离破碎的拼凑阶段。在这个背景下，学术界急于贡献能够指导管理实践的管理理论，强调管理研究的实践性呼声很高，这是好事，也是有责任的担当。但在强调实践性的同时，不能忽视或淡化管理研究的严谨性。

人类的平均寿命有显著提高，其中医疗水平的提高功不可没。医疗水平的提高来源于技术、医疗设备和医护人员的医治水平等众多因素，在平均寿命显著提高的同时疑难病症似乎越来越多,这可能是科学进步带来的,许多疑难病不是以前不存在而是不认识。工商管理作为应用学科也是如此。人们普遍反映知识碎片化,理论的适用范围缩小,新的理论层出不穷,一个典型的例子是领导方式,到底有多少种领导方式,说不清楚。这同样是科学进步的结果,对此,不能说管理的艺术性增强了,理论不重要了,而是更应该重视理论。学术界反思实证研究,不是要抛弃实证研究,而是研究如何提升实证研究的科学性,如何增强工商管理研究工作的可重复性。

4.2.5 发展方向五:研究对象和应用范围更广

工商管理学科的研究对象主要以微观组织为主,并成为学者的共识。但工商管理研究问题琐碎化越来越严重,出现不少"练习题式"[①]的实证研究,这些都是目前工商管理学科研究应注意解决的问题。关注细节、保持专注是科学研究的基本素质,但这不代表要去研究一些琐碎的问题。专家座谈会中,不少专家强调工商管理研究以微观组织为研究对象但也要关注宏观问题。

需要注意的是,作为工商管理学科研究对象的微观组织也在发生巨大的变化,如去中介、去边界、去中心化、组织平台化、网络化、生态化等。信息时代的现代组织已经不同于工业时代的企业组织,现代组织的这些新特点需要研究者更加关注新情境的作用,用更宏大、更系统的视角进行研究。另外,微观组织的使命和定位也在发生很大变化,利润最大化不是企业的唯一目标,与顾客共创价值、主动承担社会责任、让人类生活更加美好等都已进入企业的宗旨与使命描述中。对应地,工商管理学科研究工作也需要向更多地关注民生、更多地关注社会、更好地营造营商环境的方向发展。

4.2.6 发展方向六:聚焦基础研究的国际化

国际化仍将是未来学科发展的重要方向,这一方向不会变也不应该变,但国际化的重点会发生变化。在国际杂志发表论文、邀请国外学者特别是海外华人学者开展带有支持性的合作研究、合作撰写发表论文、向海外介绍中国管理实践等是目前工商管理学科国际化的一些主要工作,也取得了明显的成效。今后的国际

---

① 实证研究的任务是验证假设,科学地提出科学理论假设是验证工作的前提,理论假设的提出是艰难且具有高度创造性的工作。现实中很多所谓的实证研究所要验证的假设来源于以往文献,没有创造性,没有理论推演,没有大胆的假设和科学猜想,对于没有创造性的假设,收集数据,统计分析,照猫画虎甚至是照猫画猫,与做练习题无异。

化不应该局限于跟跑、并跑、弯道超车或领跑这样的思维，中国学者应该明确地成为全球工商管理学科研究工作的重要力量和组成部分，就学科的基础科学问题与全球工商管理学者共同开展研究。例如，美国科学基金会提出的"十大创新建议"（Ten Big Ideas）中有"人类技术的前沿性工作的未来"（The future of work at the human-technology frontier）这样一个主题，未来工作的多样性、人机共存[1]等在中国已经很普遍，也受到学者普遍的关注，针对这样一些问题，不存在谁模仿谁、谁跟随谁的问题，应该相互借鉴、相互交流。此外，从国际上引进人才仍然是后续工作的重点。值得欣喜的是，中国自己培养的博士生已经越来越受到国际的认可，越来越多的本土培养的博士生获得国外高校的任职资格。同时，越来越多的本土学者在国际学术组织担任期刊编辑或编委等重要角色。

工商管理学科的基础研究要研究什么基础问题，这本身就是一个大课题，不会像上面举的例子那样简单。国家自然科学基金委员会强调围绕科学问题开展研究，要挖掘管理问题中的科学问题，这极大地促进了研究工作的开展。科学问题和基础问题有重叠，但不等同。中国科学院科技战略咨询研究院研究员眭纪刚接受记者采访时表示，基础研究可以分为满足求知欲的纯基础研究和具有一定应用价值的应用基础研究，前者解决"为什么""是什么"的问题；后者既要解决"为什么"问题，又要解决"怎么样"的问题[2]。基础问题和科学问题一样，没有唯一的标准。

4.2.7 发展目标

顺着这些方向，目标也会相对清晰。未来我国工商管理学科要进一步增加高质量研究成果的数量，特别是基于中国管理特色实践、具有方向引领作用和重要国际影响力的原创性管理理论成果，提升工商管理学科的科学性，扩大中国的理论贡献，做出具有重大国际影响的中国研究。在科学研究的基础上，大幅度提升服务国家战略和企业管理实践的能力。有更多基于中国管理实践的管理学术成果获得认可，众多中国的商学院将在某一些学科领域有所突破，将会出现一批管理学科领域的主流学者及领军人物，年轻学者的国际影响力显著提升，为实现国家两阶段奋斗目标提供有力支撑。

具体的发展目标，有以下几个方面。

（1）探索适应并能促进工商管理学科发展的研究范式和方法体系。

---

[1] 工作场景举例。疫情暴发，4.2万名医护人员驰援湖北，其中护士2.86万名，占医疗队总人数近七成。他/她们身着厚重的防护服，面对被感染的风险和患者的不良情绪，与医生密切配合，监测复杂多变的病情，操作高精尖的仪器设备，人机协同发挥作用，有效降低病人死亡率，体现了护理学科的专业性、科学性和人文关怀。

[2] 张楠，赵广立. "不跟随"的应用基础研究怎么做. 中国科学报，2020-06-19，（1）.

（2）基于中国管理特色实践、具有方向引领作用和重要国际影响力的原创性管理理论成果。

（3）培育具有国际竞争力的学术研究队伍。

（4）提升服务国家战略和企业管理实践的能力。

（5）构建世界认可的中国特色管理理论，扩大中国的理论贡献。

4.3 围绕战略主题的战略举措[①]

4.3.1 面向国家需求服务企业实践

改革开放 40 多年来，伴随着社会主义市场经济建设和改革深入，企业成为市场主体的程度明显增强。国家市场监督管理总局公布的数字显示，截至 2019 年 6 月底，全国有各类市场主体 1.16 亿户。其中，一些企业和工厂的技术现代化程度不亚于美国等发达国家的企业，平台企业、数字技术应用可以和国外同步甚至领先，且有越来越多的中国企业进行全球布局，企业整体发展水平得到明显提升。企业的进步推动了工商管理学科的发展，工商管理学科的学术研究如何在服务和解决企业实际问题方面做出贡献，而不是坐享企业发展成果，是摆在学者面前的重要任务。

2020 年 2 月中旬，"工商管理学科发展战略及'十四五'发展规划研究"项目组通过网络开展了"请企业家出题"的活动，询问企业家"您认为最需要管理学者研究的重大且具有普遍性的管理问题是什么？问题不超过两项，请您简述理由"。在 86 位给予回复的企业管理人员中，有超过一半人员担任董事长或总经理职位，且超过 60% 的企业处于行业前 10% 的位置。总体上看，企业家认为当前存在着工业社会的管理理论与数字经济时代企业实践错位的问题。企业家的出题也是学者关心的问题。例如，人工智能会如何替代人工？在这种背景下，企业应该如何进行组织建设才能领先于时代而不是被时代抛弃？互联网时代企业员工分散，需要协同办公，如何让企业高效运转？如何围绕持续数字化技术背景，重构战略与组织管理等理论框架和逻辑？诸如此类问题，说明理论研究可以也应该直面企业和国家需求。

关于面向国家需求，很容易联想到中央和政府的政策、文件、报告、领导讲话、各部委公布的研究课题等。在党的十九大报告中明确提到"要以'一带一路'建设为重点，坚持引进来和走出去并重，遵循共商共建共享原则，加强创新能力开放合作，形成陆海内外联动、东西双向互济的开放格局""深化国有企业改革，

---

① 张玉利，吴刚，杨俊，等. 工商管理学科发展的战略思考与举措. 管理评论，2021，33（4）：3-11.

发展混合所有制经济，培育具有全球竞争力的世界一流企业"[①]。但需要注意的是，政策驱动的对策应用研究不能等同于需求牵引的科学问题研究。科学问题应更突出基础性而非应用性、未来性而非紧迫性，更突出独立证据而非强目标导向或政策引导，更突出决策的科学研究依据而非政策建议，以及更突出科学研究成果而非领导批示。为了理解和把握服务企业与国家需求的学术研究，我们梳理了"一带一路"倡议和"世界一流企业建设"[②]的研究成果。其中，针对"世界一流企业建设"涉及的问题，如世界一流企业的标准、环境及建设路径等，学者和国务院国有资产监督管理委员会、企业等方面的认知相近。而"一带一路"下的研究问题则更宽泛，涵盖国际商务、国际贸易、法律及"一带一路"沿线国家的资源整合等。可见，将国家发展计划、大政方针中的一些问题转化为科学研究问题，需要具体问题具体分析。

工商管理战略咨询专家强调工商管理研究也有宏观问题，解决国家需求需要微观研究支撑，要从科学技术发展趋势、国家需求与全球挑战、科学研究范式变革、学科交叉融合等背景和趋势梳理提炼相关问题。依据2019年5月30日、6月4日、7月26日三场专家咨询会议记录整理的工商管理学科学术研究的宏观问题示例如下。

1）工商管理理论与实践、与技术的集合与关系问题

例如，人工智能，哪些是技术，哪些是工程，哪些是管理，需要区分开。管理研究要关注由科学技术引发的新的业态、新的模式，工商管理需要与产业高度结合。

2）国际标准与中国特色之间的关系问题

国家自然科学基金委员会倡导高质量的研究。什么叫高质量的研究，就是科学性，现在我们恰恰是科学性不够，尤其是在管理方面。我们要真正地去研究中国原创性的、基础性的理论，一定是要站在全球的视野，不要觉得中国的很多东西有多特殊，站在全球的视野可能不一定这么特殊，或者把特殊的东西用全球能够理解的方式把它讲清楚。环境保护、绿色发展，中国强调，世界也强调。

3）中国企业发展与制度之间的关系

政治关联的研究也是中国管理研究超前的地方，企业发展离不开制度，各地区的制度又存在差异。

4）学科跨界如何尽快跟上业界跨界的速度？

管理科学的基础性不要局限于模型方法层面，而应该更多地与行业结合，这

[①]《习近平：决胜全面建成小康社会 夺取新时代中国特色社会主义伟大胜利——在中国共产党第十九次全国代表大会上的报告》，http://www.gov.cn/zhuanti/2017-10/27/content_5234876.htm[2017-10-27].

[②] 党的十九大报告中明确要求："深化国有企业改革，发展混合所有制经济，培育具有全球竞争力的世界一流企业。"

5) 工商管理学科建设如何服务于企业的发展？

要完善成果应用贯通机制，要帮助中国企业做强。没有优质企业，就没有先进的理论，工商管理学科发展不能坐享企业发展的红利，要通过贡献获得发展，这是工商管理学科的责任，也是发展路径。

6) 工商管理学科的基础研究是什么？

工商管理学科侧重微观基础，国家自然科学基金委员会主要资助以微观组织（包括各行业、各类企事业单位）为研究对象的管理理论和管理新技术与新方法的基础研究和应用基础研究，那么，工商管理学科的基础研究是什么？基础并不代表脱离实际，基础一定是具有非常强大的解释力。

7) 如何讲清、讲透中国企业的商业逻辑？

前提是研究透，要用普适、能够理解的科学的范式和逻辑研究清楚。研究不能停留于解决一个公司的具体问题，要能解决一类企业的具体问题，解决一个行业的具体问题，突出基于科学规律的现实影响，关注科学性和实践性的结合。

8) 从国家和社会需求出发，并服务国家和社会需求

从管理实践问题中挖掘科学问题，是我们论证研究项目的重要工作。如何从国家、社会、企业需求中挖掘科学问题，或者说微观的工商管理研究及工商管理的微观研究如何源于国家、社会需求，如何服务于国家、社会需求，要重点思考研究。

9) 前沿、需求、基础的关系

学术研究需要关注国际学术前沿和社会重要需求，这是总在强调的观点。可以从主要学术会议（美国管理学会、学科领域重要会议）的主题、领域国际领军团队（旗舰期刊主编）目前正在开展的研究主题、技术进步、国家和政府大力支持的前瞻性研究、基于文献计量分析的专家判断等多方面梳理判断学术前沿。可以从企业研究院开展的研究、政府工作报告、智库、政策、战略报告、企业和企业家面临的问题等多方面梳理需求。需要将前沿和需求转化为能够攻关的科学问题和基础性理论问题。

10) 学科研究甚至是发展范式的转变问题

国家自然科学基金委员会推出的升级版改革方案，提出要着力完善六个机制，首要的就是面向国家重大需求的科学问题凝练机制[①]。2020年9月11日，习近平在科学家座谈会上的讲话中提到"希望广大科学家和科技工作者肩负起历史责任，坚持面向世界科技前沿、面向经济主战场、面向国家重大需求、面向人民生命健

---

① 另外五个机制分别是面向世界科学前沿的科学问题凝练机制、重大类型项目立项机制、成果应用贯通机制、学科交叉融合机制、多元投入机制。

康,不断向科学技术广度和深度进军"[①],对工商管理学科的学术研究工作具有非常重要的指导意义。工商管理学者应该发挥在微观实证研究的优势,围绕民生大力开展实验研究,凭科学证据检验政策,用科学研究成果支持政策建议。衡量面向国家需求的研究成果应该是民生改善、政策有效性及学术贡献。

4.3.2 理论与实践结合

理论与实践结合是个老话题。老话题近年来被反复提及,原因主要包括:①不少从事学术研究的高校师生不深入管理实践,闭门造车,缺乏深入的社会调研,且数据收集委托市场调查公司,研究局限于与现实差异巨大的实验室,与实践脱离;②学术研究仅仅在学者群体中自循环,缺乏与企业家的互动,导致学术研究成果不能应用,无法转化;③多数研究围绕西方学者提出的概念,很少有植根于中国文化和管理实践的学术构念。因此,多花时间深入实践开展调查研究成为具有紧迫性的共识。理论与实践的脱节本质上是由管理实践层面的水平差异决定。一般来说,理论与实践的脱节是先进理论与落后实践的脱节,但反过来,相对于先进的管理实践,管理理论也有可能滞后于前沿实践[②]。理论与实践有距离是正常的,关键在于不能简单地把到企业走访等同于深入实践调查研究,因此,更需要像重视实证研究一样重视与实践结合的科学方法。

第一,理论与实践结合要突出理论。理论基础薄弱是普遍反映的问题,过于强调实践导向而不关注理论可能造成极大的危害。不少学者在问卷调查中反映当前的研究对实践很少有深刻的理论洞察;对基础性理论问题缺乏深入研究和创新;对基本理论工具掌握不牢;没有提炼出基于中国现象的独特学术问题;熟悉文献和观点,但对理论的系统性理解和积累不够,使得研究的理论基础薄弱;中国学者对西方心理学、社会学理论的掌握和理解仍然不够深刻,难以创造出具有引领性的研究成果;创新理论的科研训练不足及对基础理论的研究不够重视等。

第二,研究理论与实践结合的方法论。在方法论层面,战略咨询专家提出了很多很好的意见。例如,研究不能停留于解决单个企业的具体问题,而应该解决某一类企业或某一个行业的具体问题,突出基于科学规律的现实影响,关注科学性和实践性的结合;国家自然科学基金委员会应该资助对企业长期跟踪研究的项目等。同时,重视理论与实践结合也是基于中国企业实践的独特性。学术界缺乏深入结合中国管理实践实现理论突破的研究框架、研究方法和话语权,大多数研究仍是在西方学者所主导的学术框架下展开的,试图用西方的理论来解释中国现

---

① 《在科学家座谈会上的讲话》,http://www.gov.cn/gongbao/content/2020/content_5547627.htm[2020-09-11].
② 张玉利. 管理学术界与企业界脱节的问题分析. 管理学报, 2008, 24(3): 336-339, 370.

象,很少有学者能够结合中国企业的实践和成就构建新的管理理论,亟须展开新的方法论研究。

第三,立足中国的学术研究贡献世界。强调扎根于中国企业管理实践是一项复杂的系统工程,涉及立足中国管理实践开展学术研究,关注和解决中国管理实践中出现的问题;总结中国发展经验,发展具有中国特色的管理理论与知识体系;运用国际通用的学术语言和对话渠道,推动国际标准和中国特色的结合,构建全球框架下的管理理论。立足中国不是封闭,不是自成体系,应始终坚持国际化,保持与国际管理学界的沟通与合作,力争站在学科前沿,将中国新现象与新理论和国际一般规律相整合,突出具有中国特色、起始于中国管理、成功用于中国管理实践的标志性成果,探索构建出全球框架下具有普适意义的、世界认可的创新理论体系,引领国际工商管理研究的发展,推动中国学术影响力的提高。同时,用科学的方法向世界讲述中国故事,把中国特色管理理论与中国治理之道推广到全球,获得中国企业发展和管理模式在国际管理学界的合法性与话语权。

第四,在理论与实践结合甚至相互促进方面,还应该注意管理工具的研究与开发。有的研究解决了实际问题,得到实践的关注,对学科的发展也是一种促进。例如,医学领域很有挑战性的疑难手术,工程领域桥梁施工中攻克了一个具体世界难题,创业领域针对资源约束和高不确定性本质特征开发的低成本测试迭代方法等。理论加上工具才会有更好的应用。

4.3.3 科学研究队伍建设

研究队伍是学科建设和发展的基础,也是根本。工商管理学科的研究队伍以高校教师为主体,还包括博士研究生、师资博士后、部委和企业研究院研究人员及社会各行各业研究工商管理问题的人士。2019年10月9日教育部对十三届全国人大二次会议第1009号建议的答复文件显示,全国共有工商管理一级学科博士点73个、硕士点222个[①]。高校工商管理学科专职教师队伍数量及博士比例均增长明显,工商管理学科的研究队伍不断壮大。但在数量增加的同时,科学精神、研究水平、领军人才建设等多方面还需要下功夫建设。在基金项目方面,拥有博士学位的研究人员比例大幅度提升,申请自然科学基金课题的学者几乎都拥有博士学位。

第一,师资研究队伍的多样性程度不足以支持交叉学科的研究需求。管理学自科学管理理论出现以来的一百多年间得到了快速发展,管理学派林立以至于形

---

① 《对十三届全国人大二次会议第1009号建议的答复》,http://www.moe.gov.cn/jyb_xxgk/xxgk_jyta/jyta_xwb/201911/t20191120_409013.html[2019-10-09].

成了管理理论丛林,这与邻近学科(如心理学、社会学、人类学、哲学等)及其他自然科学/工学(如数学、统计学、物理学、计算机等)学者的大量涌入密不可分。20世纪80年代初期,工商管理教育得以恢复,师资力量匮乏,各校的管理教育师资专业背景多样性很突出。之后,随着博士培养数量的不断增多,拥有博士学位教师的比重快速增加,博士学位的专业也越来越局限于管理学门类。尽管针对师资队伍的同质性,致力于研究型大学的管理学院/商学院越来越重视学缘的多样性,并通过引进海外人才等方式改善了学院结构,但专业多样性仍未得到强化。因此,在研究队伍建设方面,仍需大力引进跨学科人才,鼓励和支持学科交叉合作。

第二,博士生培养应得到重视。博士研究生是学术研究队伍中的重要一员,也是自然科学基金课题研究的主要力量,博士阶段是研究者非常富有创造力的时期,博士生教育培养应该是学术研究的一个重要组成部分,也是学术发展的推动力量,应该纳入研究队伍建设议题中,甚至考虑纳入研究资助中。从博士生培养的现状来看,目前仍然存在不少问题,并集中体现在博士论文质量上。据秦琳分析,博士论文存在的主要问题包括学科现状的了解程度不足(71%),研究方法不恰当(84%),选题缺乏问题意识、学术性和聚焦(66%),以及创新性不足(60%)等[1]。博士生培养方式还需进一步完善。

第三,重视培育和孵化年轻学科带头人。这并不局限于优秀青年科学基金、国家杰出青年科学基金等人才项目。未来在研究队伍逐步年轻化、国际化的基础上,一方面要重点培养一批学科领域的主流学者,在国际上具有学术影响力,能够主持吸引国际学者加入的研究项目,加强国际学术话语权,并能够培养出优秀青年学者;另一方面要重点建设具有学术独立性的年轻学术队伍,发挥年轻人的创造力和活力,让优秀年轻学者在学术话语权、重大项目攻关、学科增长点等方面发挥更大作用,提升未来竞争力。2020年科技部、国家发展和改革委员会、教育部、中国科学院、国家自然科学基金委员会五部门联合发布的《加强"从0到1"基础研究工作方案》中明确了向有开展原创研究潜力的科学家投资,这和评审课题的思路不同,而与创业投资人选择创业者投资的思路接近,是明显的进步。这种"相马+竞马"的机制应该更多地指向年轻学者。

第四,发挥好高校系统之外的研究力量。为了加强国际合作,也包括提升国际论文发表的能力,海外学者特别是海外华人学者越来越多地加入基金课题研究工作,国家自然科学基金委员会还专门设置了海外青年学者基金、国际合作基金及和国外基金组织联合资助等,但对国内高校之外的研究力量重视不够。事实上,

---

[1] 秦琳. 社会科学博士论文的质量底线——基于抽检不合格论文评阅意见的分析. 北京大学教育评论, 2018, 16 (1): 39-54, 187-188.

部分企业研究院的研究人员在国际期刊发表论文的水平和数量都显著提高[①]，因此，在研究力量统筹上也应该注意把实践界的学术研究充实应用到学科建设和发展之中。

4.3.4 科学研究与研究范式

以实证为核心的研究范式是美国乃至国际管理学界的主流。近十几年来，一方面实证研究范式得到了中国工商管理学界的普遍接受和认可，但另一方面也导致不少学者和期刊出现"唯实证研究"的取向，使得工商管理学科研究的范式过于单一。因此，探索适合且有利于工商管理学科发展的研究范式成为重要的战略主题。

实证研究特别是量化实证研究是否适合工商管理学科的学术研究？这是近年来学术界讨论特别多的一个话题，需要冷静思考。客观来看，实证主义研究范式的确存在一些令人诟病的问题。例如，把研究对象的特征从场景中抽象出来，用均值抹杀了个案的丰富性；无法在一项实证研究中有效囊括所有可能的变量；很多中国管理问题无法凭借量化方法直接提炼和测量；实证研究过分关注细节，研究问题越来越细，与实际的距离越来越远；研究人员不参与、不接触企业实践，对企业实践缺乏调研；一些中国理论研究成果不能应用于指导企业实践等。这些指责都有一定的道理，但实际上这并不是实证研究才有的问题。对应来看，目前没有哪个研究或哪种研究范式能够统揽全局，实证研究容易导致关注细节，但关注细节并不是导致没有意义的研究、练习题式研究的"罪魁祸首"。因此，需要更客观对待实证研究范式，知悉实证研究特别是量化实证研究只是一类研究范式和研究方法，不同的研究范式和研究方法都有自身的优势和劣势，需要兼容并包，鼓励研究范式和方法的多元性，才能实现"物尽其用"的效果，更好地推动中国工商管理研究的发展。

数字经济时代涌现了不少颠覆性技术（如人工智能、区块链等）和新商业模式（如平台经济、共享经济等），加上环境的快速变化及不确定性可能导致"灰犀牛"和"黑天鹅"现象成为常态，这些都凸显出管理学研究和实践面临的复杂性挑战。因此，未来有影响力的管理科学研究可能更多是数据驱动、问题导向、多学科交叉的。工商管理学科发展过程中，需要注重多领域多学科的交叉和多研究方法的融合。学科交叉不仅需要管理学科内不同领域的跨专业交叉与融合，更需要跨学科的交叉与协同。进一步突出数据科学、统计、机器学习等方法和工具在

[①] 例如，2019年美国管理学会（Academy of Management，AOM）第79届年会上，阿里巴巴产业互联网中心主任陈威如、《商业评论》主编颜杰华、淘宝大学国际培训负责人徐梦辰、阿里巴巴全球首席运营官特别助理储尔勇，分享了来自中国、阿里巴巴数字赋能新商业的最佳实践。他们的分享引起了来自全球众多高校学者、管理界专业人士的兴趣，激发了大家的观点交流和碰撞。

工商管理学科研究中的应用。利用多学科交叉与多方法融合，推动工商管理学科研究范式的改进，拓宽理论基础，综合地研究工商管理问题。大胆假设，小心求证，减少门派之争，鼓励学术交流，坦诚学术辩论，才能百花齐放，推动中国工商管理学科的发展。

从长远和基础的角度看，适合自然科学的研究方法能否适合工商管理学科科学问题的研究？如何针对工商管理学科属性、管理工作及管理研究工作特点探索相应的方法，构建方法论和科学研究范式？针对这些问题的探讨值得重视和投入。

4.3.5 中国特色管理理论构建

对中国管理问题的研究，存在普适化和情境化的争论。事实上，二者有机统一、不可割裂。理论普适化是为了更好地推广、指导具体情境下的管理实践；理论情境化则是为了进一步完善和发展现有理论，探索现有理论的适用边界。达成二者统一协调的关键在于既要关注中国独特问题，也要注重强化基于中国情境的管理问题研究。

在关注中国独特问题方面，首先是关注实践前沿的问题。管理研究是与时俱进、契合时代的科学探索。因此，基于时代背景和现象发掘新问题，对解决管理问题、构建管理理论不可或缺。中国的网络、移动平台等技术为企业经营管理和国际竞争带来诸多新变化，而且伴随经济发展新常态及市场改革再深化，特殊时代背景下的新管理实践为探索新问题、构建新理论、完善既有理论提供了良好契机。对此，中国学者有大量机会在社会、文化、历史、经济和政治条件独特的背景下为急需的商业管理知识做出贡献[1]。其次是关注与中国特色社会主义体制机制相关的独特问题。例如，市场和政府的共同作用、基于党建理论的企业管理理论等。最后是融合中国传统文化思想、当代企业管理实践和西方管理知识的管理研究。

在强化基于中国情境的管理问题研究方面，理论不仅阐明构念间关系，还涉及这些关系在何种条件下更有意义，但是目前能代表本土情境的独特构念依然较少，究其原因可能是部分学者在研究中国管理问题时，会刻意寻找那些欧美现有理论能解释的情境，忽略那些不能与现有理论很好契合的情境[2]；同时，西方理论在发展过程中，一直基于市场制度下的企业运营逻辑进行探讨，而中国自改革开放以来，其经济体制与西方经济体制有共同特征的同时，更保留其独特"历史印

---

[1] 徐淑英. 负责任的商业和管理研究愿景. 管理学季刊, 2018, 3 (4): 9-20, 153-154.
[2] Bruton G D. 《动荡时代下的国际创业》评述. 管理学季刊, 2019, 4 (1): 16-19, 98.

记"——计划、强有力政府干预，与既有的西方管理理论存在差异①。因此，从中国传统文化和企业管理实践汲取灵感，借鉴国外管理理论和实践的有益思想、方法，产生具有辨识度的本土构念，并依据理论构建的一般过程发展出普适的理论推导是十分有必要的工作。

总的来说，不管是验证西方管理理论，还是构建本土管理理论，短时间内没有必要纠缠于是否具有中国特色的管理理论。当前，更紧要的任务是立足于中国的学术研究贡献世界，发展出情境化的组织理论和管理模式，最终在中国情境和普适理论之间进行反复迭代。在此基础之上，鼓励西方国家学者验证和探讨基于中国情境与独特管理实践的理论成果。长此以往，中国管理理论的影响力自然就会提升，甚至成长为除欧洲、北美之外的重要"管理理论丛林"。

4.3.6 学术考评体系和机制

2018年2月26日，中共中央办公厅、国务院办公厅印发《关于分类推进人才评价机制改革的指导意见》，要求"科学设置评价标准。坚持凭能力、实绩、贡献评价人才，克服唯学历、唯资历、唯论文等倾向"②。同年10月，科技部、教育部、人力资源和社会保障部、中国科学院、中国工程院决定开展清理"唯论文、唯职称、唯学历、唯奖项"（简称"四唯"）专项行动。11月，教育部官网发布通知，决定在各有关高校开展"唯论文、唯帽子、唯职称、唯学历、唯奖项"（简称"五唯"）清理。2020年7月，科技部网站发布《科技部 自然科学基金委关于进一步压实国家科技计划（专项、基金等）任务承担单位科研作风学风和科研诚信主体责任的通知》，要求科学、理性看待学术论文，注重论文质量和水平，不将论文发表数量、影响因子等与奖励奖金挂钩，不使用国家科技计划（专项、基金等）专项资金奖励论文发表③。以上政策与措施都明确显示了国家自然科学基金委员会在课题结项评审工作中已经不再重视数量，而是强调质量，更注重研究成果的价值和影响的基本导向。

如何把学术期刊发表的数量、质量与第三方评价相结合，是值得探讨的评价机制。总的来说，提升科学精神和素养是根本，内驱力和自我控制是关键。具体

---

① 池太岚. 中国的改革开放与管理学研究——再看吸收西方理论和本地创新的关系. 管理学季刊，2019，4（4）：1；14，151.

② 《中共中央办公厅 国务院办公厅印发〈关于分类推进人才评价机制改革的指导意见〉》，http://www.gov.cn/zhengce/2018-02/26/content_5268965.htm[2018-02-26].

③ 《科技部 自然科学基金委关于进一步压实国家科技计划（专项、基金等）任务承担单位科研作风学风和科研诚信主体责任的通知》，https://www.most.gov.cn/xxgk/xinxifenlei/fdzdgknr/fgzc/gfxwj/gfxwj2020/202007/t20200729_158040.html[2020-07-17].

来看，工商管理学科在开展绩效评估过程中，可以考虑的措施有以下几方面。

第一，匹配分类申报改革，分类评价。分类申报已经全面展开，从明确研究属性，到体现研究属性的研究设计，再到相应的研究成果，再到产生不同的贡献，再由不同的群体进行有针对性的评价。

第二，重视工作报告的考核和利用。国家自然科学基金课题要求项目主持人每年提交进展报告，且结项时还要分别提交工作报告和学术报告，是针对科学基础研究所做的制度设计。如何在基金项目工作报告提交后进行进一步的挖掘和使用值得思考。关于这一点，企业其实也面临类似的困境，困境不断地激发企业探索，如平衡记分卡借助要素之间的关系，从相对容易量化（如顾客）的角度考核难以量化（学习和发展能力）的工作；有的利用类似于内容分析方法把员工流水账性质的工作记录转化成考核指标体系，实现了基于活动的绩效评价。从这个角度来说，让工作报告和学术报告一样重要甚至更加重要，是基础研究的评价改进方向。

第三，在关心评价标准的同时，还要研究由谁评价。资助基础科学研究类似于风险投资或者天使投资，但后者更多地关注被投企业能否上市、投资人能否高价退出，这与基础研究的基本关注点相悖。评价体系总是在不断改进的，很难说存在最优。借鉴利益相关者理论的思路，可以考虑扩大考评队伍，不断更新评审智囊。现如今国家自然科学基金委员会推行智能申报评审系统，今后也可以推行智能评价系统，推行请课题申请人评价评审专家的评审意见，这些都是在方法、机制层面的有益探索。

4.3.7 组织与资助体系保障

科学研究难以规划，但可以组织。对国家自然科学基金管理来说，资助体系建设是组织保障的载体，也是重要的战略主题。近年来，国家自然科学基金委员会做了大量的改革工作，包括基于科学问题属性分类明确资助导向，提出原创、前沿、需求、交叉四类项目资助导向，四类资助导向评审不同；完善评审机制，基于科学问题属性的分类评审及构建"负责任、讲信誉、计贡献"（responsibility credibility contribution，RCC）的评审机制，建立智能辅助化评审管理系统；探索原创项目申报筛选机制等，并取得了好的效果。

按照科学基金深化改革任务的总体部署，管理科学部在前期调研和顶层设计的基础之上，在 2020 年度启动了 RCC 评审机制改革试点，选择工商管理学科的青年科学基金项目作为改革试点对象。2021 年，管理科学部在前期试点经验总结的基础上，进一步扩大 RCC 评审机制改革试点范围，约 76% 的申请项目参与 RCC 试点，并在各学科开展了不同层面的评审机制改革探索，取得了明显的试点效果[①]。管理科学部 RCC 试点工作方案，见图 4-3。

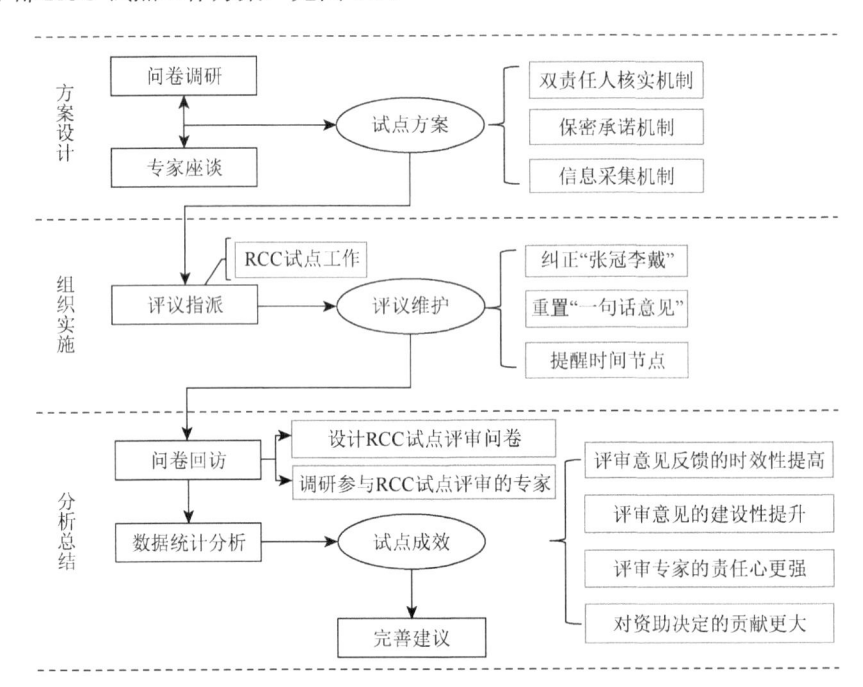

图 4-3 管理科学部 RCC 试点工作方案

[①] 吴刚，霍红，任之光，等. 管理科学部 RCC 评审机制试点效果分析. 中国科学基金，2022，36（1）：81-88.

第 5 章 "十四五"学科申请代码调整优化

2018 年 6 月,第八届国家自然科学基金委员会第一次全体委员会议确立了构建新时代科学基金体系的改革目标和深化改革方案,聚焦"明确资助导向、完善评审机制、优化学科布局"三大重点任务[1],构建新时代科学基金体系。其中,优化学科布局是明确资助导向和完善评审机制的基础工作,主要目标是构建聚焦前沿、符合知识体系内在逻辑和国家需求的学科布局,实现知识层次与应用领域相统一,促进交叉融合,切实解决研究内容重复、学科相互隔离等问题。"工商管理学科发展战略及'十四五'发展规划研究"项目组在充分调研与科学分析基础上,开展了工商管理学科申请代码设置调整工作,经过多轮次专家论证和反复调整优化,形成了 2021 年版工商管理学科申请代码,并在 2021 年的科学基金申请、受理与资助工作中启用新学科申请代码。《南开管理评论》2022 年第 5 期详细介绍了学科申请代码的调整优化工作[2]。

5.1 "十四五"工商管理学科申请代码调整优化的背景

国家自然科学基金委员会学科申请代码是科学基金管理的重要手段,贯穿于课题申请、评审、考核等全过程。不同于国务院学位办颁布的学科代码,国家自然科学基金委员会的学科申请代码侧重于基础科学研究的组织与管理,在学科建设、学科科研风格和范式方面发挥着重要的引领作用,也对学科人才培养起到基础性支撑作用,因此,要结合学科发展态势和现实需求不断进行调整优化。此次学科申请代码调整优化的必要性和紧迫性主要体现在以下几个方面。

首先,工商管理学科时空情境发生大变化。以互联网和数字技术等为代表的科技革命广泛渗透于工商管理领域,经济社会的微观组织形态和运行基础已经发生了根本性改变,新旧情境交互诱发管理问题易变性,新旧要素叠加强化管理问题复杂性,组织边界模糊交融强化管理问题系统性。管理实践变革具有鲜明的时代性、前沿性和全球性,相对于时代赋予的基础理论创新突破的紧迫性,目前工商管理学科的研究大量涌现,但还处于支离破碎的拼凑阶段,国际研究态势也基

---

[1] 国家自然科学基金委员会. 2019 年度国家自然科学基金项目指南. 北京:科学出版社,2019.
[2] 张玉利,任之光,张光磊,等. 国家自然科学基金工商管理学科申请代码调整与布局——面向"十四五"的企业实践和理论创新. 南开管理评论,2022,25(5):215-226.

本如此。中国工商管理学科正处于基于理论创新来提升国际话语权的黄金机遇期，学科申请代码显然要起到面向学科前沿实现理论突破创新的引领作用，引领的不仅是方向，是研究队伍，更是建立在共识基础上的广泛理论协同探索。

其次，国家宏观发展和企业发展有新需求。工商管理学科要更好地服务创新驱动发展、高质量发展等国家战略需求。以企业为主要代表的微观组织是经济社会发展的微观基础，除了技术创新，数字经济时代下大量新产业、新模式和新业态不断涌现，塑造了中国相对于全球甚至是发达经济体的局部竞争优势。建设世界一流企业不再是口号而是责任，也是历史赋予的使命，世界一流企业是超越传统绩效指标的利益相关者，甚至是人类命运共同体的价值认同。这一价值认同不仅源自创新管理实践，更来自创新新兴管理实践的科学理论、加强总结和归纳中国企业成功实践的理论体系研究、打造中国企业管理学派、讲好中国故事。因此，学科申请代码不但要适应新的管理实践，更要融合国家战略和产业发展趋势，促进企学共研共创，具备引领新兴研究领域特别是关键理论突破领域的潜力。

最后，研究范式变革和学科交叉趋势加强。研究范式变革表面上看是理论和方法上的转变，本质上是通过探索学科交叉融通来强化学科解释、预测并解决复杂问题的效能。对明确而具体的科学问题展开研究，是工商管理学科保持并强化科学性的前提，但在一定程度上也导致了工商管理学科研究过分碎片化，强化学科基础上的交叉融通是应对这一挑战的关键举措，也是进一步提升并强化工商管理学科研究成果科学性的重要手段。学科申请代码有必要引领基于复杂科学问题的大领域，克服原申请代码过细的不足，以大领域来强化学科交叉，以学科申请代码融合来促进研究范式融通，推动工商管理学科研究范式变革。

此外，原申请代码在运行过程中也出现了一些亟待克服和解决的现实问题，主要有以下几个方面。

第一，代码颗粒度不一致。代码颗粒度反映的是申请代码所对应研究领域的明确和清晰程度，也是申请代码所对应研究领域和范畴划定的精细程度。有些申请代码所对应的研究范畴较广，如原申请代码 G0202（组织理论与组织行为）实际上反映了组织理论和组织行为两个相关但不同的研究范畴；有些申请代码所对应的研究范畴较窄，如原申请代码 G0209（企业信息管理）。个别申请代码覆盖研究范畴的范围过宽或过窄，既不利于科学研究资源配置，也不利于研究队伍建设。例如，2019 年 G0205（财务管理）项目申请量为 432 项，G0209（企业信息管理）仅有 50 项。分组评审是国家自然科学基金委员会项目评审管理工作的基本组织形式，不同学科领域存在明显的差异，如财务管理研究经常使用上市公司等数据库，组织与战略研究则比较多地开展问卷调查研究，组间差不可避免。评审专家独立、客观、公正地开展评审工作，是国家自然科学基金委员会坚守的基本原则。专家个体之间、学科领域之间的公平、公正是国家自然科学基金委员会科研组织必须研究的问题。项目申报量的大体平衡是需要考虑的基本因素。

第二，学科交叉不够充分。申请代码过宽不利于申报和评审，过窄不利于鼓励多学科交叉。学科交叉是学科发展的必然趋势，如何开展交叉学科的科学研究是个大问题，也很复杂，学科划分宜粗不宜细是学科发展到一定阶段继续发展的必然要求。学科划分的粗略程度高、涵盖范围广有利于交叉研究，还需要不断摸索，但学科划分过细、过窄肯定不利于交叉。国家自然科学基金委员会统一规定各学科不再设三级申请代码，这得到学者的广泛赞同。

第三，部分学科申请代码重合。部分申请代码与其他学科的申请代码重合，界限不够清晰，如工商管理学科的部分二级申请代码与管理科学与工程学科部分二级申请代码之间存在着较高的重合度。

第四，不能很好地涵盖和体现新的学科方向。例如，随着大数据、人工智能等技术的发展，企业数字化转型、商务智能、数字商务等新方向涌现，已经超出企业信息系统、电子商务等学科范畴，需要进行调整或增设。国家经济发展的新战略、新领域、新趋势也需要科学研究和理论支撑，如旅游管理等。

5.2 "十四五"工商管理学科申请代码调整的原则与目标

调整优化申请代码的方案制订，除了秉持国家自然科学基金委员会"构建符合知识体系内在逻辑和国家需求的学科布局，以及实现知识层次与应用领域相统一的基本原则"外，"工商管理学科发展战略及'十四五'发展规划研究"项目组一起总结出以下几个工作原则。

第一，平衡学科研究的延续性与前瞻性。调整优化前的申请代码是2017年的版本，面向广大学者的问卷调查结果显示，340位学者（占74.56%）认为学科申请代码没有问题，不需要调整。2017年版本的学科申请代码总体上发挥了指导作用，可以微调，不易大改。申请代码调整优化是顺应时代发展要求的工作，具有全局性，体现前瞻性，接受问卷调查的学者是承担各类基金项目的专家，擅长聚焦某一学科领域持续开展研究，不见得从学科整体的角度考虑申请代码的调整和布局，但强调科研工作的连续性非常重要。本轮申请代码调整优化工作充分尊重了广大学者的意见，基本框架保持不动，保留下来的申请代码连编号都没有变化，以便保持项目申报工作的连续性，如创业管理代码还是G0213。

第二，有利于自由探索和选定研究领域。基础研究主要依靠科学家的创造力，管理学科不是纯自然科学，工商管理学科具有高度的情境依赖的特点，同时，管理科学又广泛存在于人类各种活动中，更需要扎实的基础科学研究支撑。不同于其他重要基金项目，国家自然科学基金委员会的课题指南只说明方向，不突出具体的选题,即使是重点项目也只是领域,申请人及研究团队申请的项目名称不一定要与所列重点项目领域名称完全一致。为了有利于自由探索,申请代码调整优化坚持宜粗不宜细的原则,结合学科发展动态,重视理论联系实际,及时调整各学科申请代码的内涵、研究方向和关键词,吸引更多有较好研究基础的学者和团队申报与承担基金项目。

第三,更加突出学科之间的交叉与融通。克服代码颗粒度粗细不一致的偏差,鼓励并引导学科内交叉与学科间交叉。坚持宜粗不宜细的原则本身就有助于交叉融合。此外,注重申请代码之间的融通,把高度相关的领域融合到一起比各自相对独立更加有利于交叉。同时,注重与其他学科统筹,与国际学术惯例兼容,从申请代码到研究方向、关键词完善申请代码系统,弱化学科间的壁垒和障碍,加大宣传力度,引导和促进学科交叉融通。

基于新情境、新实践和新需求,此次学科申请代码调整优化工作主要聚焦三个目标:一是强化基础理论研究,突出信息数字经济时代微观组织运营基础变革诱发的共性基础问题领域,促进基础理论创新。例如,将原二级申请代码 G0202 的组织理论与组织行为拆分为 2 个新的二级申请代码——G0202 企业理论与 G0208 组织行为。二是促进新兴管理问题研究,突出新技术以及新时代的新兴管理问题领域,推动管理技术创新,据此对原二级申请代码进行合并新增,拓宽新申请代码的新科学内涵。例如,随着人工智能等技术的发展,涌现企业数字化转型、商务智能、数字商务等新方向,将原二级申请代码 G0209(企业信息管理)和 G0210(电子商务)合并到新增 G0209(商务智能与数字商务)。三是强化应用基础研究,突出服务于国家战略需求的新兴产业和新兴领域的管理理论创新,强化基于科学范式来讲述中国故事,聚焦若干与国家发展战略相适配的关键应用领域新增二级申请代码。例如,新增 G0215(旅游管理)二级申请代码,旅游管理已经不再是传统意义上的规划、酒店、服务等方面的管理,而是与文化产业、创意产业等新兴产业发展息息相关,更加侧重于人-技术-环境三重交互的微观科学规律。

5.3 "十四五"调整优化后的工商管理学科申请代码及基本内涵描述

经过大量的基础研究及多轮次专家论证,国家自然科学基金委员会管理科学部确定了工商管理学科 2021 年版的 15 个申请代码,分别为 G0201(战略管理)、G0202(企业理论)、G0203(企业技术创新管理)、G0204(人力资源管理)、G0205(财务管理)、G0206(会计与审计)、G0207(市场营销)、G0208(组织行为)、G0209(商务智能与数字商务)、G0210(公司金融)、G0211(企业运营管理)、

G0212（公司治理）、G0213（创业管理）、G0214（国际商务管理）、G0215（旅游管理）。每个申请代码的主要研究内容和研究方向介绍如下。

（1）G0201（战略管理）。如何建立和维持企业的竞争优势，主要研究企业战略选择的类型与驱动因素、形成与演化过程、战略选择与绩效的关系，以及实施相关战略所涉及的资源配置、联盟网络构建、利益相关者关系管理等方面的问题，探讨如何通过一系列综合的、协调性的承诺和行动使企业获取持续竞争优势。随着企业数字化进程的加快，以及机器学习、自然语言处理等技术的发展，关于企业数字化战略的研究及使用新的数据来源和方法手段分析战略问题的研究成为新热点。同时，基于中国企业的成长实践，分析市场-政府两种力量塑造企业经营环境的战略研究也成为该研究领域重点关注的问题。

主要研究方向包括公司层战略、企业成长战略、竞争战略、知识与创新战略、知识产权战略、价值链战略、战略领导、战略变革、利益相关者战略、行为战略、合作战略、战略制定、战略实施、战略评价、战略变革、战略联盟与网络、商业模式、资源与能力、高管团队、战略的微观基础等。

（2）G0202（企业理论）。关注企业本质与企业产生的原因，在此基础上讨论企业结构和形态的形成与演化，并进一步延伸至对企业经济绩效影响因素的探索。主要研究企业市场的边界形成，企业与市场的互动关系，企业的治理安排，企业融资选择，企业的组织结构、职能划分、能力构成与生长规律，企业管理利益相关方的行为等。近年来，企业形态更加丰富，企业-市场之间的互动关系更加复杂，边界划分更加模糊。包括平台型企业、企业-网络-生态等组织形态对应的理论问题吸引了更多关注，如何利用经典的企业理论展开分析并推动新理论构建成为一个重要的话题。同时，定量分析产业政策对微观企业的影响也变得更加重要。

主要研究方向包括交易成本理论、信息理论、契约理论、组织变革理论、产业组织理论、企业产权与制度理论、家族企业、国有企业、中小企业等各种企业形态的管理理论、营商环境、组织结构、组织演化、社会责任、企业伦理等。同时，组织管理研究方法也是该领域的研究内容之一。

（3）G0203（企业技术创新管理）。重点探讨新技术在创意产生、研发、商业化等阶段的规律和模式，主要研究基于战略导向的技术创新管理，产品创新的过程机制，流程创新的评价优化，组织要素、技术要素及情境要素对技术创新管理的影响机制等问题。近年来，数字驱动的技术创新管理基础理论与方法研究、中国情境特异性与技术创新管理理论及实践研究、中国企业的技术创新追赶机制与路径研究、关键核心技术创新机制与路径研究、技术创新生态系统的结构、演化与治理机制研究、技术创新行为的微观基础机制研究成为新的研究热点。

主要研究方向包括创新理论、创新战略、研发管理、新产品开发、服务创新、数字创新、技术创新的投融资管理、技术创新联盟、创新组织、创新生态、创新制度与文化、知识管理、知识产权管理、创新扩散、技术预测和政策、科学研究的商业化等。

（4）G0204（人力资源管理）。聚焦企业发展过程中人员管理问题，包括员工招聘、考核、培训、薪酬，以及组织公平、安全、劳资关系和人力资源管理政策等问题，探讨怎样为企业提供足够的人力资源与智力支持，以提升企业绩效，保障企业可持续发展。随着互联网技术的发展与应用，平台企业日益增加，商业模式呈现多元化趋势，这显著地影响了人力资源管理的重点与模式。近年来，跨学科交叉融合日益明显，人力资源的信息化技术支持、数字化转型、平台企业员工的福利保障、人工智能虚拟员工协同与智能化绩效管理等多个新领域与新问题成为新的研究热点。

主要研究方向包括高层管理团队、领导力、绩效管理、薪酬管理、人力资本、人力资源开发、人力资源管理与企业续存、战略人力资源、国际人力资源管理、职业生涯管理、企业家精神和人力资源管理中的本土化元素等。

（5）G0205（财务管理）。以最大化企业价值、管控企业风险为目标，研究企业经营与发展过程中的财务规划、财务决策和财务评价，以理顺企业投融资关系、保障财务收支平衡和资金链安全，从而推动企业持续、健康、稳步地增长。财务管理建立在企业的会计信息基础上，把严格的经济学理论逻辑运用于企业的财务规划、财务决策和财务评价之中，其核心内容是企业的财务决策，即重点研究企业投资、融资、营运资本、利润分配和现金管理的决策目标、方法和后果。随着制度经济学和社会责任理论的发展、学科交叉、数字化转型和信息化技术平台的引入，财务管理面临着研究对象、研究内容、研究方法的拓展和变革。

主要研究方向包括投资管理、融资管理、营运资金管理、利润分配管理、并购重组、投资项目评价与管理、财务规划与预测技术、财务绩效评价、财务困境和财务危机管理、中小企业投融资、家族企业财务管理、风险投资与私募、社会责任与财务、文化与财务、人工智能技术与财务、公司治理与财务、行为公司财务、商业模式与财务等。

（6）G0206（会计与审计）。研究经济组织的会计信息编制、披露和鉴证的领域。前者的核心在于对经济组织业务活动进行反映、报告、评价和应用；后者关注如何对会计信息的合法性、公允性和效益性进行鉴证。会计与审计研究前沿已实现了多学科交叉，除工商管理外，还涉及经济学、社会学、心理学、公共管理、信息技术、人工智能及环境科学等多个新领域。

主要研究方向包括财务会计、管理会计、成本会计、税务会计、政府与非营利组织会计、会计信息系统、注册会计师审计、国家审计、会计准则、会计政策选择、会计信息披露、价值相关性、盈余管理、会计信息质量、会计信息与估值、业绩评价与激励、预算管理与责任会计、会计师事务所内部治理、审计质量、审计方法、审计制度、审计定价、内部控制审计、企业社会责任披露与鉴证、行为会计与审计、智能会计与审计、大数据会计与审计、环境会计与审计。

（7）G0207（市场营销）。关注个体或组织如何通过产品和服务的构建与交换满足需求，主要研究个体消费者在购买过程中的认知与决策规律、供应-购买关系当中的企业间关系管理、产品和服务等价值载体的设计与创造等。随着营销实践的创新，该领域对以上问题的研究已从线下实体购买场景拓展至线上数字虚拟购买场景，也涵盖了线上线下融合相关的营销问题。近年来，针对创新形态营销活动的研究受到更多关注，包括数字营销、大数据营销、交互式营销、全场景营销及全渠道管理等。从宏观视角讨论营销活动对社会福利的短期和长期影响越来越受到重视。

主要研究方向包括消费者认知与心理、消费者购买决策、消费者满意度与忠诚、营销策略、产品开发与组合设计、定价策略、品牌管理、渠道策略、促销策略、工业品营销、企业对企业营销、营销联盟网络、服务营销、营销中的社会责任、关系营销、营销资源配置、营销团队管理、渠道管理、网络中的消费行为、网络渠道与全渠道、网络社区与口碑、移动互联与新媒体营销、网络广告、营销伦理问题等。随着更多方法被应用到营销研究当中，营销方法研究也是一个重要的方向。

（8）G0208（组织行为）。关注人与组织环境之间的相互作用，包括人们从事工作过程中的组织和环境匹配、激励、变革以及个体心理活动和行为表现规律，群体、群体结构对组织内部个体或团队行为的影响等问题。该领域注重与社会学、心理学、人类学、计算机科学、神经科学等多学科交叉，目标在于提高管理人员预测、引导和控制人的行为的能力，以实现组织既定目标。随着人工智能与大数据技术的广泛应用，人机协同伦理、数字化情境下的人机组队心理、员工对数字化管理技术的适应与反抗行为等新问题成为研究热点。

主要研究方向包括负面组织行为、团队过程与效能、工作心理与态度、个体动力机制、组织政治与冲突、企业-员工关系、情绪管理、身份认同与组织社会化、组织文化、组织学习与变革管理、信息技术战略与组织、信息系统应用、数据资源与知识管理等。

（9）G0209（商务智能与数字商务）。重点探讨移动互联网、物联网、大数据、虚拟现实、人工智能等新兴数字技术驱动的企业管理变革与创新，主要研究战略、营销、运营等管理活动的数字化与智能化。近年来，人工智能与大数据的商业应用、数字化平台管理、信息安全与网络隐私、跨境电商等数字贸易新业态、网络消费行为与人机交互等成为新的研究热点。

主要研究方向包括信息技术战略与组织、信息系统的应用与影响、信息系统的建设与发展、数据资源与知识管理、信息技术项目管理、商务智能方法与应用、商业智能（business intelligence，BI）使能的商务创新、社会网络与社会化商务、社交电商、电子商务和商务智能技术、数字产品和服务、电子商务模式和创新、电子商务环境下的消费者行为、移动互联与商务、隐私与网络安全、系统设计科学、社会网络与媒体、数字化＋政务、数字化＋医疗、数字化＋金融、数字化＋零售、全渠道与新零售、智能化营销、智能化运营研究等。

（10）G0210（公司金融）。以资本资产定价、投资组合、期权定价等理论和方法为核心，探讨公司财务、经营、战略等信息与金融市场的互动关系、行为特征及其规律的研究领域。近年来，随着公司创新、制度环境、自然环境、金融科技及其他利益相关者越来越受到关注，以及互联网金融与大数据应用的蓬勃发展，公司金融也出现一些新兴研究领域。

公司金融与财务管理既有一定的联系，又有明显的区别。公司金融的研究既包括公司内部财务、经营、战略、治理等信息如何影响公司价值和股价变动，也包含公司外部投资者通过其交易和投资行为对公司信息的市场反应，从而反过来影响公司的财务决策。简言之，财务管理侧重研究公司内部的财务决策，公司金融侧重研究公司各类信息与金融市场的互动关系和市场行为、特征及其规律。

主要研究方向包括投资组合、资产定价、资本市场、金融中介和金融机构、投资基金、资本市场风险的度量和预测、金融危机与风险管控、家庭消费金融、行为金融、法律与金融、气候金融、可持续金融、企业创新、创业金融、金融科技、智能投资等。

（11）G0211（企业运营管理）。关注企业如何通过资源配置、流程优化及供应与需求匹配实现投入产出效率的提升。主要研究产品与服务开发、制造与服务流程优化、项目的组织与管理、供应链与物流、价值链设计、质量管理等。近年来，运营管理的应用范围逐步扩大到包括政府、医院及其他非营利组织，数据驱动的智慧运营管理受到了更多的重视，如何在新的环境约束下开展有效的运营管理也成为新的研究话题，包括公共服务和医疗领域的运营管理，以及碳中和约束下的运营管理有望成为新的研究热点。

主要研究方向包括制造与服务流程优化、生产与服务资源的配置与优化、项目管理设计与优化、收益管理；物流网络设计与优化、物流设施的设计与优化、库存管理、供应链设计与优化、供应链契约理论、供应链风险与应急管理、多渠道供应链管理；供应链金融、服务供应链管理、行为供应链管理、绿色供应链、电子商务环境下的供应链与物流管理、数据驱动的物流与供应链管理等。

（12）G0212（公司治理）。以公司制度安排为研究对象，旨在促进利益相关者效用最大化的公司组织结构、约束激励机制和科学决策流程，重点探讨公司及其各利益相关者之间的权、责、利关系，以保证公司决策的科学化。随着行为经济学、心理学、环境保护、大数据、移动互联网、人工智能的发展和应用，以及可持续发展和国家治理问题的提出，有关公司治理的理论、治理模式、治理手段、治理成本，甚至治理机制都发生了一系列深刻的变革，从而推动公司治理创新，促使传统公司治理向现代治理发展。

主要研究方向包括公司治理理论、公司治理与财务决策、股东与股权结构、董事会与监事会、高管团队治理、利益相关者与社会责任、企业外部治理、国有企业改革与治理、跨国治理与集团治理、家族企业传承与治理、金融机构治理、公司治理评价、行为公司治理、网络与平台治理、绿色治理与企业应急治理、环境社会与治理（environmental, social and governance, ESG）、非营利组织治理等。

（13）G0213（创业管理）。以环境动态性与不确定性及环境要素复杂性与异质性为假设，围绕创业机会和新经济活动，探讨不拘泥于当前资源条件的限制对资源重新组合以利用和开发创业机会并创造价值的行为、过程与模式。创业管理关注的具体领域是在多种组织环境中，与创业机会和/或新经济活动出现相关的行动者、行为、资源、环境影响和结果，以及所有者、管理者及其企业的特征、行动和挑战。近年来，数字化及后续的智能化正在改变创业性质和过程形态，创业活动的创新水平和质量与创新驱动发展和高质量发展关联密切，数智情境下的创业行为机理与成长模式、高质量创业与创业生态系统、不确定性与跨边界协同价值创造，以及创业与伦理、经济、信息技术等学科交叉问题可能成为未来的研究热点。

主要研究方向包括技术创业、国际创业、公司创业、内部创业、社会创业与社会企业、数字创业、新企业生成与初期成长管理、创业战略、创业投融资、创业机会、创业资源、创业决策与战略行为、创业者与创业团队、创业认知、创业动机、创业失败、创业生态系统、创业与经济社会发展、创业研究方法等。

（14）G0214（国际商务管理）。关注企业跨国投资和全球经营相关管理问题，分析企业开展跨国投资动因、全球经营战略决策、海外经营活动绩效取得及企业国际化经营演进过程等。重视从经济发展阶段不同、制度环境差异及文化价值冲突等方面分析企业跨国经营活动的影响因素。近年来，全球经济格局深刻变化，新冠疫情强烈冲击既有全球供应体系，双碳目标的推进正在改变各国在全球产业链中的比较优势，全球供应链韧性、全球产业链重构及全球创新链重组和演化模式有可能成为未来的研究热点。

主要研究方向包括企业的国际化战略、跨国企业的战略管理、跨国企业的组织特性、跨国经营中的文化差异、跨国企业的领导与团队、跨国企业的文化管理、国际营销策略、国际消费者研究、国际化进程与国际创业、全球领导力、新兴经济的跨国企业、全球价值链、全球创新、去全球化与区域化。

（15）G0215（旅游管理）。重点探讨旅游企业满足游客需求过程中的供给、消费和服务等方面的科学问题，主要研究旅游企业服务创新、员工管理与顾客消费等现象的概念、原理、理论与机制，相应地涉及旅游企业和行业组织等利益相关者的互动机理与影响机制。近年来，数智时代下旅游企业平台化组织管理、游客行为与体验、旅游企业服务创新、旅游企业新生代员工管理、旅游目的地文旅融合、多元化休闲模式等成为新的研究热点。

主要研究方向包括旅游企业管理、游客行为与营销管理、服务创新机制与管理模式、员工行为与管理机制、旅游产品开发与创新、旅游目的地开发、文旅融合与休闲管理、旅游业商业模式创新等。

5.4 "十四五"工商管理学科申请代码（2021年版）的特点

"工商管理学科发展战略及'十四五'发展规划研究"项目组共同组织了十多次国内外学术研讨会，听取了近千位国内外专家学者对工商管理学科内容布局、未来发展和战略规划的建议。其间也通过专家问卷调查的方式，基于文献计量和分析方法、申请项目关键词关联关系分析、国外相近科学基金对比，梳理了国内工商管理学科的演化历程和现状，总结归纳了核心领域的演变进程、突破性进展、前沿动态和未来发展趋势，对工商管理学科未来规划布局有了系统、科学、客观的认识。工商管理学科申请代码调整优化工作路线图见图5-1。在充分研究的基础上，完成了国家自然科学基金工商管理学科申请代码调整和布局，最终形成15个新的学科申请代码，经国家自然科学基金委员会批准后于2021年正式使用。

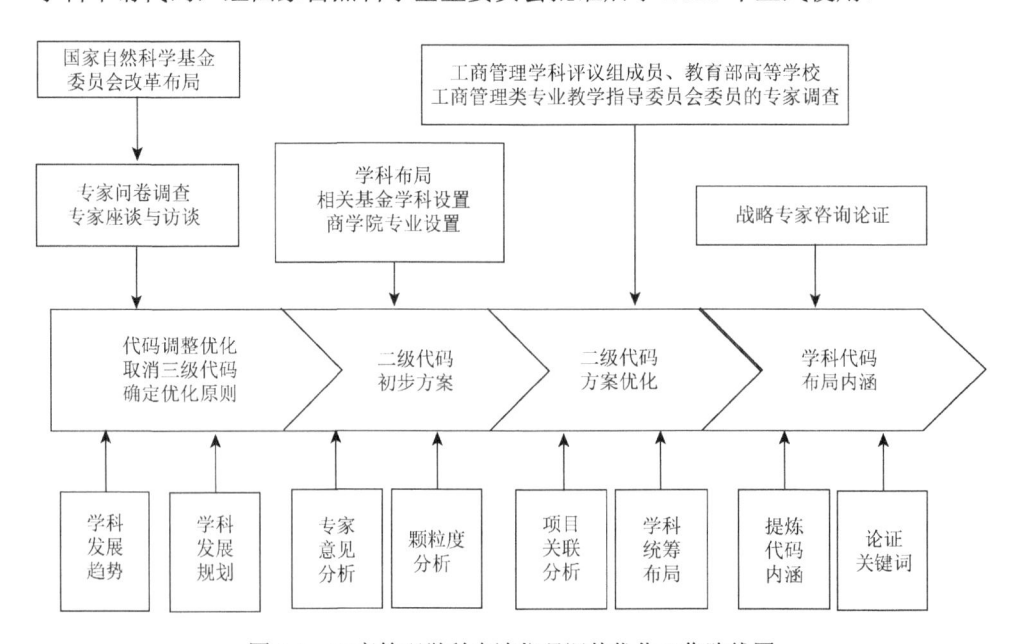

图 5-1 工商管理学科申请代码调整优化工作路线图

2021年版学科申请代码在基本保留原有学科申请代码内容的基础上，对申请代码进行了内容扩充和拆分合并，见表5-1。在学科申请代码调整和优化论证时，"工商管理学科发展战略及'十四五'发展规划研究"项目组考虑到与原有申请代码的延续性，基本保留了原申请代码顺序结构，目的是帮助专家快速熟悉并使用新学科申请代码。

表 5-1 学科申请代码调整前后方案对比

新二级学科申请代码和名称	原二级（含三级）学科申请代码和名称	与原学科申请代码关系
G0201 战略管理	G0201 战略管理	保留原学科申请代码
G0202 企业理论	G0202 组织理论与组织行为（G020201 组织理论、G020202 组织行为）	原 G0202 代码分解，基本内涵是组织理论的内容
G0203 企业技术创新管理	G0203 企业技术管理与创新管理	保留原学科申请代码，名称精练
G0204 人力资源管理	G0204 人力资源管理	保留原学科申请代码
G0205 财务管理	G0205 财务管理	保留原学科申请代码及其主要内容，公司金融、公司治理等相关内容转移到新增学科申请代码中
G0206 会计与审计	G0206 会计与审计	保留原学科申请代码
G0207 市场营销	G0207 市场营销（G020701 营销模型、G020702 消费者行为、G020703 营销战略）	保留原学科申请代码，取消原三级学科申请代码
G0208 组织行为	G0202 组织理论与组织行为（G020201 组织理论、G020202 组织行为）	原 G0202 代码分解，基本内涵是组织行为的内容
G0209 商务智能与数字商务	G0209 企业信息管理（G020901 企业信息资源管理、G020902 商务智能） G0210 电子商务	合并原学科申请代码 G0209、G0210 的相关内容，并予以扩充
G0210 公司金融		新增学科申请代码
G0211 企业运营管理	G0208 生产与质量管理（G020801 生产管理、G020802 质量管理） G0212 项目管理	合并原学科申请代码 G0208、G0212 的相关内容，并予以拓展。原学科申请代码 G0208、G0212 的部分内容与 G01 的相关学科申请代码融合
G0212 公司治理		新增学科申请代码
G0213 创业管理	G0213 创业管理	保留原学科申请代码
G0214 国际商务管理	G0214 国际商务与跨文化管理	保留原学科申请代码，名称更精练
G0215 旅游管理		新增学科申请代码

2021年版学科申请代码更加符合工商管理学科演进规律和当前学科发展逻辑和特点。工商管理学科的研究内容主要包括以下组成部分：第一部分为基础理论和管理思想研究，包括以企业或组织为基本分析单元的竞争优势底层逻辑，家族企业、中小企业、私营企业、国有企业等特定企业理论和思想，以及营商环境、企业伦理、社会责任等工商管理学科基础理论和管理实践基本问题等；第二部分为从员工行为、顾客行为和组织行为等微观视角切入的员工管理政策与实践有效性、利益相关者和社会价值网管理、组织财务活动、财务关系和金融市场研究、组织环境中的个体和群体态度和行为、组织系统、流程和网络管理、公司治理、跨国企业行为等问题；第三部分为产业应用、学科交叉、新兴管理技术和实践研究，涵盖企业技术管理与创新管理、数据分析和数字技术应用的企业运营管理、多学科交叉的创业管理等问题，更好地为学科发展提供新兴的、复合的理论基础和方法支撑。2021年版学科申请代码之间的逻辑关系，见图5-2。

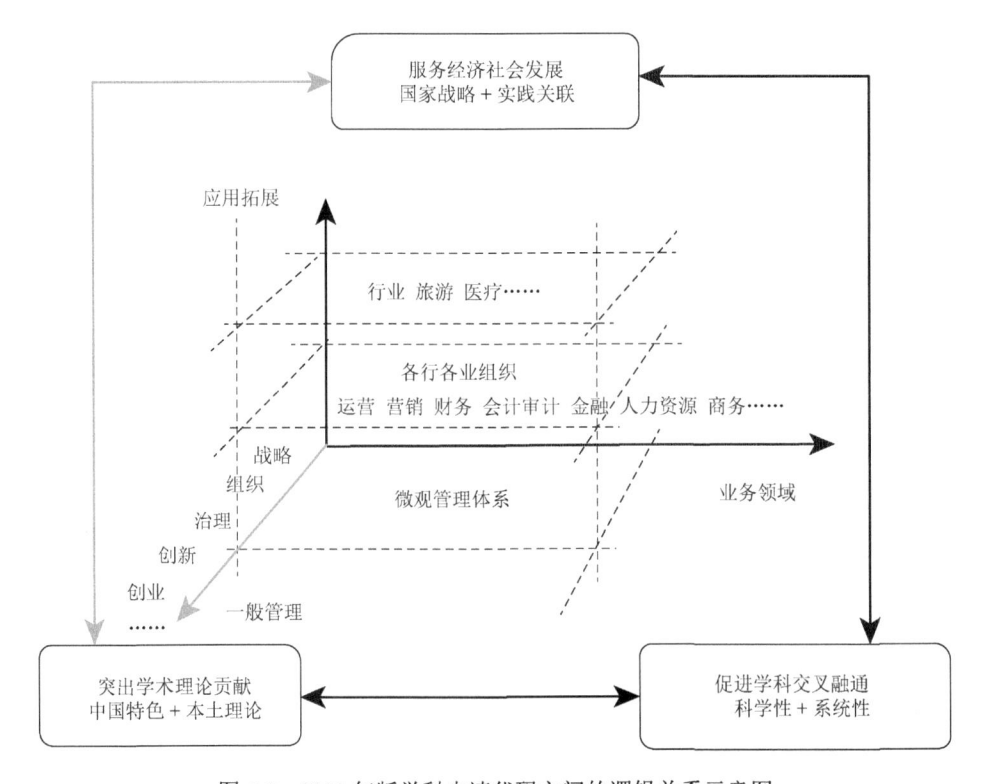

图5-2 2021年版学科申请代码之间的逻辑关系示意图

在教育部普通高等学校管理类本科生的专业目录中，工商管理类下设工商管理、市场营销、会计学、财务管理、国际商务、人力资源管理、资产评估、物业管理、文化产业管理9个专业；在研究生专业目录中，工商管理一级学科下设会计学、企业管理（含财务管理、市场营销、人力资源管理）、技术经济与管理、旅游管理4个二级学科和专业。2021年版学科申请代码和教育系统的专业目录有一定的衔接与融合，既有利于吸引和整合研究队伍，也有利于研究成果直接服务于人才培养。

学科申请代码的修订还参考了国家社会科学基金相近学科代码、英国商学院协会（Association of Business School，ABS）、德国商业研究学术协会（German Academic Association of Business Research，VHB）、澳大利亚商学院院长委员会（Australian Business Deans Council，ABDC）等机构对工商管理学科领域的划分体系。通过对比，"工商管理学科发展战略及'十四五'发展规划研究"项目组发掘了原申请代码没有涵盖的学科内容，如管理思想史、管理学理论与方法、企业理论、旅游、伦理与社会责任、企业金融与投资等，并纳入工商管理学科体系中。

与现有国内外主要机构对工商管理学科领域划分体系相比，国家自然科学基金委员会工商管理学科申请代码调整和布局吸取了其中的先进与合理划分内容，强调工商管理学科研究的"基础、需求、引领、交叉"特色。新学科申请代码的资助框架凸显了组织理论和组织行为等基础理论研究的重要地位，同时强调了数字经济时代微观组织运营基础变革的基础问题和前沿实践创新。新增公司金融和公司治理相关内容，丰富并细分了现有财务管理和公司治理研究；增设了旅游管理相关内容，是国家自然科学基金委员会在新形势下促进旅游行业及企业所面临的消费升级、共享经济、数字化与大数据等微观现实问题解决的有益尝试。工商管理学科申请代码的调整既适应了新一轮科技革命和产业变革影响下的企业微观组织形态发展与运行基础变革需求，又响应了国家宏观发展战略和企业发展需求，有助于结合这些现实需求凝练科学问题开展研究，推动形成理论创新和决策参考。

5.5 "十四五"工商管理学科申请代码（2021年版）实施情况

对比2021年版工商管理学科申请代码实施前后四类科学问题属性的申报量，总体呈现出需求类（C）项目申报量占比增长较大，而原创类（A）与交叉类（D）项目申报量占比下降的态势，见表5-2。这说明2021年版工商管理学科申请代码虽然调整出了部分研究领域至其他学科，但并没有显著影响工商管理学科的申报量。同时，对比2020年与2021年未发生变化的工商管理学科10个主要二级申请代码（表5-3）申报量占比，除G0214（国际商务管理）和其他外均没有超过2个百分点的变化，这也说明2021年版工商管理学科申请代码实施前后申报情况呈现出较高的稳定性。

表 5-2　2021 年版工商管理学科申请代码实施前后四类科学问题属性申报量比较

科学问题属性	2020 年 项目数/项	占比	2021 年 项目数/项	占比
A：鼓励探索，突出原创	287	9.7%	183	6.5%
B：聚焦前沿，独辟蹊径	958	32.4%	939	33.2%
C：需求牵引，突破瓶颈	1368	46.2%	1525	53.9%
D：共性导向，交叉融通	346	11.7%	183	6.5%
总计	2959	100%	2830	100%

表 5-3　2021 年版工商管理学科申请代码实施前后主要二级代码申报量比较

新二级学科申请代码及名称	2020 年 项目数/项	占比	2021 年 项目数/项	占比
G0201 战略管理	195	6.6%	176	6.2%
G0202 企业理论 / G0208 组织行为	285	9.6%	262	9.3%
G0203 企业技术创新管理	290	9.8%	276	9.8%
G0204 人力资源管理	145	4.9%	175	6.2%
G0206 会计与审计	283	9.6%	280	9.9%
G0207 市场营销	415	14.0%	373	13.2%
G0209 商务智能与数字商务	138	4.7%	139	4.9%
G0213 创业管理	158	5.3%	125	4.4%
G0214 国际商务管理	45	1.5%	139	4.9%
其他	1005	34.0%	885	31.3%
总计	2959	100%	2830	100%

注：表中数据经过四舍五入修约处理，可能存在数据合计不等于 100%情况

与 2020 年相比，2021 年通讯评审阶段专家提交评审意见回复更加高效。采用了 2021 年版工商管理学科申请代码后，由于专家匹配更加精准，专家提交评审意见回复速度更快。2020 年，所有项目的评议在 36 天内全部完成。2021 年，这一时间缩短了一周，所有项目的评议在 30 天内全部完成。除此之外，2021 年，90%以上项目的评论意见提交数量在 22 天内完成，且按时提交评审意见的比率更高（2020 年青年科学基金项目相比较 2021 年提升了 3%）。这些结果表明，项目整体评审过程在缩短，评审效率进一步提高。

同时，对 2020 年和 2021 年通讯评审专家评分一致性进行分析的结果表明，由于专家匹配更加精准，2021 年整体评审结果相比于 2020 年评审结果更加一致。2021 年，国家自然科学基金委员会工商管理学科通讯评审得分等级为较好及以上的项目共计 701 项（学科项目申请代码发生变化的项目有 273 项，未发生变化的项目有 428 项），通讯评审专家的整体组内评分信度（Rwg[①]）为 0.83，略高于 2020 年的组内评分信度（Rwg = 0.82）。在学科项目申请代码变化的项目中，2021 年的组内评分信度（Rwg = 0.84）高于 2020 年的组内评分信度（Rwg = 0.82）；而在学科项目申请代码未发生变化的项目中，2021 年（Rwg = 0.83）与 2020 年（Rwg = 0.83）的组内评分信度大体相当。这些结果表明，相比于 2020 年，2021 年的评审结果拥有更高的一致性，且这一优势集中体现在学科项目申请代码变化的项目中。

[①] James L R, Demaree R G, Wolf G. Estimating within-group interrater reliability with and without response bias. Journal of Applied Psychology, 1984, 69（1）: 85-98. Rwg（within-group interrater reliability）由 James 等于 1981 年提出，其旨在衡量多人评价的一致性。Rwg 越靠近于 1，代表一致性越高。当 Rwg 超过 0.8 时，可以认为组内评分有着高度的一致性。

第6章 "十四五"优先发展领域遴选原则与凝练机制

6.1 "十四五"优先发展领域遴选的基本原则

优先发展领域是学科发展的制高点,也是学科推动实践进步的关键点。改革开放四十多年以来,国内工商管理学科已经取得了显著进步,研究工作从跟跑到并跑甚至实现了局部领跑国际前沿,已经建设起了一支既掌握科学研究范式又扎根中国实践的研究队伍,越来越多的高水平研究成果发表在国际学术期刊。这些事实意味着工商管理学科建设迈上了新台阶,在新平台上实现跨越式发展不仅有可能,甚至很必要[①]。立足新平台,"成果质量与理论贡献、理论与实践、中国故事与世界贡献、科学研究与国家需求"等辩证关系日益得到专家们重视,为本次工商管理学科优先发展领域遴选提出了新要求,赋予了新内涵,孕育了新挑战。基于此,本次工商管理学科优先发展领域遴选主要依据以下几个原则展开。

1. 突出国家战略和重大需求在整个领域遴选过程中的指导作用

新兴技术发展和应用双重竞争、我国经济社会发展转型和改革开放深化、国家创新驱动发展战略深化实施等复杂因素叠加,"十四五"是我国实现"三步走"奋斗目标的关键时期,更是实现中华民族伟大复兴的关键起点。优先发展领域遴选以"服务国家战略和重大需求"为基本导向,工商管理学科"十四五"规划充分反映国家战略目标的要求。为了突出"服务国家战略和重大需求"在遴选过程中的作用,"工商管理学科发展战略及'十四五'发展规划研究"项目组在论证期间提前认真研究、消化和吸收中央与部委政策和文件及重要企业研究院发布的课题与报告,并将分析所形成的基本认识和判断贯穿于后续的专家研讨与座谈、专家问卷等工作中。一方面,发挥专家作用来论证和凝练工商管理学科呼应国家战略与重大需求的关键领域;另一方面,保证专家在进行领域遴选时能充分考虑到国家战略和重大需求对工商管理学科规划的指导作用。争取在解决我国可持续发展和民生的深层次关键科学问题,促进我国经济转型和产业升级的管理技术开发等方面,提出并凝练具有战略意义且服务国家重大经济社会需求的重要优先发展领域。

---

① 赵新元,吴刚,伍之昂,等. 从跟跑到并跑——中国工商管理研究国际影响力的回顾与展望. 管理评论,2021,33(11):13-27.

2. 强调学科发展新态势在整个领域遴选过程中的引领作用

基于互联网、大数据、云计算、区块链、人工智能等新兴数字技术的进步和应用普及，企业管理行为实践开始发生了剧烈变革。特别是在2016~2020年，这些实践变化的广度和深度显著提升，形成了一股强劲的管理实践变革浪潮并席卷全球。企业管理实践变革给工商管理学科发展带来了重要机遇和挑战，工商管理学科的不少基本假设、基本理论甚至是研究范式难以充分解释并指导新兴企业管理实践，这是全球工商管理学者面临的共同挑战。实践超前理论，理论处于创新发展的黄金时期，我国在新兴行业方面的局部领先优势为讲好中国故事、贡献世界理论创造了良好机遇，这是"工商管理学科发展战略及'十四五'发展规划研究"项目组对工商管理学科发展新态势的基本判断。因此，"基于实践洞察来优化凝练学科前沿"是工商管理学科"十四五"规划的重要导向。一方面，项目组注重在学术层面梳理工商管理学科各领域的基本态势和最新进展；另一方面，邀请各类典型企业的企业家组织了3轮座谈，面向国内重点企业开展企业家问卷调查，争取在超越新兴实践归纳甚至是突破工商管理学科已有理论束缚等方面，提出并凝练出具有重要学科科学价值和带动效应的重要优先发展领域。

3. 强调专家判断与文献计量相结合的方法

学科规划需要建立在事实分析基础上，主要来自学科内已有工作进展，这方面依赖文献计量分析，文献计量的价值在于更为客观、充分、细致地反映特定研究领域的研究现状和发展趋势。但这显然不够，基于事实分析的专家判断更有助于发挥专家在长期研究实践中产生的智慧和洞见，根据创造性的判断事实分析背后的科学问题。因此，本次优先发展领域的遴选采取了专家判断与文献计量相结合的工作方式。项目组采取文献计量的方式对每个领域进行文献分析，同时，将文献分析工作结果与专家调查问卷设计结合起来，通过专家研讨和专家座谈等多种途径征求各领域专家的意见。

4. 调动专家广泛参与，提升优先发展领域凝练的学术共识

除了促进学科发展，优先发展领域还有助于促进学科队伍的发展和优化。本次凝练在延续"十三五"工商管理学科规划基本思路和流程基础上，进一步强调专家广泛参与并凝聚共识的突出作用。在遴选过程中坚持这一原则主要出于两方面的考虑：首先，能够使优先发展领域凝练工作真正做到博采众长，特别是在新平台上的工商管理学科规划面临挑战与机遇并存，问题复杂性和综合性更加突出，调动专家广泛参与有助于在更广的范畴内吸收专家智慧和意见，在比较中凝练共性因素，更有助于突出理论和实践复杂性背后的深层次科学问题。其次，能够使

优先发展领域具有更多的专家参与和支持，基于工商管理学科各领域产生的学术共识，优先发展领域具有更强的学术号召力和影响力，不仅有助于推动工商管理学科在各领域的重点突破，而且有助于影响甚至是引领面上项目、青年科学基金项目、地区科学基金项目等其他项目的研究走向，凝心聚力谋突破。因此，为了让更多的人了解研究工作和阶段性成果，让更多的学者关注工商管理学科建设和发展，项目组把阶段性成果编辑成简报，邀请在工商管理学科领域有影响的公众号参与发布（如《管理学季刊》公众号，其关注人数超过 10 万人，分布海内外，且以青年教师和博士生为主），同时建群，采用新闻发布会的模式把简报放到群里，由各公众号自行编辑，均不标注"原创"，采取自愿发布的方式，收到非常好的效果，多数都被广泛转发阅读，读者也积极反馈。截至项目结束，共发布了 10 期简报。

5. 重视并不断优化科学问题凝练机制

国家自然科学基金委员会以"明确资助导向、完善评审机制、优化学科布局"三大任务为核心推动基金管理改革，具体将推行完善 6 个机制、强化 2 个重点等新举措，确保改革目标实现。其中，6 个机制包括面向国家重大需求的科学问题凝练机制、面向世界科学前沿的科学问题凝练机制、重大类型项目立项机制、成果应用贯通机制、学科交叉融合机制、多元投入机制；2 个重点则包括原创探索计划、人才资助体系升级计划。针对学科优先发展领域凝练工作，在坚持上述一些基本原则基础上，还专门针对 6 个机制中的 2 个凝练机制进行了研究，并努力在凝练工作中体现落实，这与创新驱动发展战略的实施直接相关[①]。

创新驱动发展战略的实施包含两层含义：一是在世界科学前沿问题上实现创新引领，谓之科技创新；二是利用科技创新服务国家重大需求，谓之促进发展。工商管理学科领域两类问题的凝练机制探索意义尤其重大。深入实施创新驱动发展战略，企业是主体。工商管理学科最具特色的学科特点是立足我国企业管理实践，聚焦探索和解决企业发展过程中的管理问题，既有针对理论问题的深度剖析，也有针对实践问题的系统诊断。解决好工商管理学科领域的两类问题，能更加有效地为我国企业创新提供管理服务，发挥其创新主体作用。如何凝练两类问题成为工商管理领域学者与实践者共同关注的焦点。

6. 保持工商管理学科的延续性

这一原则是对工商管理学科"十三五"规划原则的延续，也是学科规划工作本身的属性所决定的。在进行领域遴选过程中，项目组充分考虑了"十三五"期

---

① 探索科研范式变革 科学基金将完善"六个机制". 科技日报，2019-12-06，（1）.

间各子学科的优先发展领域。基于延续性的原则，有助于保持国家自然科学基金委员会在工商管理学科发展战略方面的一致性，在考虑各子学科发展和条件的基础上产生具有针对性的持续性支持，更有助于实现各子学科之间的协同和交叉发展。

6.2 "十四五"面向重大需求的科学问题凝练机制[①]

习近平 2020 年 9 月 11 日在科学家座谈会上提出，"坚持面向世界科技前沿、面向经济主战场、面向国家重大需求、面向人民生命健康"[②]。上述"四个面向"明确了我国科学家在"十四五"时期及更长一个时期内推动创新驱动发展战略的工作方向和历史责任。基于工商管理学科，同时强调科学性和应用性的学科属性，工商管理学科面临着重要而紧迫的双重任务：一是不断提升工商管理学科的科学性，让工商管理成为负责任的学科；二是不断提升工商管理学科的应用性，科研成果应该更多地面向经济主战场和国家重大需求，特别是面向经济主战场，工商管理学科一定要走在前面。在百年未有之大变局时代，国内外学者都呼吁并倡导科学研究固然是自由探索，但这并不意味着科学研究可以蜕变为自娱自乐。工商管理学科的科学研究很有必要回应如技术变革、气候变化、人口老龄化、能源短缺、政治危机等中国、世界乃至全人类共同面临的一系列重大挑战，通过管理理论和实践创新让未来世界变得更加美好[③]。除了学科知识积累和创新等方面的学术价值，工商管理学科的科研工作还应该面向国家重大战略需求、面向经济主战场，产生经济社会应用价值，这不是口号而是使命和目标，这一议题已成为工商管理领域学者和实践者共同关注的焦点问题。

6.2.1 科学严谨性与实践关联性

问题驱动是科学研究的最基本范式，科学研究成果的实践应用可能性与潜力大小，表面上看来自理论分析和结论启示，实际上可能根植于科学家所探索科学问题在多大程度上具备了实践应用属性。例如，"管理者面相结构"与"企业行为和绩效"是否存在关系，从某个学科或某个理论角度看可能是科学问题，但这一

[①] 杨俊，赵新元，冉伦. 如何提升工商管理研究科学问题的需求属性？——以工商管理学科发展战略及十四五发展规划研究为例. 管理评论，2021，33（4）：12-23.

[②] 《在科学家座谈会上的讲话》，http://www.gov.cn/gongbao/content/2020/content_5547627.htm?ivk_sa=1024320u [2020-09-11].

[③] George G, Howard-Grenville J, Joshi A, et al. Understanding and tackling societal grand challenges through management research. Academy of Management Journal, 2016, 59（6）：1880-1895.

问题可能并不具备很强的实践属性。因为无论何种面相，在管理上看都是难以改变的因素，即使两者在统计上存在关联，也很难说管理者具有哪种面相就一定能做好企业。进一步地，"管理者颜值"与"企业行为和绩效"是否存在关系，相对于面相结构而言，就具有一定的实践属性，因为颜值判断显然具有社会建构属性，因时因地而异，至少在一定时空范围内具有可控性和可操作性，有可能在不改变面相结构的前提下改变第三方的颜值感知（如通过化妆打扮等）。

大多数学者基于科学严谨性与实践关联性是管理科学研究内生属性的基本认识，强调通过诱发并强化学者将科学研究知识面向实践转化的意识和能力来提升管理研究的实用性。Duncan 较早阐述管理研究实用性主要来自科学知识生产和转化过程[1]，如表 6-1 所示，文中展现了学者和管理者眼中"可认可理论"（acceptable theory）的比较分析结果。第一，学者与管理者都高度认同理论应该具有实践性和有用性；第二，管理者并不关心但学者高度重视逻辑准确性和实证有效性等科学理论的构成要件；第三，管理者关心理论的经济社会应用价值；第四，管理者和学者都不太重视理论的具体情境适用性及操作简便性（如工具）。

表 6-1　学者和管理者对可认可理论基本特征的评价差异

特征	非常重要 管理者	非常重要 学者	比较重要 管理者	比较重要 学者	一般重要 管理者	一般重要 学者	卡方值
实践性和有用性	46%	45%	30%	24%	11%	19%	7.8
逻辑准确性	3%	8%	5%	14%	12%	16%	18.9**
可盈利性	18%	5%	13%	8%	22%	15%	39.1***
具体情境适用性	17%	11%	30%	25%	21%	20%	8.7
实证有效性	13%	25%	11%	20%	15%	13%	29.6***
操作简便性	1%	2%	10%	8%	17%	16%	3.0

表示 p 小于 0.010，*表示 p 小于 0.001

管理实践在 1986~2020 年的 30 多年里受益于管理理论的转化应用而不断科学化，特别是在当今 VUCA[2]时代，管理者比以往更需要用理论来指导实践。管理科学研究成果本身并不在于要告诉管理者应该怎么做，也并不会因理论在具体情境下的失灵或不适用就否认理论缺乏实践性和有用性。事实上，尽管管理者不

---

[1] Duncan W J. Transferring management theory to practice. Academy of Management Journal，1974，17（4）：724-738.

[2] VUCA 表示 volatility（易变性）、uncertainty（不确定性）、complexity（复杂性）、ambiguity（模糊性）。

关心理论产生过程的逻辑准确性，但既然理论产生于科学研究，那么科学严谨性就是理论诱发实践关联性的前提，管理研究的逻辑准确性不会损害甚至可能有利于提升理论的实践性和有用性[1]，目前面临的关键问题是，管理科学学者有可能对具有重大经济社会应用价值的研究课题关注不够，特别是对人类面临的重大挑战性问题关注不够[2]。

基于这一认识，大多数学者致力于探索如何强化工商管理学科理论与实践性和有用性的途径，提出了一些重要的原则、思路和方法。概括起来，至少包括以下三个方面：①有些学者从科学知识如何生产和传播的角度提出了一些举措和办法[3]，包括参与式学术研究[4]或入世哲学[5]、事后实践转化[6]、强化面向实践的科学知识普及和转化、基于科学研究向应用转化的知识转移价值链模型[7]。②还有学者从管理实践的复杂性角度提出了一些改善科学研究过程的思路。Sandberg 和 Tsoukas 认为科学理论难以指导管理实践的主要原因来自基于"科学理性"的科学研究过程因高度抽象而剥离了不少管理实践的情境和行为特征，进而导致了科学理论与管理实践丰富性之间的突出矛盾，提出了"实践理性"逻辑，以及其基于此逻辑来开展科学研究的哲学基础和实施战略[8]。③还有学者正在通过采取集体行动来变革优化发端于 20 世纪 50 年代的管理研究科学化运动，目的是重塑约束管理学科领域科学研究的制度力量，引导管理科学学者变革科学研究过程，面向经济社会发展产出更多具有实践性和有用性与影响力的科学成果。2019 年，国家自然科学基金委员会开始发起并实施以科学问题属性为基础的分类申报和评审机制，重点在于引导管理科学家重视所探索科学问题是否及在多大程度上产生什么样的学术贡献和价值。

---

[1] Vermeulen F. On rigor and relevance: fostering dialectic progress in management research. Academy of Management Journal, 2005, 48 (6): 978-982.

[2] George G, Howard-Grenville J, Joshi A, et al. Understanding and tackling societal grand challenges through management research. Academy of Management Journal, 2016, 59 (6), 1880-1895.

[3] Bartunek J M. Academic-practitioner collaboration need not require joint or relevant research: toward a relational scholarship of integration. Academy of Management Journal, 2007, 50 (6): 1323-1333.

[4] van de Ven A H, Johnson P E. Knowledge for theory and practice. Academy of Management Journal, 2006, 31 (4): 802-821.

[5] van de Ven A H, 井润田, 李晓林. 从"入世治学"角度看本土化管理研究. 管理学季刊, 2020, 5 (1): 1-13, 130.

[6] Simsek Z, Bansal P, Shaw J D, et al. From the editors—Seeing practice impact in new ways. Academy of Management Journal, 2018, 61 (6): 2021-2025.

[7] Thorpe R, Eden G, Bessant J, et al. Rigour, relevance, and reward: introducing the knowledge translation value chain. British Journal of Management, 2011, 22 (3): 420-431.

[8] Sandberg J, Tsoukas H. Grasping the logic of practice: theorizing through practical rationality. Academy of Management Review, 2011, 36 (2): 338-360.

6.2.2 提升工商管理学科科学问题需求属性的理论模型

理论产生于实践,其价值在于解释、预测并指导实践[①]。问题是衔接实践和理论的桥梁,不少经典理论的产生自然离不开科学家的创造力和严谨的逻辑推理,更离不开科学家洞察问题的能力。正如周雪光教授在《组织社会学十讲》中所论述的,因为看到不同时空条件下公司销售人员行为模式的相似性,提出"为什么组织间会高度相似"这一经济学的效率理论逻辑难以解释的基础性问题,基于这一问题的理论建构开创了社会学派的制度理论,至今仍对解释不少重大现实问题具有深刻的穿透力。

基于管理研究追求平衡科学严谨性和实践关联性的初衷,管理科学家不仅通晓理论而且密切关注实践,至少需要密切关注与个人研究领域和研究兴趣高度相关的实践领域,理论和实践交互产生科学问题,主要是依赖科学家不断在理论和实践中反复交互和迭代;或者是在借助企业走访、资料阅读等途径观察和了解实践与需求基础上提出的问题,再借助文献检索梳理和分析等途径回到理论层面来判断这一问题在科学研究层面是否已经得到充分解释;或者先从理论和文献中搜索研究问题,同时关注这一问题在实践中是否有意义和价值。借助这一过程,管理科学家提炼的科学问题自然会兼具理论价值和实践有用性,因此,提炼有价值的科学问题是管理科学家最重要且基础的科学素质和能力。事实上,之所以不少学者强调利用强化和优化科学知识面向实践传播与转化来解决管理学科研究实用性问题,背后的潜在假设是大多数管理科学家都严谨地遵循这一过程来提炼科学问题,进而遵循科学严谨性开展科学研究。

现实却并非如此。管理科学家过分依赖甚至拘泥于文献研究而不重视观测实践,这在很大程度上导致管理研究当前存在的自娱自乐现象,甚至沦为了管理科学家群体之间的逻辑和文字游戏,从而使管理学术知识脱离、远离管理实践,而不是帮助管理者解决实践问题。进一步来看,管理科学家擅长从文献的逻辑矛盾、理论缺口或理论悖论中提炼科学问题,即便是有意识地将基于文献的科学问题回到实践中进行价值再判断,又即便这一问题可能并不是实践者真正关心的重要问题。同时,因科学家在信息收集过程中的选择性偏误可能让其更愿意获取那些支持或验证科学问题的信息,即便是基于科学的严谨性原则开展研究,研究成果的实践有用性也会打折扣,极端情况就会演变成"为实证而实证""自娱自乐的逻辑游戏"等。

更为重要的是,过去管理活动所依赖的时空情境条件因技术变革等因素发生

---

① Weick K E. What theory is not, theorizing is. Administrative Science Quarterly, 1995, 40 (3): 385-390.

了重大变化,管理实践因此而变得更加复杂多元,时空情境的高度复杂扭结而更具有易变性。基于时间、资源和专业能力等方面的局限性,在当下情境,管理科学家观察和洞察实践的有效性面临着严峻挑战,这一挑战进一步放大了管理科学家研究过程偏差的负面效应,进一步导致管理科学家的研究成果远离实践甚至滞后于实践的尴尬事实,这一事实至少体现为工商管理学科多个子学科领域有关学术研究滞后于新兴实践的学术讨论。概括起来,在百年未有之大变局时代,基于时空情境高度复杂扭结的现象,提升工商管理学科科学问题实践关联性客观上要求我们通过强化"科学家-实践者"互动来提炼科学问题的实践性和有用性。理由在于管理科学家重视现象但并不怎么关注现象背后的实践者,这一做法显然有助于科学家更加客观理性地观测并描述现象,但潜在的问题是管理科学家可能会忽视管理实践的丰富性,导致其可能并不清楚透过现象提炼的科学问题是否、在多大程度及在多大范围内被现象背后的实践者所关注。特别是在环境高度复杂的条件下,管理实践的丰富性和易变性可能会更加突出,更需要管理科学家透过实践者来判断科学研究问题是否及在多大程度上具备实践关联性。本章基于"科学家-实践者"互动视角构建了提升工商管理学科科学问题需求属性的理论模型,如图 6-1 所示。

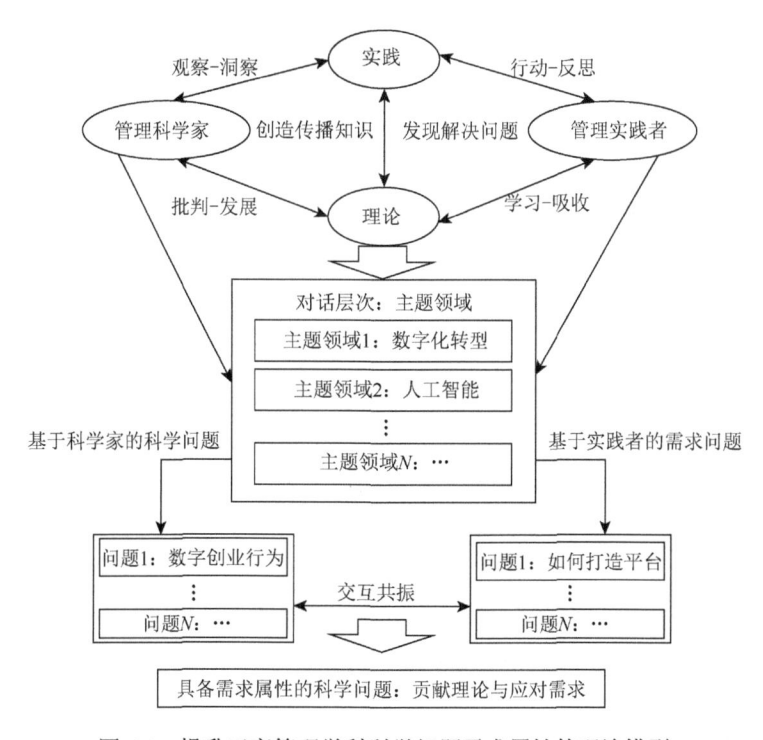

图 6-1 提升工商管理学科科学问题需求属性的理论模型

这一模型从科学问题提炼角度发展了 Simsek 等借助"事前实践者参与"来提升工商管理学科科学问题实践影响力的观点，同时呼应了基于近百年来管理理论与实践互促诱发管理实践科学性提升、管理科学家有可能也有必要与管理实践者一起生产知识的学术主张[①]。图 6-1 的左半部分体现了管理科学家与实践者在两个层次上的对话互动，第一个层次是在主题领域层次，对应于"现象"，第二个层次发生在具体问题层次。在第一个层次上，管理科学家有必要定位所关注领域方向对应的现象及这一现象在实践领域的表述，在大多数情况下，科学家的表述和实践者的表述不会存在显著差异。主题领域层次的对话有助于科学家定义并明确关注领域方向所对应的实践领域范畴，这一范畴决定了管理科学家有必要选择与什么样的实践者进一步展开问题层次的对话。在此基础上，管理科学家下沉到具体问题层次与所选择实践者开展对话，将科学家关心的科学问题与实践者关心的实践问题进行交互共振，实践者关心的实践问题具有很强的需求属性，这一需求属性可以是企业层次的需求，也可以是行业层次的需求，还可以是国家层次的需求，将科学问题与实践问题在差异比较中找寻共性，本质上是理论与实践需求相结合的过程，进而遴选出具备需求属性的科学问题，见图 6-2。

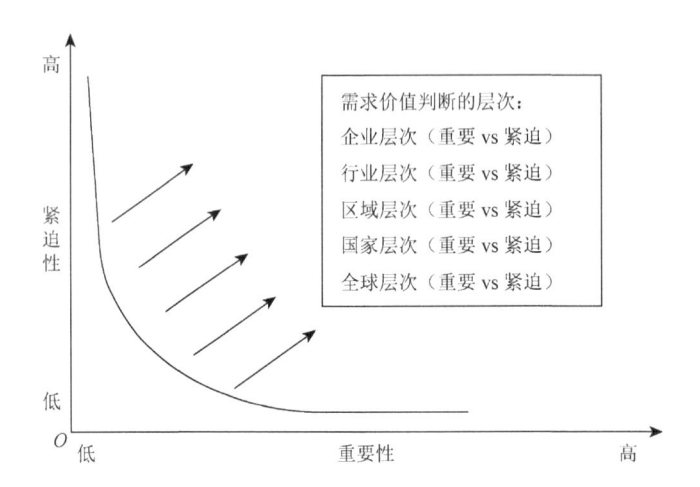

图 6-2 问题层次"科学家-实践者"对话的需求价值判断框架

6.2.3 "十四五"学科规划对实践的关注

工商管理"十四五"学科规划工作强调科学家的主导作用，在这一基础上注重"科学家-实践者"的互动对话来提升所凝练优先发展领域及其科学问题的需求属性，

---

① Simsek Z，Bansal P，Shaw J D，et al. From the editors-seeing practice impact in new ways. Academy of Management Journal，2018，61（6），2021-2025.

增强学科规划的优先发展领域对管理科学家服务经济主战场、服务国家重大战略需求的引领作用。这一工作路线至少体现了三方面的特色和严谨性，对管理科学家改善研究问题凝练过程、增强凝练研究问题的需求属性具有重要的启发和借鉴作用。

第一，发挥工商管理学科领域内科学家特别是战略科学家对实践需求的集体研判，以科学家研判为主导引领与实践者对话和互动的过程。这至少表现在两个方面，一是在领域方向层次，注重科学家对学术资料的深度分析，"工商管理学科发展战略及'十四五'发展规划研究"项目组总共采集了2014~2019年的80 720篇发表于领域内顶级期刊和旗舰会议的中英文论文，对这些论文开展文献计量分析，这有助于科学家更加客观地识别和归纳工商管理学科领域的前沿领域方向，同时，结合国务院部委智库和重点企业研究院发布课题的内容分析，利用二手数据来识别、判断政府和业界关心与关注的重要领域方向，基于两者的结合形成了工商管理学科的备选领域方向，在此基础上进一步利用领域内战略科学家的集体研判和深度研讨形成了面向更广泛专家群体的调查问卷。二是在科学问题层次，在初步凝练优先发展领域后，项目组开展了面向全国范围的企业家调查，请企业家出题（您认为什么问题值得研究）与学者对话，这一对话体现在以工商管理领域内专家为主导的对比分析过程，采用归纳逻辑来进一步明确、丰富和验证初步凝练优先发展领域内的科学问题，形成科学问题举例。基于这一环节的互动，后续科学问题优化及问题属性界定又回到了科学范畴，邀请学界专家和专家咨询委员会等战略科学家予以进一步分析、研判和修订。

第二，注重基于实践者资料分析的严谨性和科学性。首先，在领域方向层次，除了来自国务院部委智库和重点企业研究院发布课题的内容分析，在大样本专家问卷调查分析阶段，项目组补充了来自两轮企业家座谈的访谈素材，并对这一访谈素材在主题词层次进行凝练和归纳，将所凝练的主题词进一步与来自大样本专家问卷调查提供的重要科学问题主题词进行比对、归纳和交互，这一比较、归纳和交互的目的是确保初次凝练领域方向是来自实践并扎根实践，换句话说，这些领域方向是管理科学家和企业家共同关注关心的重要方向。其次，在科学问题层次，企业家调查目的简单直接，就是请企业家出题与学者对话，同时，请企业家对自己所提出问题的重要性和紧迫性做出主观判断，基于这样的调查设计，项目组邀请博士生以内容分析和关键词提取为手段，对企业家调查问卷进行了细致分析，不仅明确了企业家所关注问题的关键词，而且能够清晰地了解哪些关键词在企业家看来更加重要，以及哪些问题在企业家看来更加紧迫。基于这样的分析结果，项目组再将其与初次凝练的优先发展领域比对，进一步厘清了哪些优先发展领域具有更强的需求属性，通过理论分析与企业家问卷分析的主题词比对，初步凝练出了优先发展领域的科学问题，为后续以科学家为主导的科学问题优化和问题属性界定奠定了重要基础。

第三，注重与实践者对话的代表性和典型性。在领域方向层次，为了实现工商管理学科规划面向经济主战场提供管理智慧的目的，项目组并没有拘泥于一般性的政策分析，选择以国务院部委智库发布的课题为分析资料，有效地呼应了国务院部委智库兼顾国家经济发展各方面和各产业的事实，具有很强的经济发展全局代表性；进一步地，为了实现工商管理学科规划面向企业管理增效提供管理方案的目的，项目组并没有拘泥于一般性的咨询公司报告分析，选择了阿里研究院等重点企业研究院发布课题为分析资料，有效地呼应了代表性企业在实际经营管理过程中面临的困难和挑战，具有很强的企业管理实践代表性。在科学问题层次，企业家调查采取理论抽样的方式进行，邀请重点企业的高管参与问卷调查，力求实现调查具有广泛的行业代表性，能反映业界对重大实践问题的普遍认识。具体而言，项目组选择重点企业的企业家为主要调研对象，理由在于重点企业面临的重大管理实践问题，其他企业也会面临，往往更加重要，项目组将重点企业定义为在行业内具有领先地位的企业（产值规模在行业内排前十，占74.5%）；同时，注重行业的代表性，被调查企业涉及信息、通信和技术行业、金融保险业、休闲娱乐业、高端制造业等15个行业类别；注重企业所有制类型代表性，包括中央直属企业、国有企业、私营企业、外资企业等多种企业类型。基于对上述关键企业特征的把握，项目组开展的企业家调查具有很好的代表性，这强化了学科规划工作中与实践者对话的代表性和典型性。

工商管理"十四五"学科规划中优先发展领域凝练工作路线，见图6-3。

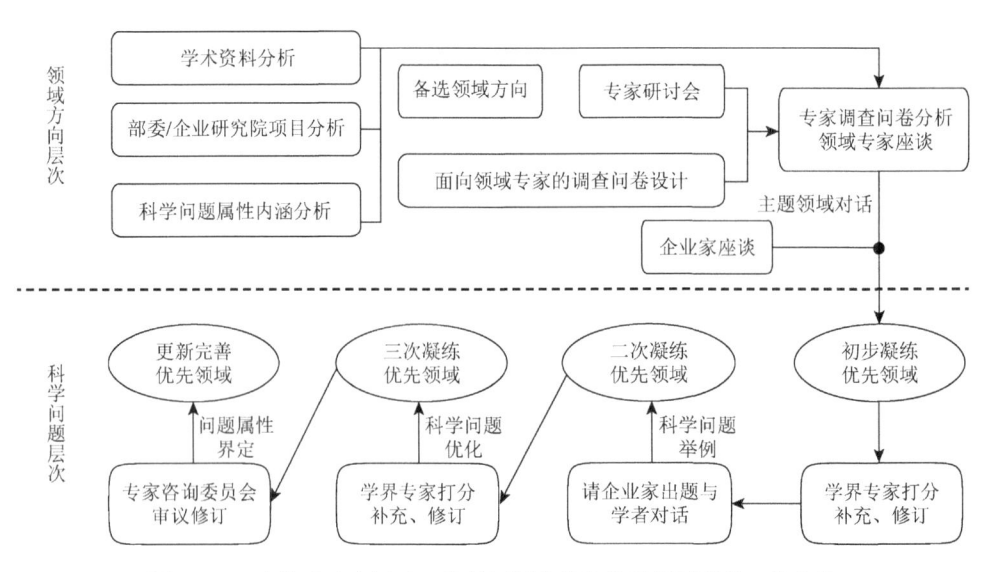

图6-3 工商管理"十四五"学科规划中优先发展领域凝练工作路线

6.2.4 科学家主导的"科学家-实践者"互动对话

1. 企业家调查的问卷设计与调研对象

"工商管理学科发展战略及'十四五'发展规划研究"项目组提出,企业家作为管理科学研究最重要且关键的利益相关者之一,不仅是企业具体管理的实践主体,也是最贴近和最先感知到管理实践变化的重要主体。与此同时,企业家群体具有高度异质性,这一异质性与企业规模、行业类型及在行业中所处的地位等高度关联,面向什么样的企业家开展调查进而提升调查结果代表性成为项目组需要解决的首要问题。具体而言,项目组选择具有行业领先地位的重点企业的企业家为调研对象,因为这些企业家处于实践前沿,在实践方面更具有领先性,提出的研究问题会具有更强的代表性,同时,在调研对象选择中尽量考虑到行业和地区分布的代表性。

基于企业家通晓实践同时关切理论的基本判断,项目组设计的调查问卷选择了直接询问企业家"您认为最需要管理科学家研究的重大且具有普遍性的管理问题是什么",同时为了更加突出重点,要求企业家将问题限定在两项以内,同时简要阐述理由。在调查实施方面,项目组采用朋友推荐(各地区重点高校长期关注管理研究和实践的专家学者为推荐人)与滚雪球抽样相结合的方式收集问卷,自2020年2月1日至2月29日,项目组总共收集105份问卷。剔除未作答、重复填写及调研企业和对象不符合要求等无效问卷后,总共收集86份有效问卷,有效回收率为81.90%。83.7%的问卷由被调查企业的董事长、总经理或高层管理者填写,16.3%的问卷由被调查企业的中层管理者填写。例如,廖建文博士(京东集团)、陈春花教授(新希望六合股份有限公司)、徐少春先生(金蝶国际软件集团有限公司)、刘伟华先生(浪潮集团)等企业家填答了调查问卷,从样本特征分布来看,所调查企业在地区和行业等分布方面具有很强的代表性,详见表6-2。

表6-2 受调查企业的基本特征

项目		数量/个	占比
所有制类型	中央直属企业	14	16.3%
	国有企业	15	17.4%
	私营企业	46	53.5%
	外资企业	6	7.0%
	其他企业	5	5.8%

续表

项目		数量/个	占比
所处行业	信息、通信和技术行业	16	18.6%
	高端制造行业	17	19.8%
	金融保险业	10	11.6%
	专业服务行业	10	11.6%
	建筑和房地产行业	7	8.1%
	基础商品制造行业	6	7.0%
	化工与制药行业	4	4.7%
	公共事业行业	3	3.5%
	交通和仓储行业	3	3.5%
	休闲娱乐业	2	2.3%
	批发零售业	2	2.3%
	农业	2	2.3%
	文化与教育行业	1	1.2%
	酒店服务业	1	1.2%
	其他行业	2	2.3%
产值规模	行业前五5%	39	45.3%
	行业内前五～前十	25	29.1%
	以上都不是	22	25.6%
合计		86	100%

2. 调研数据的分析过程和方法

基于采集的调查数据，项目组采用科学方法对企业家提出的问题进行归类和整理，并在此基础上进行归纳和总结。具体而言，区分企业家"问题"和"理由"，分别进行关键词分析，目的是揭示企业家所提出问题的内涵及其时空情境特征。对企业家提出的问题进行关键词分析，整理企业家问题中所涉及的关键词，目的是将企业家提问中涉及的关键词与专家问卷和战略科学家提出的科学问题中涉及的关键词进行比对；同时，在企业家对问题重要性和紧迫性的理由阐述中，主要涉及这一问题所依托的时空情境，包括宏观的经济社会背景和我国当前经济社会发展中面临的重大挑战，将这些描述中的关键词与来自文献和专家判断中的重要领域方向进行比对。最终，综合问题及其理由阐述，项目组总共整理出 111 个关键词，部分关键词及其出现频次，如表 6-3 所示。

表 6-3 基于企业家调研数据的关键词分析结果示例（部分）

范畴	关键词	出现频次
企业家理由表述中的关键词	网络时代	7
	数字化时代	5
	人工智能	4
	新环境	2
	产业融合	3
	不确定环境	4
企业家问题中的关键词	企业战略	14
	创新	5
	商业模式	4

3. 企业家调查产生的学术洞察和需求价值判断

基于企业家调查结果的科学分析，"工商管理学科发展战略及'十四五'发展规划研究"项目组产生了以下三点重要发现，这些发现对工商管理学科规划的领域方向及其科学问题凝练产生了重要的支撑和补充作用。

第一，与图 6-1 理论模型中的前提性判断相一致，接受调查的企业家并没有拘泥于自身企业的具体管理问题或难题来出题，而是站在同类企业、相关行业甚至是国家层次来提出并论证管理科学家值得重点研究和探索的研究课题，同时，企业家所提问题的时空背景与科学家关注的环境趋势呈现出高度一致性。例如，数字化时代、网络时代、人工智能、不确定性等经济社会环境变革是学术界当前前沿科学问题所依托的重要情境，也是实践中企业家所关注的焦点和重点，是诱发管理实践挑战和重大问题的关键因素。从某种程度上讲，这一结果进一步表明甚至是验证了"科学家-实践者"互动存在着对话基础，正如 Duncan 的调查展现，科学家和企业家实际上是从不同角度关注同类现象或问题，提升科学问题的需求属性不能局限于科学家的判断，实践者的认识可能是重要补充。

第二，科学问题与实践问题可能并不冲突，关键在于实践问题的抽象和归纳过程。科学问题是科学家关注并力图解决的问题，这一问题高度抽象且具有一定程度的普适性，抽象性表现为问题依托于科学理论话语体系中概念或构念，普适性表现为这一表达背后所依托管理实践的时空范畴。实践问题是实践者面临并力图解决的问题，这一问题具体、明确且具有一定的经济社会价值，但是，尽管实践问题具有明确的特征，但并不意味着实践问题与科学问题表述之间是完全隔绝的两套话语体系，项目组的调研结果表明科学家与实践者问题表述的话语体系具有高度的融合性。正如表 6-3 所示，企业家问题的关键词，也是科学家正在关注并积极探索重要学术方向的主题词和关键词。这一结果进一步表明"科学家-实践者"对话存在着话语基础。

第三，基于调查结果分析，项目组凝练出了企业家认为重要而紧迫的两个战略性研究方向及这些方向下涌现的新兴课题，这些方向和课题为项目组进一步凝练工商管理学科的优先发展领域提供了重要参考和依据。①互联网和数字技术等新兴技术的应用如何改变组织和管理系统，这一改变又会催生什么样的新管理理论和模式，更为重要的是，企业家关注的重点不再拘泥于新兴技术如何改变运营和流程，而更加关注支撑运营和流程的组织、战略和创新等管理系统。例如，组织员工与人工智能交互、数字化时代的组织形态和企业转型、新技术应用、组织伦理和企业社会责任等重要课题。②中国道路、中国制度和中国企业等交互下有助于解释并适用于中国情境的管理理论创新问题。在中国多种所有制并存、区域发展协同与竞争并存、产业链与发达国家竞争中逆向升级等重大实践情境下，管理科学家有必要基于中国企业和行业实践开展系统深入研究，提出来自中国但服务全球的管理理论。例如，中国特色国有企业管理制度与企业行为、中国特色社会主义制度与公司治理等重要课题。

基于企业家调查结果与科学家凝练优先发展领域的比对和补充，以及在此基础上结合学科领域内专家集体智慧和学术判断，学科规划的优先发展领域及其科学问题得到了进一步收敛，科学问题所映射的实践需求更加明确。最终，项目组在工商管理学科 14 个领域申请代码中凝练出 25 个侧重于需求属性的领域方向，同时，这 25 个领域方向在各领域申请代码内呈现为非均衡分布，领域申请代码与企业管理及经济社会发展实践的紧密程度密切关联，在如何提升工商管理学科科学问题需求属性方面做出了有益探索，这一探索显然会给工商管理学科领域科学家带来重要启示。

负责任的管理研究并不意味着让科学家替代实践者，也不意味着必然需要实践者参与到科学研究中去，关键着力点在于优化并改善管理科学家凝练科学问题的过程，在这一过程中强化实践参与并提升科学问题的实践关联性。负责任的管理研究意味着产出可靠且有用的知识，可靠取决于研究设计和研究过程的科学严谨性，有用则来自科学问题的需求属性，科学严谨性和实践关联性并不矛盾，以实践关联性来弱化甚至是牺牲科学严谨性的做法并不可取。实证研究或其他科学研究方法并不是导致研究成果缺乏实践关联性的根本原因，也不是诱发工商管理学科蜕变为自娱自乐的罪魁祸首，追求实践关联性，不是要彻底抛弃或否定实证研究范式或其他科学研究方法。与之相反，我们要"两手抓、两手都要硬"，一方面结合工商管理学科的属性和特征来谋求科学方法创新，进一步强化甚至是提升工商管理学科研究的科学性；另一方面要在实际研究工作中探索关心国家、关注实践、关怀人文和伦理的科学路径，增加所探索科学问题的经济价值、社会价值和伦理价值。

6.3 "十四五"面向世界科学前沿问题的凝练机制[①]

6.3.1 科学问题与科学前沿问题

管理科学要研究什么问题？管理科学特别是工商管理学科所关注的内容是企业管理，企业管理可以抽象地概括为人和物的关系。过去人和物的关系基本上是人管理物，物包括生产资料、厂房等。现在，物越来越智能化，因此，企业管理过程中出现了物影响人甚至是管理人的现象，衍生出人机共存、人机协同等一系列管理实践问题[②]。凝练科学问题要从管理实践出发，针对当前管理实践的要求，凝练出科学问题。

何为科学问题？科学问题具有普适性和抽象性，不同于企业提出的具体管理问题。回答企业提出的具体管理问题，可以解决一时一地的问题；而回答科学问题的答案具有普适性，可以解决更多企业的共性问题。因此，科学问题需要一个抽象、凝练的过程。

何为科学前沿问题？科学前沿问题，是科研工作者还不能很好地回答的、同时具有重要理论和现实意义的科学问题。从理论角度看，还不能说清楚问题背后的动因、机制；从实证角度看，还不能给出令人信服的证据。同时，前沿通常意味着在未来一段时间内科研工作者会关心该问题并有研究兴趣。因此，确定前沿问题，需要与同行沟通讨论，避免闭门造车。

何为面向世界科学前沿问题？科学无国界，中外管理学界、企业管理实践者有共同关心的问题。因此，面向世界科学前沿问题是指在世界范围内具有共性的、尚未解决的、具有重要理论和现实意义的科学问题。值得注意的是，一些中国管理科学的前沿问题会是世界科学前沿问题，反之，世界科学前沿问题也是中国管理科学需要关注的前沿问题。但是同时，另一些中国管理科学的前沿问题，可能尚未成为世界科学前沿问题，对这一类问题，需要判断是否有潜力成为世界科学前沿问题。随着中国经济的腾飞和社会的发展，中国企业实践和工商管理理论发展有了长足进步，中国管理科学家有责任思考如何基于中国管理实践，提出世界科学前沿问题。

---

① 徐心，林伟鹏，吴刚. 工商管理学科领域"面向世界科学前沿问题"的凝炼机制探索. 管理评论，2021，33（11）：3-12.

② 陈国青，吴刚，顾远东，等. 管理决策情境下大数据驱动的研究和应用挑战——范式转变与研究方向. 管理科学学报，2018，21（7）：1-10.

6.3.2 专家调查及结果分析

为了探索现阶段工商管理科学领域面向世界科学前沿问题的凝练机制，国家自然科学基金委员会吴刚研究员通过电子邮件就此问题咨询了工商管理学科领域资深专家学者的意见。具体采用定向邀请的方式，邀请对象为工商管理学科领域的资深专家学者，通过电子邮件询问他们关于面向世界科学前沿问题的凝练机制的看法。设置的问题是为落实国家自然科学基金改革任务，各科学部都在探索面向世界科学前沿问题的凝练机制，请您结合工商管理学科的特点，谈谈您对面向世界科学前沿问题的凝练机制的真知灼见。考虑到该研究属于探索性研究，在收集原始数据时选择以数据丰富性作为第一标准，因此，问卷调研采用开放式的问题设置，未向参与调研的学者设置任何问题回答限制，由学者根据自己的感受和想法回复。电子邮件发出后，共计收到59位资深专家学者的回复，参与调研的学者来自包括战略、财务、市场营销、人力资源管理等领域在内的工商管理学科多个子领域。观点主要集中在以下几方面。

1. 面向世界科学前沿问题的内涵

关于面向世界科学前沿问题的内涵，学者从多个角度提出不同的观点。比如，学者提到"科学前沿问题就是从世界范围的视角看尚未得到研究或完全解决的问题""科学前沿问题实质是理论与技术瓶颈""要找在全球市场上具有一定共性的问题"。综合学者的观点，面向世界科学前沿问题是指在世界范围内具有一定的共性、尚未得到研究或未完全解决的、具有重要理论和现实意义的科学问题。这类问题的本质是当前世界范围内工商管理相关理论或实践方面遇到的瓶颈。理论上是现有研究和理论中存在不足，由此产生的科学前沿问题；实践上是科技进步和创新导致工商管理模式改变，由此产生的科学前沿问题。这类问题既需要考虑前瞻性，也需要考虑现实性。解决面向世界科学前沿问题，既有助于拓展已有理论或构建新理论，也有助于提升中国管理科学家的国际话语权。

2. 面向世界科学前沿问题的选题要求

学者对面向世界科学前沿问题提出了一些选题要求，见表6-4。既然是面向世界的问题，那首先要求该类问题与国际接轨，如"关注国际学术前沿""考虑国际标准""强调世界范围内的接受度"等。同时，学者也提出要重点考虑中国相关的问题，如提到"不能照搬西方的理论"，要"考虑中国特色的实际情况"，建议"国家自然科学基金委员会的立项以突出中国特色研究为基础"等。有些学者则提到需要兼顾国际标准与中国国情，如提到世界科学前沿问题应"兼具国际标准与中国本土特色",应"以全球视野,探究中国基础性、本土化的理论与问题""没有必要单纯研究基于美国管理实践的前沿科学问题",但也"不应该排斥美国、全球的管理情境"。此外,学者还强调,前沿科学问题注重学科交叉,注重管理学与生命科学、神经科学、心理学等相关学科的跨学科融合,如提到前沿科学问题应该"打破学科领域界限,开展交叉研究""科学前沿问题凝练机制应考虑学科交叉性"。

表 6-4 面向世界科学前沿问题的选题要求和形成方法总结

面向世界科学前沿问题选题要求		面向世界科学前沿问题形成方法	
内容	提及频次	内容	提及频次
与国际接轨	6	问题初步形成过程	121
重点考虑中国相关的问题	7	1. 资料分析	59
兼顾国际标准与中国国情	5	a)管理学优秀期刊的论文	25
注重学科交叉	7	b)管理学国际会议的论文	18
具备理论价值和理论创新	10	c)交叉学科成果	3
具备实践价值	9	d)国际重要机构及人员的项目和成果	7
聚焦我国的优势领域	2	2. 学界专家意见征询	35
重视情境的作用	4	3. 业界调研与业界专家意见征询	22
新技术背景	37	问题筛选过程	27
中国面临的问题	19	1. 比对资料分析和专家意见	2
全球性问题	21	2. 同行评议	9
		3. 论证会	12

对于研究意义,学者认为,研究问题需要具备理论价值和理论创新,如提到科学前沿问题需要"具有开创性或引领性""强调对管理学基本理论和核心概念的贡献""避免打着中国特色的幌子,实则为毫无科学价值的伪科学、伪理论"。另外,学者还强调科学前沿问题需要具备实践价值,如提到科学前沿问题也需要是"问题导向""讲清楚能解决什么实际问题""能提出相应的解决方案"。与此相关,学者提到科学前沿问题的提炼需要重视情境的作用,如提到科学问题要"注重现实背景""具有一定的时代特色或者普适性"等。

针对研究问题的可行性,学者还提到聚焦我国的优势领域,如提到"科学前沿问题应处在我们可能突破和具有优势的领域""科学前沿问题应聚焦我国有望在世界科学发展中产生影响力的领域"。

值得注意的是，学者在回复中还提及了很多具体情境信息，主要可以分成三大类：新技术背景、中国面临的问题、全球性问题。表 6-5 列举出这些情境信息，为学者的研究选题可能涉及的背景内容提供参考。

表 6-5 学者提及的具体情境信息

新技术背景		中国面临的问题		全球性问题	
内容	频次	内容	频次	内容	频次
人工智能	12	中国面临的国际贸易争端与技术钳制	5	VUCA	8
互联网	6	中国经济发展问题	5	新冠疫情与危机应对	7
数字技术	5	体制改革	3	可持续发展	4
大数据	4	中国企业跨国经营	2		
区块链	2	中国文化与现代企业管理	2		
物联网	2	"一带一路"	1		

简而言之，面向世界的科学前沿问题，既要接轨国际，也要符合中国国情；既要有理论创新，也要能解决实际问题；既要注重学科交叉性及聚焦我国的优势领域，也要重点关注情境的作用。

3. 面向世界科学前沿问题的形成方法

综合学者的观点，面向世界科学前沿问题的形成方法主要包括问题初步形成的过程和问题筛选的过程。

1）问题初步形成过程

如何初步形成面向世界科学前沿问题，学者的意见可以归纳为三大类：资料分析、学界专家咨询、业界专家咨询。

（1）资料分析。应对国内外管理学优秀期刊进行分析，其中有学者强调，应重点对 UTD 24 和 FT 50 中的期刊进行深入分析。还有学者建议，可以对顶级期刊的专刊进行分析。也有学者认为，由于期刊存在发表周期较长的问题，期刊上的论文很可能是几年前的话题，具有滞后性，使用期刊论文分析得到的信息不一定能反映前沿科学问题。所以，不少学者建议对有影响力的管理学国际会议的论文进行分析，这些会议论文研究的时效性更强，更能反映前沿科学问题的发展趋势。还有学者提到，除了管理学领域的期刊和会议以外，还需要关注与管理学相关的交叉学科领域的成果，并对成果进行分析。除此以外，还可以收集和分析国际上一些重要机构关注的研究问题，包括国际高水平研究机构的研究内容、美国排名前 15 的高校及除美国外世界排名前 20 高校的科研人员近 5 年发表的成果或者工作论文,从顶级期刊编辑的个人主页中分析他们最近 5 年工作论文的题目,或者梳理影响力排前 50 的学者研究。

(2)学界专家咨询。前沿科学问题需要向学界专家征求意见和选题。征集对象包括国内领域优秀专家、海外领域优秀专家、国内国际权威期刊的主编、副主编、领域编辑等。征集方式包括通过电子邮件或问卷征集,通过国内外会议、研讨会、论坛(如国家自然科学基金委员会举办的双清论坛)等进行征集。时间规划上,可以采用定期会议讨论或不定期的小范围讨论的形式。

(3)业界专家咨询。可以通过业界调研或向业界专家征询意见的方式来获取选题。比如,通过到企业进行走访调研形成研究问题,通过举办学者与企业家互动交流的论坛或会议来征集问题,通过构建数据库追踪并分析企业问题,以及建立平台对接学界和业界专家等。业界专家既包括企业家,也包括企业内部的管理科学家。

2)问题筛选过程

上述工作形成初步的科学问题清单。获取了科学问题清单之后,如何对这些科学问题进行进一步的筛选和提炼也是非常重要的问题。有学者认为,应该通过多方比对的方式来遴选科学问题,如通过对资料分析与专家咨询的结果进行对比来遴选题目。此外,问题筛选的一种更普遍方式是以问卷或电子邮件等形式邀请学者对初步形成的科学问题进行同行评议,广泛征求学者的意见,前面多方比对结果也作为初始材料提供给学者进行评议或参考。在完成同行评议之后,通过召开论证会的方式来遴选和确定科学问题。论证会可以是专门召开的国际性科学问题遴选会议,也可以是在国际和国内有影响力的学术会议上设置的小型专家咨询会。有学者建议,最好是定期召开,如每年召开一次国际研讨会议,每次会议提炼若干个前沿问题。还有学者强调,由于工商管理学科是应用学科,应该关注需求方的意见,所以在问题遴选时应邀请企业家参与。

6.3.3 "并联式""串联式"问题提出模式

1. "并联式"的问题提出模式

"并联式"的问题提出模式如图 6-4 所示。从实践中提出问题,属于归纳,即从实践观察中找到有共性的问题。这个过程通常需要大量的实践观察,在充分接触实践的基础上,发现诸多实践问题背后的抽象问题。这个过程往往费时费力,学者需要花费大量的时间和精力投入实践,再从课题中提出较为抽象的科学问题。但是,由于工商管理学科的研究对象是人和组织,人和组织存在着多样性、复杂性和动态变化性等特点,这是工商管理区别于工程及自然科学等诸多学科的突出特点，决定了从实践中提炼工商管理学的科学问题通常需要花费较长时间。如何提高前沿问题发表的时效性，是中国工商管理学界可以提出的中国方案，也将会是对国际管理学前沿的一个重要贡献①。

图 6-4　从中国实践出发提出问题的"并联"模式

学者从中国实践中捕捉需要解决的难题。难题，就是学术文献中尚不能提供答案的问题。然后，需要验证找到的实践难题，这也是世界管理实践面对的问题。这是一个重要的验证过程，因为研究目标是最终提出国际学术前沿的问题。如果缺乏这个验证过程，学者关注的中国实践问题，可能未必是世界学术前沿问题。这绝非否认研究纯粹的中国管理实践问题的重要意义，学者对研究纯粹的中国管理实践问题责无旁贷，但是，由于目标是提出面向世界科学前沿的问题，就需要确认该问题是否具有国际共性和前沿性。

明确了工商管理实践的难题后，学者需要从中提炼科学问题。实践问题和科学问题的一个显著区别是实践问题一定是和实务高度相关，有很强的情境依赖性；科学问题通常会更加抽象和普适，这是学术界评价科学问题价值时通常使用的一个标准。由于工商管理学科的特点，从实践中提炼问题周期很长，所以建议提出"小"问题。这里的"小"并非不重要，而是相对具体，更具情境依赖性，即图 6-4 所示的 q_1、q_2 和 q_3。这样的问题在国际管理学顶级期刊上发表可能会有困难，有两个原因，一是管理学顶级期刊习惯于接受有普适性的科学问题；二是顶级期刊更加偏好"大"问题，即研究内涵丰富、适应面广的问题。但是，一系列"小"问题可以汇聚成一个"大"的研究领域（图 6-4 中所示的 Q）。

2. "串联式"的问题提出模式

也可以从文献中提出科学问题。近年来，因为担心纯粹从文献中获得的科学问题可能脱离实践，学术界和科研管理机构普遍呼吁从实践中凝练问题，这似乎在弱化文献学习对提出学科问题的价值。为了避免从文献中寻找到的研究问题脱离实践，可以使用本书提出的"串联式"模式（图 6-5）来界定研究问题。

---

① 高良谋，高静美. 管理学的价值性困境：回顾、争鸣与评论. 管理世界，2011，208（1）：145-167.

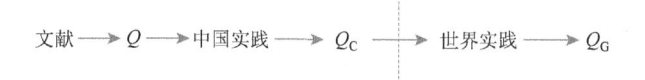

文献 ⟶ Q ⟶ 中国实践 ⟶ Q_C ⟶ 世界实践 ⟶ Q_G

图 6-5　从文献出发寻找问题的"串联"模式

首先,学者需要密切关注文献,文献是一个广义的概念,包括国际学术前沿所涵盖的期刊、会议、论坛等。国际学术前沿普遍关注理论贡献,理论就是一系列概念和关系形成的一个关系网,寻找这个网中是否有待验证和探索的关系。学者可以从这个思路出发寻找文献中有待填补的研究空白和研究问题。上述方式的优点是学术风险小。学术风险,是学者在学术实践中观察到学术论文发表过程中的一种风险,如学者提出一个新概念时,往往会受到评审较多的质疑。而学者依托现有文献,寻找现有文献中概念之间尚未发现的关系,可以降低上述学术风险。但是,为了避免基于文献开展的学术工作脱离实践,这种研究思路应该考虑现实实践,如按照图 6-5 所示的"串联"路径,从文献过渡到实践,验证这种文献中的研究空白是否和业界实务相关。这种思路本质上是一种演绎方式,就是在抽象概念之间进行一系列逻辑推理,寻找理论上可能存在的关系,然后将这种关系应用到实务中,以确认有待研究的关系是业界管理者所关注和重视的实务需求。这要求学者必须经过一系列的业界走访和论证,以保证与实务相关。

其次,在上述的实务相关论证过程中要关注中国实践。把论文写在中国大地上,是中国学者应有的担当。当确认了从文献出发寻找到的研究空白和业界实务相关,这样的问题就有潜力成为中国学术前沿的科学问题,这就是图 6-5 所示的由 Q 到 Q_C(C 代表 China)的过程。进一步,学者再将 Q_C 应用于国际实践,验证 Q_C 是否是世界管理实务关心的问题,即从 Q_C 到 Q_G(G 代表 global)的过程。凝练 Q_C 是必要的,其必要性有以下两点。一是这个凝练过程可以帮助学者厘清思路,更好地形式化所提出的问题。之后,和国际学术同行及国际实务界交流时,能更清晰地阐述问题及问题背后的现实驱动和理论源流。二是 Q_C 的提出和解答,即便只和中国实践相关,其本身对中国企业的管理和相关研究也是一种贡献。但是,这种贡献还不能成为国际研究前沿,毕竟目前在国际管理学研究前沿,主流的研究问题、范式还不是以中国问题、中国范式为主导。

依据图 6-5 所示的"串联"模式,下一个关键环节就是在国际学术界展开充分讨论。中国学者和中国学术界经过多年积累,已经到了可以在国际学术界充分发声的阶段,中国学者积累的研究成果、声誉和人脉,已经可以在国际主流的学术平台上组织研讨,在这些研讨环节上可以把中国问题(Q_C)和国际实践对标,探讨中国问题（及其解决方案）对国际实践的启示[①]。上述中国问题的提炼来自国内外学术文献，就具备了和国际学术同行对话的共同语言。中国实践和方案近年来也备受国际学术前沿关注，类似的对话和研讨一定会成为热点，假以时日，这些热点有望成为国际学术研究前沿的亮点和重点，最终促使国际学术研究前沿广泛认可 Q_C，找到 Q_C 和国际实践的关联，从 Q_C 出发，发展出国际学术前沿问题 Q_G[②]。

为了促进上述"串联"模式进展，可以加大力度资助国际学术平台上的中国研讨，促进 Q_C 向 Q_G 的转化。同时，"串联"模式中的阶段性成果（Q_C）可以在国内高质量期刊发表，并获得广泛认可。目前，国内一些管理学院的晋升机制已经将国内 A+论文（如《管理世界》）和国际 A+（如 UTD 列表中的 24 种期刊）同时列出，这将为 Q_C 向 Q_G 转化起到积极作用。毕竟，在关注中国问题的大量研究中，只有部分有可能最终发表在国际高水平期刊上，至少目前如此。研究成果最终即便未能发表在国际高水平期刊上，也在中国学界获得充分认可，可以鼓励中国学者作为一个整体深耕中国问题，长此以往，有望从中产生出现在国际高水平期刊上且具有国际影响力的中国成果。

---

① 黄群慧. 改革开放四十年中国企业管理学的发展——情境、历程、经验与使命. 管理世界，2018，34（10）：86-94，232.

② 贾良定，尤树洋，刘德鹏，等. 构建中国管理学理论自信之路——从个体、团队到学术社区的跨层次对话过程理论. 管理世界，2015，256（1）：99-117.

第 7 章 优先发展领域及科学问题示例

7.1 优先发展领域遴选程序和方法

研究学科发展战略、凝练 2020~2030 年的优先发展领域，是本次专项任务的核心工作和成果。优先发展领域的凝练和遴选贯穿了专项任务开展的全过程。具体工作在本书前面章节中已经做了介绍，这里主要介绍优先发展领域凝练、遴选工作本身的程序和方法。

7.1.1 备选优先发展领域的形成

备选优先发展领域是通过文献分析、国家政策、行业分析和专家座谈调研共同产生的。各学科领域以文献分析凝练的研究方向为主，结合专家咨询论证和其他资料分析设计了调查问卷，重点调查领域专家对研究方向的判断和基于分类导向的重点问题建议，利用专家对封闭问题的判断进行统计分析并与文献分析结果相比对，结合专家对开放问题建议的文本分析凝练重点研究问题，同时结合与各领域最新的文献研究论文、双清论坛、重要学术论坛观点等资料进行交互比较，形成了初步凝练的备选主题领域及若干研究课题。工作技术路线见图 7-1。

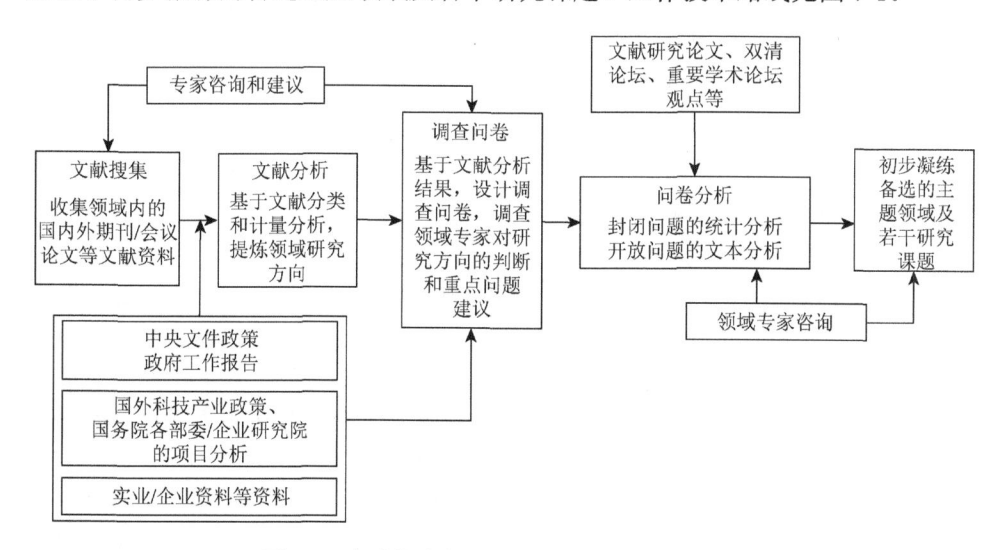

图 7-1 备选优先发展领域凝练工作技术路线图

7.1.2 优先发展领域的凝练

优先发展领域的凝练过程，如图 7-2 所示。具体而言，各学科领域负责人结合大规模专家调查结果，与前期文献工作等资料分析相比对，对备选优先发展领域进行初步凝练，每个学科形成 10～20 个不等（平均在 15 个）的优先发展领域方向。这也是优先发展领域的第一轮凝练。之后"工商管理学科发展战略及'十四五'发展规划研究"项目组又结合专家意见、我国科研力量、前期工作特别是"十三五"期间资助情况等方面因素，开展了第二轮和第三轮的凝练工作。

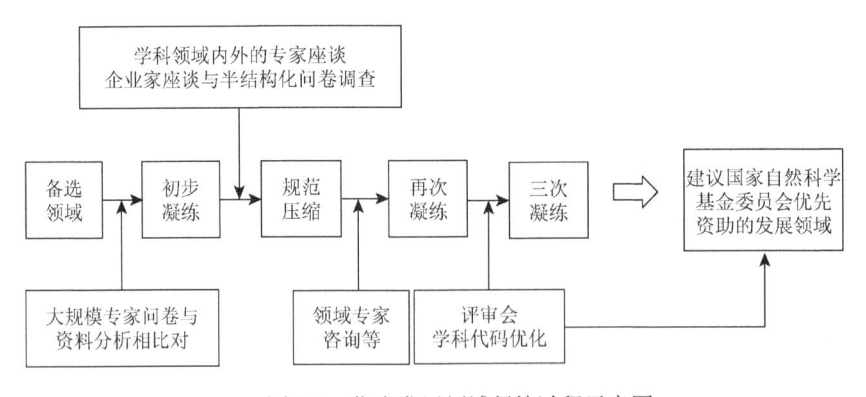

图 7-2 优先发展领域凝练过程示意图

2020 年 3～4 月，针对各领域负责人凝练的优先领域，在无法召开现场座谈论证会的情况下，吴刚处长分领域向专家发电子邮件征求意见，请专家对凝练的优先领域进行评价，并打分排序。结合专家评价和打分排序，"工商管理学科发展战略及'十四五'发展规划研究"项目组召开线上会议，对进一步的凝练工作形成共识，将优先领域再次凝练到 10 个以内。这期间，负责各领域凝练工作的学者征求了大量国内外著名学者的意见和建议。

三次凝练主要是通过学科评审会专家分析、"十三五"规划的领域分析及各学科领域之间的交叉分析展开，对二次凝练形成的领域进行修正和补充。这一轮的凝练工作在先前已经取得的成果的基础上，先提出凝练的工作思路、原则和初步方案，召开线上会议讨论，会后相近及交叉学科一起讨论凝练，其主要目的是：一方面使得优先领域在注重学科发展逻辑的基础上，在问题表述方面尽量简洁和包容；另一方面保持与前五年重点支持的领域具有一致性。

"工商管理学科发展战略及'十四五'发展规划研究"项目组在三次凝练的基础上，最终提出优先发展领域。此阶段的工作侧重横向打通，即不同学科代码提出的优先领域在一些共性问题上有交叉,将这些领域打通、汇总,提出具有学科交叉特点的优先领域,同时也起到进一步凝练的效果。在同一时段,国家自然科学基金委员会也制定了新的学科代码,"工商管理学科发展战略及'十四五'发展规划研究"项目组根据新代码重新对优先领域进行了归类。下面将对各学科的优先发展领域进行介绍,并提供典型科学问题的示例。

7.2 各学科优先发展领域及科学问题示例

7.2.1 G0201 战略管理

1. 新技术条件下的企业战略管理理论(前沿)

互联网、数据科学及人工智能等新技术正在深刻影响企业经营活动和战略选择。在市场端,新技术发展帮助企业更加精准地洞悉市场机会;在运营端,新技术推动企业的经营活动在地理和网络空间中快速拓展与重构。面对深刻的产业变革,企业需要思考资源能力的新内涵,创造价值的新载体,以及获得成长的新途径。为此,有必要在新技术条件下发展或重构企业战略管理相关理论。

典型科学问题举例:新技术条件下企业竞争优势的来源与支撑要素,企业在新技术条件下创造与传递价值的基本规律,人—机器—工厂—消费者关系重构中的企业战略变化规律和特征,新技术条件下企业间关联的属性、构建和协调机制。

2. 企业战略决策的行为与认知基础(前沿)

战略决策者往往存在认知局限,这一特征显著地影响了企业的战略管理过程。在个体层面,管理者的关注力结构、情感与情绪及社会行为会显著影响企业的战略决策;在组织层面,企业在不确定环境中往往会依靠模仿、惯性、反馈及推断等做出判断和选择。近年来,行为战略相关的研究成为战略管理领域热点和前沿。

典型科学问题举例:个体管理者和管理团队的认知特征对企业战略决策的影响,组织层面行为战略基本类型及其相互关系,基于理性的战略决策模式与行为战略的整合模式及相对重要性,行为战略决策的绩效结果及偏差特征,市场特征、产业结果及制度环境对行为战略偏好的影响。

3. 突发灾变条件下的企业战略应对(需求)

企业对环境变化的有效适应是战略管理研究的基本问题。近年来,不同区域和国家发生的自然灾害、公共卫生事件及其他重大社会变化在不同程度上对我国企业造成了影响。因此,积极构建突发灾变条件下的企业战略管理理论具有重要的理论和实践意义。

典型科学问题举例：突发灾变影响企业战略选择与决策的主要机制和路径，突发灾变条件下企业对商业机会的识别和利用，突发灾变条件下的企业战略韧性与转型路径，企业外部联盟与网络的重构与突发灾变的应对，突发灾变后的企业绩效恢复。

7.2.2　G0202 企业理论

1. 中国领先企业的创新模式与企业家精神（原创）

中国存在着制度和市场等多方面的特殊性，这一特殊性被西方学者概括为制度复杂性和动态性及不完善市场等特征，基于对这些特征的归纳，西方学者提出了"中国创业迷思"现象，解释中国新兴企业为什么能够成功已经成为西方学者关注的热点话题。挖掘中国情境下"政府-市场-创业"之间的动态关系及其变化，探索微观层次企业家精神的演化及其发生作用的内在机制，聚焦中国领先企业的创新创业模式开展研究，有可能产生基于中国实践的原创理论。

典型科学问题举例："政府-市场-创业"的互动机理及其动态演化，不同行业情境下（如国有主导与民营主导）领先企业的创新创业模式比较，制度复杂性和动态性与企业家战略决策，新兴企业的市场战略与非市场战略的耦合机制及其竞争优势属性。

2. 不同所有制企业的共生协同（需求）

如何处理不同所有制企业之间的关系，有效协同各类企业共同推动我国企业与经济高质量发展，是我国战略管理研究和实践需要面对的重要问题。目前，在战略管理领域成熟的理论体系中，尚缺乏面向不同所有制企业共生与协同的知识体系。我国战略管理学者需要对这一重要问题做进一步的探讨。

典型科学问题举例：政府-市场关系对不同所有制企业战略选择的影响，政府与市场对不同所有制企业的资源获得、配置和利用效率的影响规律，不同所有制企业在市场环境中的竞合关系，国有企业和民营企业实现协同成长的路径、机制和影响因素。

3. 生态型组织的建立与管理机制（需求）

当代组织越来越需要兼顾外部环境需求与内部资源调控、经济效益与人类福祉及短期目标与长期发展，实施生态型战略是应对这些挑战的一个选择。企业作为一个生态组织者，需要将产业链上不同类型的业务纳入自身生态系统，有效整合内部资源，从而提高竞争力；另外，企业作为一个生态参与者，需要实现企业个体和社会整体、眼前利益和长远利益的协调统一。研究上述生态型组织的管理机制是现实需求。

典型科学问题举例：企业生态系统运行机制与影响因素，生态优势的构建与评估，企业生态战略转型、转型过程中的路径选择与治理机制，实现经济效益与环保效益协调发展及短期收益与长期收益协调统一的管理机制。

7.2.3　G0203 企业技术创新管理

1. 基于数字技术的企业创新管理（前沿）

数字技术正在深刻影响企业技术创新管理。企业要充分利用数字技术，创新管理模式，优化管理方法，提高管理水平，增强企业竞争实力。技术创新管理研究有必要解释进入数字经济时代企业创新管理的基础理论及方法演变，这是学界和业界共同关注的前沿问题。

典型科学问题举例：基于数字技术的企业创新管理的策略和方法，基于数字技术的企业创新管理的行为与过程机制，基于数字技术的企业商业模式，基于数字技术的企业创新机制与路径，数字产品的创新模式与实现机制。

2. 关注中国情境特异性的创新管理（原创）

中国具有独特的情境特征，包括制度、文化、哲学思想、行为倾向、技术等，这些情境特征对组织管理具有深层次影响。研究这些独有情境下创新管理理论与实践发展，对丰富和完善中国情境下的创新理论与规律具有重要意义。

典型科学问题举例：中国企业面对的制度环境对创新管理的影响机制，中国传统文化对中国企业创新管理的影响。

3. 中国企业创新追赶与突破性创新机制（原创）

模仿创新与技术改进已不能满足我国的技术发展需求，创新追赶战略在我国经济发展中扮演着越来越重要的角色。创新追赶的实现有助于企业技术能力的增长和国家经济的高速发展。尤其是面对国际竞争环境中出现的禁售、断供，我国企业必须重新思考技术创新战略，重构创新追赶机制，促进突破性创新。

典型科学问题举例：中国企业创新追赶的实现路径，全球价值链转型背景下的中国企业创新机制，面对外部技术来源不确定性的技术创新战略重构，高韧性创新战略的基本特征与构建方式。

4. 关键核心技术创新机制与路径（需求）

大力推进关键核心技术攻坚，掌握创新主动权，改变核心技术的外部依赖，解决"卡脖子"的关键技术问题，是实现我国经济高质量发展的必然要求。立足于我国独特情境，从国家政策、市场环境、组织内部结构等方面研究针对核心技术创新的关键因素、实现机制与路径，是一项突出的现实需求。

典型科学问题举例：影响关键核心技术创新的因素及其动态影响，抑制关键核心技术创新的因素及破解对策，针对关键核心技术创新的组织支撑机制，针对关键核心技术的产业化政策。

7.2.4　G0204 人力资源管理

1. 中国情境下制度环境与人力资源管理的互动机制（交叉）

国家发展战略与顶层设计对中国企业人力资源管理具有重要影响和意义。例如，"一带一路"倡议会促进中国企业人力资源管理的国际化发展；国家对"工匠精神"的倡议为中国企业的人力资本投资决策提供政策性的指导。同时，企业社会责任与企业伦理将作为一种制度要求在人力资源管理实践中得以体现。领导者和员工在适应外部制度环境的同时，持续构建特有的组织文化和制度模式。本研究方向侧重在中国情境下内部和外部多元制度情境的制度化过程及其与人力资源管理的相互影响机制。

典型科学问题举例：国家顶层设计和发展战略对企业人力资源战略的影响，人力资源实践、组织文化与企业伦理的互动机制，企业社会责任在人力资源管理中的实现机制。

2. 面对技术变革的组织变革与人力资源管理（前沿）

大数据、模块化等新兴技术促发了生态系统、产业边界和组织间竞合方式的改变。随着组织形式的多样化、组织边界的延伸及模糊，雇佣关系呈现出多样化和复杂化的趋势。新兴技术的不断涌现也促使员工的思维习惯、互动方式、工作形式和内容发生了改变。员工在价值观、职业选择和工作方式上越来越多样化。从技术变革的角度研究组织管理及人力资源管理的新模式，是新技术对发展组织管理相关理论提出的要求和带来的机遇。

典型科学问题举例：技术变革环境下，组织变革的动因与阻力；新兴产业中组织形态的特征和模式；人与技术的相互适应及其系统设计；组织多元雇佣关系的冲突及其整合；社会网络视角下的人才流动研究。

3. 创新导向的人力资源管理（需求）

创新要求有效的人力资源管理，以实现对公司创新战略的支持，如创新型员工的识别与保留、企业创新氛围的创造、知识管理与组织学习的激励等一系列创新导向的人力资源管理实践。特别地，创新型人才和高绩效员工是创新活动的关键性人力资源，通过薪酬、股权、地位和晋升等激励手段提升个体创造力是管理实践的必然要求。同时，员工的主观工作体验会显著影响个体满意度、幸福感等工作主观感受，管理实践要求探索不同激励机制对个体创造力的差异化影响，以及员工对激励方式的行为和情绪反应。创新也会影响到人力资源管理，数字技术的广泛应用改变了人力资源管理的很多方面。

典型科学问题举例：创业者个人/团队特质与创业团队管理，创新过程中的人员激励、知识分享和团队合作，创新型员工及明星员工的薪酬激励及其对个体创造力的影响，正式和非正式激励相匹配的创新导向薪酬制度设计，高管团队的激励机制创新。

7.2.5　G0205 财务管理

1. 支持企业创新发展的财务管理（前沿）

提升企业创新能力是民族振兴、社会进步的基石，也是一个国家的核心竞争力。建设创新经济，要把引导增长的动力由要素投入为主转变为创新驱动为主。企业如何制定支持企业创新的财务政策，是一个重要研究前沿。一方面，企业需要建立有效的财务与会计系统，测度企业进行创新发展的资源需求，评价资源使用的成效。另一方面，市场中的投资者、中介机构等利益相关者也需要收集能够反映企业创新发展的相关信息，以促进市场资源的有效配置。

典型科学问题举例：支持创新发展的企业财务管理制度，企业创新战略下的财务决策优化，企业创新发展与会计信息的可靠性，企业创新投入的会计处理，公司治理改革与创新融资和激励。

2. 商业模式变革与公司财务（交叉）

互联网与IT的变革性发展，带来企业商业模式的不断创新，公司的融资模式、投资模式、现金管理模式均需进行相应变革。系统探讨商业模式和公司财务与会计之间的理论联系，研究商业模式变革如何影响和扩展财务与会计决策，以及财务和会计决策如何支持商业模式变革，形成了一个重要的交叉研究领域。

典型科学问题举例：商业模式与财务、会计决策之间的理论联系，商业模式革新对公司投融资决策的影响，商业模式革新与公司现金管理决策，商业模式革新与会计信息披露，商业模式革新与财务管理决策的互动关系，不同商业模式下的企业财务行为。

3. 混合所有制改革背景下的企业财务管理（需求）

伴随国有企业所有制改革，越来越多的国有企业成为混合所有制企业。面对所有权和控制权分离的情况，如何构建合理的公司治理结构，如何制定科学的公司财务决策，如何引导混合所有制企业高效发展，这些都是我国企业混合所有制改革过程中面临的难题。国际上通用的理论无法满足中国国有企业实践的需求。结合中国企业实践，针对国有企业改革进行理论研究并应用于指导改革实践，是具有重要现实意义的研究领域。

典型科学问题举例：混合所有制下企业的所有权和控制权设计，混合所有制企业与单一所有制企业的公司治理结构对比，国有企业混合所有制改革对企业投融资行为的影响规律，国有企业混合所有制度改革与跨国并购的动因和绩效。

7.2.6　G0206 会计与审计

1. 资本市场改革与会计审计研究（需求）

全面深化资本市场改革是当前及今后一段时间我国经济工作的一项重点。中国资本市场正经历一系列改革：市场开放、设立科创板、引入注册制等。这些改革措施对上市公司提供的会计信息和企业的会计与审计系统提出新要求，企业的会计系统与审计活动需要做出及时有效的变革，这对我国资本市场改革措施的顺利推进具有重要意义。因此，研究资本市场改革对企业会计与审计活动的影响具有必要性和紧迫性。

典型科学问题举例："沪港通""深港通"互联互通机制与会计和审计政策，科创板的设立与会计和审计政策，注册制改革与会计和审计政策，中国企业"走出去"战略与会计审计质量。

2. 新技术赋能的会计与审计（前沿）

大数据、人工智能、区块链等新技术的迅猛发展，在深刻改变经济社会运行方式的同时也加速了会计审计研究领域的重大变革。大数据具备遏制会计舞弊、实现会计的数字化转型、提升企业各部门之间的数据互通互联、提高审计工作效率和审计质量等多种功能。以人工智能为代表的计算与分析技术为更深入地研究会计审计问题提供了强有力的技术支持。可编写智能合约的区块链具有去中心化、不可篡改、可信任性、可追溯、全网记账等优势，具备颠覆传统行业的可能，使得相关业务公开化、透明化、公正化。新技术不断赋能会计审计领域的创新，会计审计领域的创新发展也成为一个前沿课题。

典型科学问题举例：新技术的应用对会计信息与审计质量的影响，大数据背景下的会计模式重构，基于大数据的信息化建设与审计资源整合，区块链技术与会计审计报告流程的优化，会计审计领域的人机互动。

3. 企业社会责任与会计审计（交叉）

企业承担的社会责任对企业的会计和审计工作带来新要求。例如，我国已将环境保护作为一项基本国策，注重环境保护和经济可持续发展已被确立为我国经济发展的重要目标。同时，中国的环境污染和环境治理有其独特性，相关研究需要构建适应我国国情的环境保护监测体系和环境信息披露体系，揭示环境治理影响会计审计从业人员的特征和规律。然而，生态环境与会计审计的交叉研究仍处于起步阶段，亟待发展。

典型科学问题举例：环境信息披露的识别和度量；气候变化、环境污染对会计审计从业人员决策行为的影响；企业环境信息披露的动机及其经济后果；企业承担社会责任的驱动力和经济影响，以及在会计与审计信息上的体现。

4. 中国社会制度与会计财务研究（交叉）

中国有独特的社会制度，这对中国企业的会计审计政策产生了广泛而深刻的影响。具体而言，在将中国社会制度与会计审计进行交叉时，可从正式制度与非正式制度的相互影响展开分析与研究。正式的制度包括所有制、法律、政治、市场制度等。非正式的制度包括文化、伦理、关系、家族传承习俗等。在中国经济不断发展的过程中，如何借鉴发达经济体的经验和理论，因地制宜地在中国制度背景下进行吸收和改进，需要深入研究。同时，中国独有的社会制度也为研究一些重要问题提供了绝佳的制度背景，相关研究将能丰富会计审计研究的理论体系，对后续研究具有启发、借鉴作用。

典型科学问题举例：国有企业的会计审计研究，中国家族企业传承与会计财务决策的演变规律，中国传统文化和观念对民营企业的治理、传承与财务政策的影响，关系型交易对会计审计行为的影响，正式制度与非正式制度的相互影响及其对会计审计的影响，中华文化与西方文化的异同及其对会计审计的影响。

5. 中国情景下的内部控制与风险管理（需求）

完善内部控制体系、提高重大风险防控能力，是深化国企改革的重要抓手，也是推动实现经济社会高质量发展的关键支撑。实践发展要求内部控制与风险管理相关研究必须与时俱进。一方面，结合中国制度背景，在研究主体上亟须加强以政府、事业单位和其他非营利组织为主体的行政事业单位内部控制与风险管理体系建设；另一方面，随着会计审计学科与文化、心理学等多学科观点不断交叉碰撞，大数据等新兴技术的进一步发展，以及中国企业"走出去"战略所面临的风险和挑战，在研究内容和研究方法上需要构建与不断完善符合中国特色的内部控制和风险管理评价体系。

典型科学问题举例：行政事业单位内部控制的理论框架和实施机制，自然灾情下政府和企业的风险管控行为，大数据时代内部控制与风险管理行为的新特征新规律，企业"走出去"战略的风险管控。

7.2.7 G0207 市场营销

1. 万物互联时代的营销创新（前沿）

在万物互联时代，消费者的行为与企业的营销模式呈现出一系列融合的趋势。具体表现在以下几个方面：消费行为与消费场景的融合、不同消费渠道的整合、不同传播媒介的整合和不同消费者模式的整合。在这种多场景、多渠道、多种媒介、多种消费者模式相互融合的时代，研究消费行为改变与演化，探索企业营销模式的创新，是一个前沿课题。尤其是我国在移动互联网技术的应用和研究方面都走在时代前沿。随着 5G 时代的到来，如何基于移动互联的技术优势，发展出具有中国时代特色的网络营销理论，从而为实践者提供更为有效的指导，都是管理学研究者面对的前沿问题。

典型科学问题举例：多平台、多终端、多渠道的融合与全场景营销策略，移动互联技术发展（如 5G）带来的消费者体验提升、消费决策变化、营销模式创新，企业营销的数字化转型，基于消费旅程的需求触发、行为跟踪、精准推荐，线上与线下消费者互动行为与营销的联动策略，营销科技赋能的商业模式创新。

2. 人工智能赋能的服务营销（前沿）

深度学习和人工智能技术的发展给营销领域，尤其是服务营销领域，带来了前所未有的机遇与挑战。随着我国服务行业所占的产业比重不断增加，随着人工智能在各种服务行业（旅游、银行、餐饮等）的广泛应用，研究服务营销的智能化过程具有很强的现实意义。同时，随着人工智能技术在全球范围内掀起的应用高潮，有关人工智能算法和技术在应用领域的研究已经成为目前国内外学者关注的前沿与热点问题。在这种新的技术环境中，有关新的服务营销模型和理论的研究值得高度关注。

典型科学问题举例：基于人工智能的智能客服在服务营销中的应用与影响；基于多模态用户意图识别的服务营销创新；以用户体验为中心的人机协同智能营销；人工智能服务环境中，消费者的认知、感知、态度和行为决策的变化及企业应对策略。

3. 营销方法的社会性应用与创新（交叉）

在传统的营销理论和营销方法中，无论是营销理论，还是企业的营销活动，绝大部分时候是为企业的运营和营利服务的。然而，随着社会性营销理念的提出，营销活动作为社会活动的一部分，企业作为社会的一分子，不可避免地会产生一些社会性的影响。为此，营销活动的设计和营销理论的发展都不能仅局限于企业环境，更应该放在社会环境中去理解和应用。结合我国当前所关注的典型社会性问题，考虑营销活动的非营利性功能不仅是营销理念发展的进步，也是现实的需要。

典型科学问题举例：营销活动对消费者与社会福祉的影响，基于精准营销的扶贫策略与效果，营销方法在社会公益活动中的应用与影响，公益营销模式创新。

4. 不确定环境中的品牌国际化（需求）

企业在品牌国际化的过程中，会面对诸如国际关系变化、突发公共卫生事件等不确定性因素带来的挑战。研究国际环境不确定性背景下的品牌国际化，对企业实践和我国的经济发展都有具有积极的促进作用。研究企业如何在具有不确定性的国际经济、政治环境中实施品牌国际化战略，也是世界各国营销管理学者面对的一个共性课题。

典型科学问题举例：国家品牌与企业品牌的关系研究，中国品牌进入发展水平不同的国家市场的路径分析，重大突发公共卫生事件对国家品牌、企业品牌的影响及对策，品牌国际化过程中的公关危机管理。

5. 可持续发展与绿色营销（需求）

作为企业可持续发展战略的一个重要基石，营销管理应该考虑如何通过善因营销等方式来提倡可持续发展的理念，开展绿色营销，鼓励消费者进行绿色消费。但是在企业实践的过程中，仍然会有很多的困难和挑战。为此，如何将可持续发展的战略目标贯彻在企业运行的各个环节，如何实施更好的绿色营销策略，如何从企业的角度培养和教育消费者的可持续消费观念，都迫切需要理论的指导。

典型科学问题举例：绿色营销理论构建与完善，可持续的新型交易和网络关系，顾客可持续消费观念和行为塑造，企业可持续营销策略的动因与价值。

7.2.8 G0208 组织行为

1. 新兴组织形态中的领导力与团队管理（前沿）

新兴组织形态不断涌现，如无边界组织、平台化组织、共享员工、零工模式、人与人工智能协同等。组织边界变得更为模糊，组织复杂性不断提升，对新兴组织中的领导力与团队管理提出了新挑战。有效管理新兴组织，需要关注组织成员拥有的多重身份，对其进行有效管理并实现组织目标，通过领导力实现组织成员之间的密切合作，引导成员处理好个人与组织、个体与团队及团队与团队之间的关系，从而最终形成群体合力，这些都是亟待研究的前沿问题。

典型科学问题举例：新兴组织形态中的领导风格与实践创新，新兴组织形态中领导力形成与团队互动过程，新兴组织形态中成员权力、地位的形成与演化机制。

2. 高绩效组织和领导者的本土特征（原创）

在新兴组织内部，传统组织管理所遵循的经典管理原则可能存在限制。高绩效组织常常将多种管理逻辑、制度特征和领导行为有机整合。我国企业面对中西方文化与制度影响，在管理实践中尝试了不同类型的领导方式，力求在提高工作绩效的同时也增强成员的参与。中国企业的管理实践诞生了哪些具有本土特征的最佳人力资源管理实践？其内涵与特征是什么？如何进一步扬弃与发展？此方向的研究有望产生原创理论。

典型科学问题举例：中国情境下的领导力特征，中国情境下的人力资源管理创新，文化与制度冲突背景下的领导行为及有效性评估。

3. 超越组织边界的组织行为及其影响（前沿）

新技术的渗透推动了工作场所和雇佣方式的多元化，传统组织中明确的垂直和水平边界已不再适应管理需求，也意味着组织行为研究不能仅聚焦组织内，而应该从组织内外、线上线下整合入手，提出有突破性的超越组织边界的行为理论。

典型科学问题举例：超越组织边界的个体、团队、组织的行为模式与动因，多团队系统中员工的忠诚度、归属感与工作绩效超越组织边界的组织行为对组织绩效的影响规律，跨组织边界的企业竞争战略，跨组织边界的创新与组织可持续发展。

4. 面对危机的组织管理（交叉）

面对危机时，有效的组织管理至关重要。组织通过不断学习积累，能提前识别危机和制订预防方案，在危机发生时有效规避思维惯性和误区，及时干预并提出有效应对方案，科学合理配置和激励人力资源并积极应对工作环境、工作内容的变化。危机也可能意味着机会，有效的组织管理在化险为夷的同时，也可能借危机之势，通过组织学习探索更适应当前环境的竞争优势生成之道。大多数相关研究将危机管理和组织管理当作独立的领域，分别对其进行研究。从组织管理的视角研究危机管理是一个重要的交叉方向。

典型科学问题举例：危机管理下组织韧性及其影响因素；组织对危机的感知、应对和学习机制；危机管理团队的构成及其运作机制；危机管理下工作方式与人力资源管理创新；危机管理过程中，组织学习的影响因素与效果评估。

7.2.9　G0209 商务智能与数字商务

1. 数字经济时代的企业 IT 能力建设与治理机制（前沿）

数字创新是时代特征，各行各业都在利用数字创新提升产品和服务质量，优化内部运营效率。数字创新的本质是把 IT 与特定业务领域进行有效结合，其重要基础是企业的 IT 能力，特别是把人工智能、移动互联、云计算、大数据等新兴技术与企业既有 IT 架构进行有效整合的技术能力，实施技术赋能的组织变革和流程再造的管理能力，保证企业技术创新与业务创新战略协调发展的治理能力。没有相应的 IT 能力，数字创新就无从实现。因此，理解在数字经济时代企业 IT 能力的内涵、建设路径、治理机制、绩效影响对企业的数字化转型和数字创新具有重要意义。

典型科学问题举例：数字经济时代企业 IT 能力的内涵与建设路径，数字经济时代企业 IT 能力的顶层设计与治理机制，数字经济时代企业 IT 能力的评估与调整体系，企业数字创新战略与 IT 能力的协调机制。

2. 技术赋能的信息管理与决策新模式（前沿）

企业管理的不同层级都涉及信息管理和决策，新技术正在赋能企业有效完成上述活动的新模式、新方法。随着信息科技的迅猛发展，尤其是各种传感探测技术、智能穿戴设备及移动互联的广泛应用，企业可以获取更为大量和多样可用于决策支撑的数据。这些数据的产生、管理及应用正在改变传统的企业决策模式与流程。传统的信息管理与决策相关领域的研究范式也相应地需要进行调整。该转变需要更多的前沿性研究来更新和拓展信息管理与决策的内涵及外延。

典型科学问题举例：数据管理、数据挖掘与分析、商务智能方面的方法及系统，新技术赋能群体协作与群体决策的新模式，新技术赋能企业在知识共享和知识管理方面的新方法，5G 技术对企业信息管理、跨组织边界的信息管理的影响。

3. 数字技术的社会性应用和影响（交叉）

数字技术正在展现日益增多的社会性应用，即越来越多地应用于非营利性及具有社会性、公益性的场景。例如，IT + 政务是一个典型的社会性应用场景，其本质是依托 IT，实现政府组织机构和办事流程的优化，达到更加有效为公众服务的目的。IT + 教育是另一个快速发展的社会性应用场景，其本质是依托教育平台，对教育资源进行有效合理配置。IT 的新型社会性应用需要结合应用场景进行交叉研究，发展有针对性的理论和方法。例如，IT 在政务领域的广泛应用所带来的新理念、新流程、新问题需要结合适合中国国情的基础政务管理理论及实践方案进行探索式研究。在线学习在提供便利性的同时，也暴露出涉及学习者行为和心理的新问题，这需要结合心理学、教育学中的相关理论进行交叉研究。IT 的社会性应用不局限于政务和教育，在远程医疗、健康管理、食品溯源、交通管理等诸多领域方兴未艾，相关研究有重要的理论和实践指导价值。

典型科学问题举例：热点社会问题网络舆情预测手段及管理方法；IT 在应急管理、突发安全事件管理中的应用；电子政务系统在政务、信息管理与决策支持等方面的作用；依托 IT 的新型服务模式，如实时交通系统等；在线教学新模式及影响；数字化平台对教育资源配置的影响。

4. 信息安全与网络隐私（需求）

随着互联网技术的不断发展，电子商务得到空前发展，但是电子商务在给人们带来便利的同时，也存在着许多的安全隐患。其中，网络隐私保护选择遵循的原则和保护模式，成为网络隐私保护中的首要问题。同时，数据成为企业的一项重要资产，高度依赖信息化带来巨大价值的同时也面临数据泄露的风险，从软硬件、网络、管理等方面保障数据安全成为企业的必然选择。同样，数字内容盗版、电子商务下的交易欺诈等问题严重影响企业和消费者的权益。研究信息安全、网络隐私与道德相关问题对民众日常生活与心理健康、社会影响力与和谐建设意义重大。

典型科学问题举例：中国情境下隐私披露理论的扩展及创新，网络隐私保护的政府、企业责任，网络伦理和道德的体系建设与教育调查，数字版权管理体系的建立与创新，电子商务交易欺诈风险控制，信息安全防御对策与体系设计。

5. 网络消费者行为与人机交互研究（交叉）

电子商务环境下，消费者行为更趋理性、个性化、多样化，消费感受更加丰富，所以，企业制定市场营销策略及进行产品定位等更有难度，唯有更加了解和贴近消费者的企业能够在竞争中胜出。借助于大数据技术，消费者的人机交互行为更容易被记录、获取、分析，使得未来全新营销环境下企业的经营管理模式产生重大变革。电子商务环境下人机交互已经成为普通人日常生活中不可缺少的一部分，所以，如何处理好人机交互也成为研究消费者行为的重要部分。开展这方面的研究对企业精准定位消费者购买决策，根据消费者感知优化产品，提高销量、提升企业知名度及品牌形象具有实践价值。

典型科学问题举例：基于用户体验的人机交互界面研究，人机交互行为意图的预测，基于眼动和脑电等技术对消费者人机交互行为的追踪研究，人机交互的视角对网络消费者行为理论的扩展和创新，网络消费者人机交互行为对购买意向和行为的影响，网络问答与图片视频口碑等网络口碑新形式对消费者决策的影响，虚拟现实、增强现实、人工智能等技术对消费者品牌体验的影响。

7.2.10　G0210 公司金融

1. 金融科技背景下公司金融管理的变革与创新研究（前沿）

近年来，金融科技领域的技术变革异常活跃，涌现出大数据、人工智能、区块链、云计算四大革新性技术，这些新技术的迅猛发展，对公司金融管理和决策产生了广泛而深远的影响。从微观企业的角度看，在"大、智、区、云"的时代，企业和投资者可以利用革命性的技术来解决传统的财务管理中所面临的信息不对称问题、代理问题等，并进而使得企业的融资、投资、并购、现金持有等财务决策更加科学合理。从金融市场的角度看，随着金融科技新技术不断地嵌入资产管理的全产业链，金融机构对风险的识别和管理将变得更加精确，金融市场的资产定价效率也将可能大幅度提升。目前，全球理论界对这些问题的探索才刚刚起步，研究亟待展开。

典型科学问题举例：金融科技对消费金融、绿色金融的推动，金融科技对公司投融资决策的影响，金融科技背景下的公司治理变革，大数据对资本定价效率的影响，区块链技术背景下金融风险管理的变革，区块链对企业产业链的影响，人工智能与资产管理行业的变革。

2. 国际竞争格局中支持中国企业自主创新的宏微观金融政策研究（前沿）

当今国际竞争的本质是科技创新的竞争，提升企业的自主创新能力，发展创新经济是民族振兴和社会进步的基石，也是一个国家的核心竞争力。建设创新经济，要把引导增长的动力由要素投入为主转变为创新驱动为主。我国经济之所以在过去 40 多年中发展如此之快，创造了中国经济发展的奇迹，很大部分的原因归结于"人口红利"和"资源消耗"。然而，随着中国人口老龄化问题日益突出，生态环境方面的压力也越来越大，这种发展模式已难以为继。因此，我国要转变发展模式，从以传统生产要素为核心驱动力的经济发展方式，逐渐转变为以科技创新为核心驱动力的经济发展方式，即建立创新经济。在此背景下，政府和企业该如何制定宏观和微观金融政策，来鼓励和支持企业自主创新，是亟待解决的重要科学问题。

典型科学问题举例：宏观经济政策对企业创新的影响，知识产权保护与企业创新的交互影响，多层次资本市场建设与企业创新融资，公司治理改革与创新融资和激励，地方政府制度创新与创新驱动型经济发展。

3. 国家顶层战略与公司金融和财务决策的动态演化（需求）

国家顶层战略是国家为达成预定目标而制订的最高层次的长期行动计划，如京津冀协同发展、长江经济带发展、粤港澳大湾区建设等都属于国家顶层战略。国家顶层战略将在未来较长一段时期内决定着政府所制定的宏观经济和金融政策的方向，进而影响到微观企业的融资、投资、并购、现金储备等各项财务管理决策。从企业的角度讲，如果企业能将自身发展战略与国家顶层战略相契合，制定合理的财务管理等各项决策，企业将获得良好的发展机会，而所有企业的行动累加起来，也将服务于国家顶层战略的实施。从政府的角度讲，如果政府在制定与国家顶层战略相配套的宏观经济和金融政策时，能提前预判微观企业后续的行为和决策，则有助于政府制定科学合理的政策，助推国家顶层战略的实施。所有这些研究课题，对政府和企业的决策都具有重要的启发和借鉴意义，但目前国内外相关的研究甚少，因此，将国家顶层战略融入财务管理领域的研究，是目前财务管理领域一个重要的研究方向。

典型科学问题举例：公司跨国并购决策，中小企业融资模式创新，深港资本市场融合研究，国家发展战略调整与公司金融研究，国家顶层战略、宏观经济政策与微观企业行为互动关系研究。

7.2.11　G0211　企业运营管理

1. 全球供应链管理（需求）

随着供应链全球化进程的加速，复杂多变的全球环境对跨国家、跨地区的供应链管理提出了巨大挑战。全球供应链管理面临着合作伙伴之间的价值差异、战略集成和信息共享等诸多挑战。原材料和物流成本波动、供应链中断风险、质量控制要求及需求不稳定等因素都会增加全球供应链管理的复杂性。对于企业而言，如何构建精练、灵活、透明、公平的供应链，并且执行良好的风险管理以保证全球供应链的稳定运营是企业生存的关键。因此，需要开展相关课题的研究，为全球供应链的管理问题提供科学保障。

典型科学问题举例：全球供应链风险管理与治理机制，基于复杂国际关系的全球供应网络设计，全球化供应链治理创新，贸易争端背景下全球供应链演化机制及应对策略。

2. 数字经济时代的制造及服务资源配置与优化（需求）

在数字经济时代，人工智能、物联网和大数据等新技术不断推动企业转型与创新，也给供应链企业运营管理提出了新的要求。制造和服务资源的配置与优化一直是企业生产及运营管理的核心内容之一，也是学界广泛关注的研究领域。新型 IT 的应用渗透进了运营战略、新产品开发、产品设计、采购供应、生产制造、产品配送直至售后服务的整个价值链，对企业集成管理、资源配置与系统优化等运营管理实践产生了深刻的影响。如何利用新型 IT 实现企业、供应链乃至社会整体效率和效益的提升是至关重要的，对此亟须开展相关课题的研究。

典型科学问题举例：数字经济背景下供应链运营的本质和变革研究，智能制造下的大数据分析和运营管理，数字化背景下的供应链优化研究，基于新型 IT 的制造/服务模式和资源优化配置。

3. 可持续运营管理与供应链管理（需求）

在全球经济腾飞的同时，诸如环境污染、资源浪费和生态破坏等一系列关乎人类长远发展的社会问题也进一步突显。供应链的环境影响、企业社会责任、供应链可持续发展等问题受到了广泛的重视。现代运营管理和供应链管理已从仅关注经济绩效转为重视经济、环境和社会各方面的可持续发展。因此，有必要构建可持续发展的供应链管理和运营管理理论体系，从战略、组织、执行各层面着手，建立包含运营管理组织体系、运作体系、评价与保障体系的立体管控机制，并将可持续发展的理念整合到运营管理实践中，实现经济社会和环境效益的协调与优化，从而实现供应链的可持续发展。

典型科学问题举例：新型 IT 对绿色运营与绿色服务管理的影响路径和机制，大数据下的绿色物流管理，可持续供应链的治理模式，基于人工智能等新技术的可持续运营决策理论与方法。

4. 智慧物流与供应链管理（前沿）

智慧物流是利用集成化、智能化、移动化技术，使物流系统具有智能性，并具有思维、感知、学习、推理判断和自行解决物流过程中出现的问题的能力。它包含了智能运输、自动仓储、动态配送及智能信息的获取、加工和处理等多项基本活动，为供方提供最大化的利润，为需方提供最佳化的服务，同时也消耗最少的自然资源和社会资源，从而形成完备的智慧物流综合管控体系。智慧物流和供应链管理紧密相连，推动供应链管理走向创新和发展。因此，相关运营管理课题的研究亟须跟随时代步伐，为企业更好地发展提供科学的理论依据。

典型科学问题举例：新型电商拣选系统的建模分析及运营策略，物联网环境下的供应链管理研究，新型数字技术背景下选址与库存联合优化、运输路径优化。

5. 互联网环境下的医疗资源配置与共享管理（前沿）

随着互联网和 IT 的迅速发展和全面普及，医疗行业迎来了新的机遇和挑战，如何借助互联网和 IT 改善医疗资源管理效率问题，并利用 IT 实现医疗系统的数字化，是亟须解决的前沿问题。数字技术推动了新兴的医疗服务模式创新和医疗信息资源管理变革。因此，对互联网和 IT 在医疗行业的应用及其对医疗运营管理效率的改善等方面的系统性研究，是适应深入医疗改革开放和提升社会医疗服务水平的急切需求。另外，医疗供应链网络如何有效应对突发事件的冲击也是研究热点问题。目前，研究成果还处于离散的碎片化状态，研究范式还集中在定性化的理论概述，亟须开展深入研究。

典型科学问题举例：基于物联网大数据的医疗服务管理模式，互联网大数据背景下的医疗服务质量管理，数字技术驱动的医疗服务模式创新和医疗资源配置，中国情景下的医疗运作管理理论与方法。

6. 智能制造背景下的生产运营管理决策（前沿）

智能工厂作为智能制造的重要实践模式，核心在于工业大数据的智能化应用。智能制造、机器换人背景下生产现场管理出现了新的特点，对产品设计、订单管理、生产组织与调度方法等提出了新要求，因此，亟须结合智能优化技术实现智能制造企业产品设计、订单管理、资源分配、生产调度的智能化及实时化。

典型科学问题举例：面向智能制造的订单管理模式与方法，基于工业大数据的分散式智能化订单决策和群决策方法，面向智能制造的生产与服务组织体系，智能制造背景下的设备状态监控与动态维修决策，智能定制系统中的订单跟踪与动态调整，智能制造与其他生产管理模式（如精益）的融合。

7.2.12　G0212　公司治理

1. 具有中国特色的公司治理理论（原创）

公司治理安排是战略决策的制度基础。伴随国家治理体系和治理能力现代化的不断发展，以及产权制度改革和混合所有制等实践创新，依托西方企业治理实践所形成的公司治理理论和分析框架已经难以指导我国企业的治理实践，需要加快构建中国特色的公司治理理论。

典型科学问题举例：公司治理理论基础的变化及建立中国公司治理理论发展方向，中国情境下公司治理的主要利益相关者及价值整合机制，中国企业公司治理能力的内涵及提升路径，不同所有制企业的治理创新，中国企业的内外部治理机制和有效性评估。

2. 平台型企业、生态系统治理（前沿）

平台型企业利用IT建立平台，依托平台搭建一个信息生产、浏览、互动的生态系统，可以有效整合多方资源，获得客户动态评价和反馈信息，形成一个闭环的商业生态圈。平台的出现也衍生出新问题，如平台运营的规范性和有效性、参与者激励、信息准确度等问题，这些问题如果不加以有效解决，会严重影响平台和企业的业务发展。另外，企业活动正在不断超越组织边界，出现企业创新和价值创造的生态系统，生态系统当中存在着更加复杂的主体间依赖与共生关系，不同主体承担的功能及其整合方式也更加多样。因此，亟须针对依托IT的商业平台及生态系统建立有效的治理体系。

典型科学问题举例：影响平台参与者加入的因素及平台参与的外部性（对其他成员及非成员的竞争对手的影响），平台参与者的准入和管理策略，共享平台利益相关者的协调和整合策略，共享平台上需求的动态匹配，平台上信息的集成和应用，平台治理、平台之间的合作与竞争，平台的社会责任及治理机制，生态系统中利益相关者的协调和治理机制。

3. 民营企业的治理、传承与决策研究（需求）

我国民营企业大多数由家族企业发展而来，家族管理氛围较浓，在公司治理结构方面较不规范，企业如何实现从家族化管理向职业化经营管理转型，是民营企业面临的一大难题。此外，改革开放四十多年，第一代创业的民营企业纷纷步入代际传承期，民营企业如何进行企业传承和长远发展，也是摆在民营企业家面前的一大挑战。为应对这些难题与调整，理论研究亟待构建系统的研究框架，从宏观、中观到微观多视角，来梳理和探讨民营企业如何顺应我国的经济发展潮流，适应我国的制度环境，有序地进行代际传承，培养职业化的管理团队，构建高效的公司治理结构，制定科学合理的财务决策。这一课题的研究，对提升我国民营企业的核心竞争力，发挥民营经济在我国经济发展中的作用，都具有重要的科学意义和实践价值。

典型科学问题举例：基于企业生命周期视角的民营企业的治理，传承与财务决策的演变规律，民营企业传承模式的选择、演变与经济后果，传承模式对公司管理决策的影响，中国传统文化和观念将对民营企业的治理、传承的影响。

7.2.13　G0213　创业管理

1. 数字创业的行为机理与成长模式（前沿）

数字技术与创业相结合的数字创业迅速成长为一个创业研究的新兴领域。数字创业是基于新兴数字技术开发或应用的新兴创业活动，大多数以提供数字化产品或服务为基本特征，经典创业理论难以解释其行为过程与成长逻辑。国际研究尚处于起步阶段。我国在数字领域的新兴企业已经取得局部领先，面向未来，我国产业数字化浪潮势不可挡，这一趋势必然会进一步推动数字创业的普及、拓展数字创业的创新空间，开展这方面的研究具有重要理论与实践价值。

典型科学问题举例：数字创业者的心智模式与决策制定过程，数字创业的资源编排与能力构建过程，数字创业的用户参与和价值共创过程，数字创业的制度合法性与商业模式创新，数字创业企业的成长路径、节奏与边界。

2. *创业伦理与经济社会协同发展（需求）*

创业活动的异质性及其经济社会影响和贡献是创业研究关注的经典话题，早期有关生产性创业和非生产性创业的分类及其经济社会影响的理论分析、近期有关非正规创业等问题成为研究热点。特别是基于新兴技术应用的创业，创业活动的经济社会影响范围更广泛，变革能力更突出，一旦在伦理底线上有所放松，很可能会产生重大经济社会问题（如社交媒体的隐私保护、信息推送的信息闭塞等问题）。从实践上来看，创业对经济社会发展的贡献不局限于其产生了多少经济财富，而在于其创造了多少社会价值。

典型科学问题举例：数字时代情境下的创业与社会创新，创业伦理的内涵体系、关键问题与评价，区域环境与创业者价值观，科技伦理与创新创业协同，绿色创业的模式、治理与对策，创业与乡村振兴。

3. *社会创业的价值属性与行为机理（前沿）*

尽管大多数创业活动发生在商业领域，但近年来涌现了两个重要趋势，一个是私人创业者进入公共管理领域，突破创业的商业边界，提升创业活动的社会价值；另一个是社会创业和社会企业开始大量涌现并兴起，利用商业手段来解决社会问题。创业活动中的商业价值和社会价值从对立到融合到统一，是非常值得关注的新现象，也是具有趋势性的实践新动向。社会创业、社会企业及商业与社会价值相融合的混合组织问题是创业管理领域兴起的前沿主题。

典型科学问题举例：社会创业的价值属性及其理论和方法，社会创业者行为的认知与心理机制，社会创业资源整合与利益相关者协同，社会企业商业模式独特性、合法性与持续性，社会创业与多重利益相关者的互动与协同。

4. *不确定性与创业失败管理研究（需求）*

在我国大力鼓励互联网和 IT 应用领域创业的情境下，如何降低创业失败成本同时强化创业对区域经济发展的责任和贡献是事关区域经济协调发展的战略性问题。失败是创业主体探索不确定性并借此实施高质量创业活动的必要过程和重要手段。然而，经典创业理论存在"反失败偏见"，难以解释创业失败的复杂过程与学习机制。我国活跃的创业活动需要创业失败管理理论的指导，开展这方面的研究对构建适度包容失败的创业环境、激发和保护企业家精神、加速创业资源的流动和优化配置有重要理论与实践价值。

典型科学问题举例：创业失败的成因、类型与属性，创业失败的意义建构、学习机制与转化机制，包容并利用创业过程中失败的组织设计与能力构建，创业失败的情绪传染、失败恢复与社会伦理问题，宽容创业失败的创业环境建设。

7.2.14 G0214 国际商务管理

1. 面对国际秩序调整的中国企业新型国际化战略（需求）

国际秩序发生的变化和调整将深刻改变企业国际化的内外部环境。例如，中美贸易战使全球化趋势受到严重影响。新冠疫情全球蔓延，又引发各国对长距离供应链的忧虑和不信任。在此背景下，"一带一路"倡议，为中国企业在新的历史阶段指明了国际化的新方向，然而对中国企业新型国际化战略的内涵、决策机理，以及绩效取得等方面的问题还需要进行进一步的研究。

典型科学问题举例：国际秩序与制度环境的调整对企业国际化决策的影响，发达国家市场萎缩与中国企业国际化的新路径和新策略，企业国际化与国家产业政策的新型互动关系、实现国际国内两个市场有机互补的模式与机制，新型全球价值链治理模式，全球价值链中企业风险识别、预防与应对策略，"一带一路"国际化过程中的企业竞合行为与策略。

2. 新兴市场企业国际化的基础理论（原创）

企业国际化的基础理论研究是国际商务管理的逻辑起点。如果不从源头上解决企业国际化是什么及为什么的学理问题，就不可能回答怎么样和未来方向等重大问题。自20世纪90年代以来，中国及其他新兴市场企业的国际化实践挑战了传统的国际化理论，催生了具有原创性质的针对企业国际化的思考与理论，为国际商务研究做出了显著贡献。当前中国企业国际化的实践赋予了学界创造原创理论的富饶土壤，这无疑为国际商务和跨文化管理研究提供了宝贵机会。

典型科学问题举例：新兴市场跨国企业的新型国际化模式与路径，新兴市场跨国企业应对多元文化和价值体系的动态能力，新兴市场跨国企业整合全球利益相关者的治理体系，中国企业国际化过程中面对的矛盾冲突及解决方案，中国企业在全球范围体现企业社会责任、促进可持续发展的策略及其影响。

3. 企业国际化的微观基础（前沿）

一个完整的企业国际化理论体系需要充分考虑高管团队、中层经理人员及员工的认知、情绪与行为特征，以及这些特征的互动关系。而国家层面、行业层面、企业层面及团队和个体层面的特定行动规范、原则与文化，又成为影响个体身份、认知和行动的约束条件，在彼此互动中影响企业国际化的过程和结果。目前针对企业国际化微观基础的研究属于研究的前沿。

典型科学问题举例：跨国企业国际化过程中企业能力与个体能力的互动关系、演化机制与组织设计；国际化企业的人力资本形成、培育与发展策略；跨国企业管理复杂绩效反馈体系的方法及其对国际化策略的影响；面对文化冲突，跨国企业保证国际竞争优势的路径与机制；跨国企业融合异质性资源和能力的机制；国际化进程中跨国公司组织转型过程、机制及影响。

7.2.15　G0215 旅游管理

旅游管理研究主要结合旅游休闲环境的特定场景，研究旅游企业如何满足消费者的旅游需求、旅游消费者在非惯常旅游环境中的消费模式、新兴技术对旅游企业和游客互动的支撑，以及提供旅游休闲环境消费产品的旅游企业管理等方面。旅游管理的主要研究主题包括非惯常环境下的旅游市场研究、旅游企业与酒店管理研究、旅游大数据与智能化研究、旅游共享模式研究等管理学属性的课题研究。

旅游市场研究主题主要包括旅游需求预测、不同旅游类型的动机与影响因素研究、旅游消费行为区别于日常消费的特征与规律、旅游在线营销和客户关系创新管理模式等主要方向。这些方向体现出了旅游消费的非惯常环境属性与其他工商企业的惯常环境属性的不同。

旅游企业与酒店管理研究主题主要包括旅游产品设计和改进、旅游产品推荐和线路优化、旅游企业生存和失败研究等主要研究方向。非惯常环境属性的旅游产品不同于其他工商企业的产品，具有生产和消费同时性的特征。因此，生产这种特殊产品的企业在设计产品、推荐线路时需要考虑的因素不同于其他工商企业，且生产非惯常环境属性产品的企业生存、运营、绩效等影响因素也不同于传统工商企业。

旅游大数据与智能化研究主题主要从旅游大数据挖掘与分析、智慧旅游等方向展开。随着旅游业的快速发展，旅游相关领域产生了海量的数据，如在线评论数据、图像数据、游客行为数据、游客浏览数据等。这些数据中包含了大量的有价值的信息，可以支持旅游相关的决策分析。基于游客出行及评论大数据的旅游管理研究实际上引领了基于评论的产品设计、改进、价值共创等领域的研究工作。

旅游共享模式研究主题主要从出行和住宿等方面展开，包括民宿共享商业模式分析及对传统住宿和旅游行业的影响研究、民宿共享平台用户在线行为的影响研究、共享出行研究等。旅游主体通过让渡使用权的方式获得报酬，而同时给游客提供了另外一种灵活的、经济的住宿和出行方式。这种新的商业模式兴起，对传统旅游业造成了巨大的冲击，因此，大量学者开始关注旅游共享模式研究。

7.3 优先领域的整合及对国家战略的呼应

上述 54 个优先发展领域，总体上可以归类为微观基础（人/行为）、组织、技术、制度、新型国际化五部分，见图 7-3。

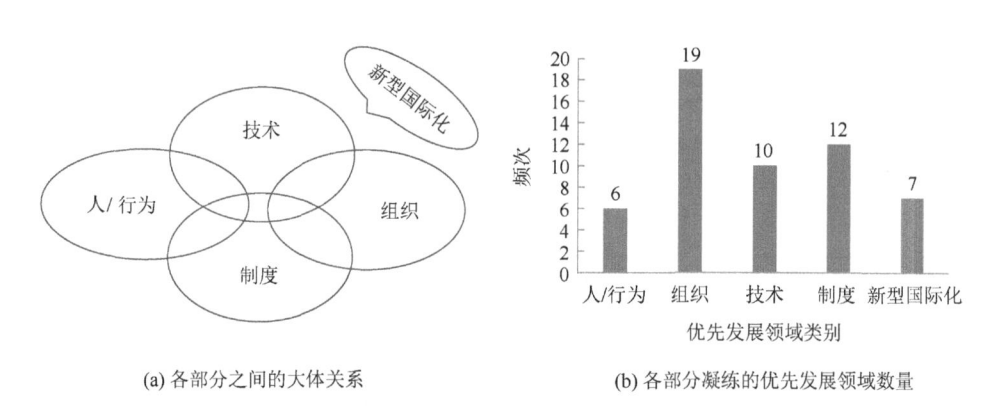

(a) 各部分之间的大体关系　　(b) 各部分凝练的优先发展领域数量

图 7-3　凝练的优先发展领域分布

在持续凝练和对科学问题凝练机制专项研究基础上，"工商管理学科发展战略及'十四五'发展规划研究"项目组不断梳理出凝练工商管理学科优先发展领域所要考虑的关键因素。因轮岗工作安排，任之光任管理科学部工商管理处处长，结合对国家战略的把握和国家自然科学基金委员会整体布局，提出了一个整合性的分析框架，分别见图 7-4 和表 7-1。图 7-4 所示的分析框架对提升项目申请书质量也会有帮助。优先发展领域凝练的框架思路本身就是研究范式的一部分，对其他类型项目（如面上项目、青年科学基金项目、地区科学基金项目）的科学问题凝练也具有借鉴甚至指导意义。

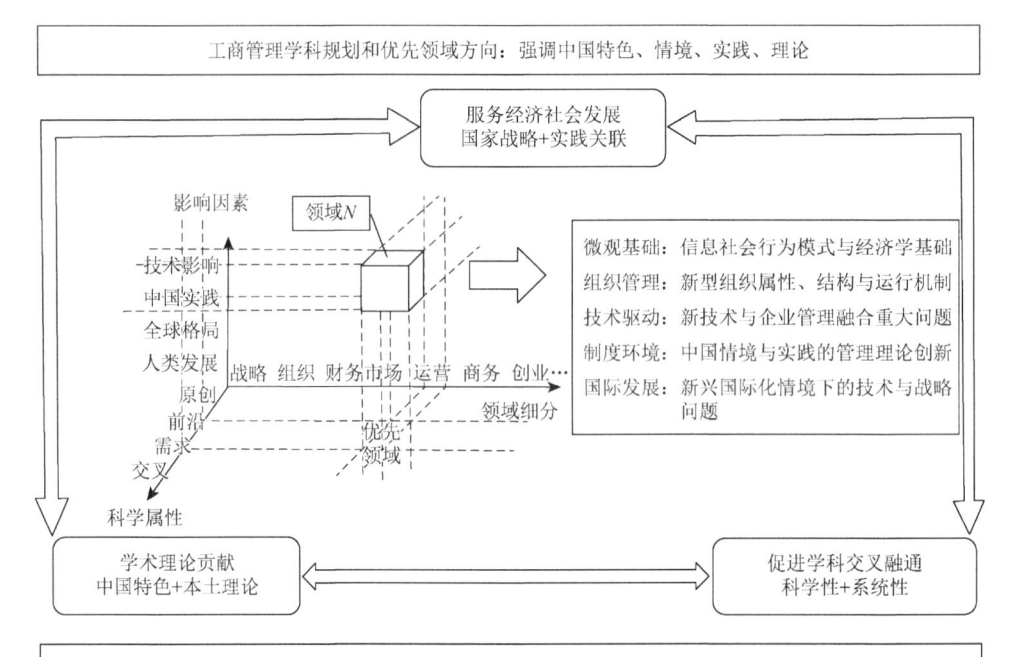

图 7-4　优先发展领域综合分析框架

表 7-1　优先发展领域归类

分类	优先发展领域示例
微观基础层面：信息社会行为模式与经济学基础	企业战略决策的行为与认知基础 新兴组织形态中的领导力与团队管理 网络消费者行为与人机交互研究 超越组织边界的组织行为及其影响 技术赋能的信息管理与决策新模式
组织管理层面：新型组织属性、结构与运行机制	生态型组织的建立与管理机制 可持续发展与绿色营销 数字经济时代的制造及服务资源配置与优化 智能制造背景下的生产运营管理决策 平台型企业、生态系统治理 不确定性与创业失败管理研究
技术驱动层面：新技术与企业管理融合重大问题	新技术条件下的企业战略管理理论 新技术赋能的会计与审计 金融科技背景下公司金融管理的变革与创新研究 互联网环境下的医疗资源配置与共享管理 人工智能赋能的服务营销

第 7 章　优先发展领域及科学问题示例

续表

分类	优先发展领域示例
制度环境层面：中国情境与实践的管理理论创新	不同所有制企业的共生协同 混合所有制改革背景下的企业财务管理 中国领先企业的创新模式与企业家精神 国家顶层战略与公司金融和财务决策的动态演化 具有中国特色的公司治理理论
国际发展层面：新兴国际化情境下的技术与战略问题	国际竞争格局中支持中国企业自主创新的宏微观金融政策 面对国际秩序调整的中国企业新型国际化战略 新兴市场企业国际化的基础理论 企业国际化的微观基础

2021 年《国民经济和社会发展第十四个五年规划和 2035 年远景目标》已经发布，基于文献研究和学术判断的优先发展领域如何更好地服务国家战略与企业需求，如何更好地体现习近平强调的"四个面向"，成为深入工作的重点。总体来看，凝练的优先发展领域与国民经济和社会发展战略重点高度吻合，从另一个角度也显示工商管理学科对国民经济和社会发展的重要作用，见图 7-5。

例如
互联网环境下的医疗资源配置与共享管理
营销方法的社会性应用与创新
数字技术的社会性应用和影响

　　　　　　共同振兴
　　　　　　乡村富裕

例如
可持续运营管理与供应链管理
可持续发展与绿色营销
社会创业的价值属性与行为机理
创业伦理与经济社会协同发展

双循环格局　　新技术情境　　可持续发展
价值链重构　　微观基础　　　绿色发展
　　　　　　理论创新

　　　　　　创新驱动
　　　　　　企业转型

例如
全球供应链管理
面对国际秩序调整的中国企业新型国际化战略
新兴市场企业国际化的基础理论

例如
基于数字技术的企业创新管理
金融科技背景下公司金融管理的变革与创新研究
关键核心技术创新机制与路径
不确定环境中的品牌国际化

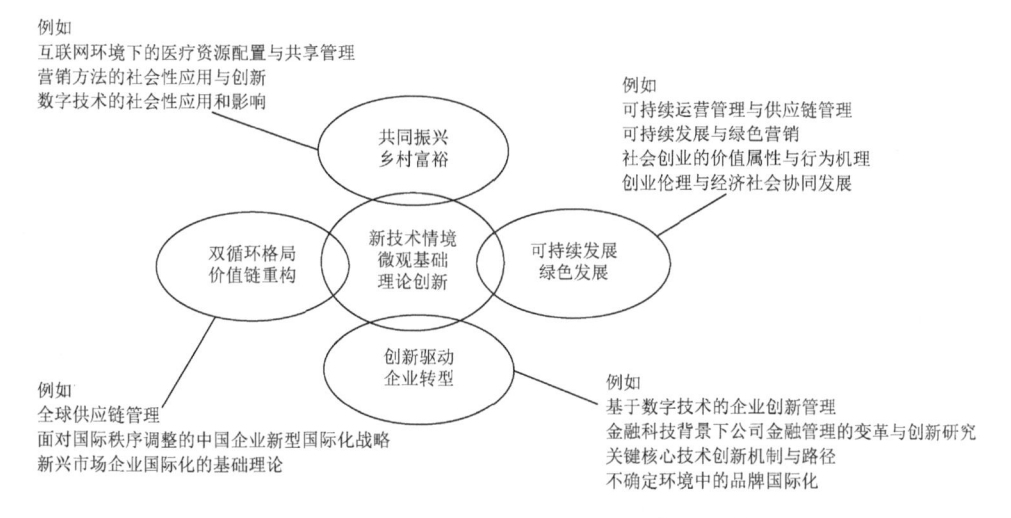

图 7-5　基于国民经济和社会发展需求的科学问题凝练

国家自然科学基金委员会尊重和鼓励科学家自由探索，特别鼓励开展原创性的科学研究，工商管理学科也是如此，国家自然科学基金委员会每年发布的项目指南对此体现得很明显。例如，工商管理（G02）发布的 2021 年项目指南用几百字介绍资助领域，概括介绍了基金申请和资助的总体趋势，略有重点是这段文字："2021 年度本学科将继续支持瞄准学科前沿科学问题、创新性强的研究选题，重视理论涌现和新知识发现与创造,优先支持综合运用科学方法、不同数据来源相互印证的前沿探索研究,重视能够开展实质性国际合作的研究。提倡科学精神,鼓励探索,优先支持基于中国企业实践的管理理论创新和研究范式变革的创新性研究"。指南通篇都是鼓励、支持,没有限制,没有具体的题目。对于重点项目,也只是标题和代码,不再有问题示例,相当于给自由探索设定一个大致的范围或框架,具体凝练什么科学问题,如何开展研究,由研究团队自己决定。2021年的重点项目指南包括两大方面 10 个领域,分别是:①国有企业改革基础理论方面的5 个领域,包括国有企业混合所有制改革机制(G0202)、国有企业管理层激励机制(G0204)、国有资本的并购重组理论(G0205)、国有企业的公司治理理论(G0212)、国有企业全球化与风险防控(G0214);②企业的数字化转型与管理方面的 5 个领域,包括后疫情时代的企业战略管理与数字化转型(G0201)、平台型企业的组织行为与人力资源(G0204)、数字经济下公司财务决策与资源配置效率(G0205)、技术赋能的商务信息管理和决策新范式(G0209)、平台经济的治理机制与价值共创(G0209)。同理,"工商管理学科发展战略及'十四五'发展规划研究"项目组凝练的优先发展领域更多是方向性建议,可作为国家自然科学基金委员会每年确定重点项目指南的参考,但不等同于具体的课题指南,对计划申请项目的学者来说也是如此。每年计划资助的项目只能以国家自然科学基金委员会发布的项目指南为准。

不管多么重视和依赖广大专家学者,也不管凝练工作有多么严谨,一个项目组不可能把未来几年的研究课题都规划得清清楚楚、一成不变,凝练工作过程、思路和框架比凝练的具体结果更加重要。优先资助领域是动态的,和组织要定期评估战略一样,分析思路和框架变化的程度要小很多。

新的工业革命、数智化浪潮、个性化定制、人机共生、数字孪生、疫情、元宇宙等,诸多事实都在显示人类社会进入一个巨变时代,习近平多年前敏锐地指出"百年未有之大变局"[①],巨变的幅度已经不能用 VUCA 来衡量,社会变革一定会带来管理和研究范式转变。在新的时空情境和新的学科平台基础上,工商管理学科面临的任务、目标相较"十三五"时期都会有不同。科学问题的凝练要从大处着手,要关注企业和国家需求,注重探索有助于学科建设发展的合适研究范式,鼓励研究方法多样性和针对具体问题的有效性。这对提升工商管理学科的科学性、让工商管理学科对经济社会发展发挥更加积极的作用和贡献十分必要,优先发展领域及科学问题凝练机制与整体框架研究能够发挥这样的作用。

---

① 《习近平同中非合作论坛前任和新任非方共同主席国元首共见记者时的讲话》,https://www.12371.cn/2018/09/05/ARTI1536099864843378.shtml[2018-09-05]。

第 8 章　国际（地区）合作与交流优先领域

国际（地区）合作与交流是提高我国学者学术水平和实现科研成果国际化的重要途径。根据现有经验，中国学者发表国际论文较多的领域，也是国际（地区）合作与交流活跃的领域。本章以 Web of Science 数据库中国内外学者合作发文和国家自然科学基金委员会资助的国际（地区）合作与交流项目为基础，对我国工商管理学科国际（地区）合作与交流的现状和发展态势进行分析，探索工商管理学科发展的重点领域，确定国际（地区）合作与交流的发展方向，进一步完善工商管理学科优先资助领域的管理工作。

8.1　国际（地区）合作与交流的现状

目前，科技产业变革为世界科技创新合作打开了新局面，国际（地区）合作与交流的广度和深度在不断拓展及深化。习近平在中国科学院第十九次院士大会、中国工程院第十四次院士大会上指出，"要深化国际科技交流合作，在更高起点上推进自主创新，主动布局和积极利用国际创新资源，努力构建合作共赢的伙伴关系"。[①]为此，国家自然科学基金委员会设立国际（地区）合作研究与交流项目，为国际（地区）合作与交流提供资金支持。截止到 2020 年 3 月，国家自然科学基金委员会与全球 50 多个国家（地区）签署了 97 项合作协议，这些合作协议凝聚了中外多国开展国际（地区）合作的共识。中国学者就学术研究在全球范围内开展国际（地区）合作与交流，并取得了显著成果。

为阐释工商管理学科国际（地区）合作现状，"工商管理学科发展战略及'十四五'发展规划研究"项目组选择创业管理、战略管理、电子商务和企业信息管理领域展开分析。创业管理有别于传统的管理，主要研究企业管理层的创业行为和企业管理层如何持续注入创业精神与创新活力，增强企业的战略管理柔性和竞争优势。战略管理为企业管理提供支持，有助于提高企业经济效益，降低企业经营过程中的多种风险。电子商务改变了传统商业模式，拓宽了运营管理的范畴，企业设计适合消费者行为规律的运营管理系统有利于企业经营管理水平的提升。企业信息管理关注数据与企业实践的映像关系，移动信息系统建设和数字化商务

[①]《习近平：在中国科学院第十九次院士大会、中国工程院第十四次院士大会上的讲话》，http://www.xinhuanet.com/politics/2018-05/28/c_1122901308.htm[2018-05-28].

的发展面临着新的机遇。创业管理、战略管理、电子商务和企业信息管理的研究问题都是关于企业/非营利组织管理活动规律及管理技术的科学，是工商管理学科交叉领域的主线，符合工商管理学科的研究规律，体现工商管理学科的科学属性和特征。创业管理、战略管理、电子商务和企业信息管理能够体现工商管理的学科属性。

"工商管理学科发展战略及'十四五'发展规划研究"项目组以创业管理、战略管理、电子商务和企业信息管理领域"十四五"战略规划中的英文期刊为主导，对 2014 年 1 月 1 日到 2019 年 12 月 31 日 Web of Science 数据库中上述期刊的相关论文数据进行分析。中国学者与其他国家（地区）学者在创业管理、战略管理、电子商务和企业信息管理领域合作发表的论文记为国际（地区）合作文献。由于电子商务和企业信息管理领域的英文期刊目录相同，此处将电子商务和企业信息管理进行汇总分析。通过对工商管理学科国际（地区）合作现状和态势进行分析，有助于识别国际（地区）合作中存在的问题和机遇。

8.1.1 国际（地区）合作发文数量统计

在创业管理领域，2014～2019 年中国学者国际（地区）合作发文情况，如图 8-1 所示。从国际（地区）合作发文数量上来看，创业管理领域的国际（地区）合作发文数量较少，2015～2017 年国际（地区）合作发文数量保持稳定，但是 2017～2019 年国际合作发文数量快速增长，2019 年国际（地区）合作发文数量比 2017 年增长了 40%，这说明国际（地区）合作程度不断提升，国际（地区）合作促进了中国学者在创业管理领域的研究水平。从国际（地区）合作发文占比来看，2014～2019 年创业管理领域国际（地区）合作发文占比低于 6%，这体现了我国在创业管理领域国际影响力有限。在战略管理领域，2014～2019 年中国学者国际（地区）合作发文情况，如图 8-2 所示。由图 8-2 可知，战略管理领域的国际（地区）合作发文数量少且增长速度相对较慢。2014～2017 年战略管理领域国际（地区）合作发文数量和占比不断增长，2017 年以后国际（地区）合作发文数量和占比下降，这可能说明国际期刊对论文的审查越来越严格，要求不断提升。

图 8-1 2014～2019 年创业管理领域国际（地区）合作发文数量及占比

图 8-2 2014～2019 年战略管理领域国际（地区）合作发文数量及占比

图 8-3 是电子商务与企业信息管理两个领域按照国际（地区）合作论文发表年份的汇总结果。从数量上看，与创业管理和战略管理领域类似，2014～2019 年中国学者在电子商务与企业信息管理领域的国际（地区）合作发文数量仍然较少，其中 2017 年和 2019 年发文量突破 100 篇。2014～2019 年电子商务与企业信息管理领域发文量占比介于 15%～27%，主要原因在于这些期刊涵盖了电子商务和企业信息管理两个领域。同时可以看出，我国学者越来越注重开展国际（地区）合作，并在学术上取得进步。

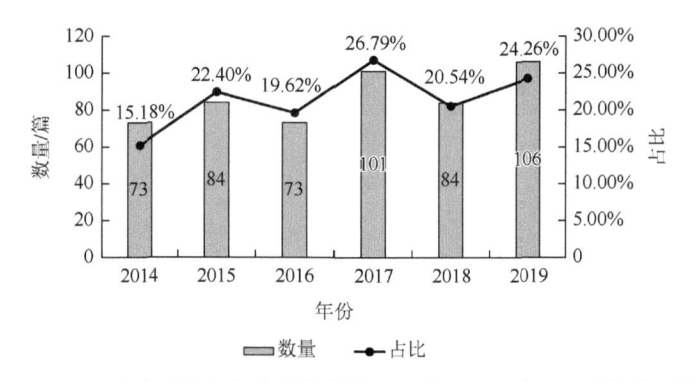

图 8-3 2014～2019 年电子商务与企业信息管理领域国际（地区）合作发文数量及占比

8.1.2 国际（地区）合作发文质量分析

发文期刊收录情况在一定程度上反映了论文质量，从表 8-1 可以看出，2014～2019 年创业管理领域国际（地区）合作的发文质量显著提升，其中 *Management Science* 的发文量达到 100 篇。创业管理领域的国际（地区）合作发文期刊有 6 个被 UTD 24 收录，发文数量排名前三的期刊分别是 *Management Science*（UTD 24）、*Asia Pacific Journal of Management* 和 *Strategic Management*

Journal（UTD 24），其中两个期刊被 UTD 24 收录。从表 8-2 可以发现，战略管理领域国际（地区）合作发文质量不断提高。*Strategic Management Journal*（UTD 24）、*Academy of Management Journal*（UTD 24）和 *Journal of International Business Studies*（UTD 24）是战略管理领域国际（地区）合作发文的主要期刊，都被 UTD 24 收录。这说明了我国创业管理领域和战略管理领域的学术成果被认可，其学术影响力和学术创新能力不断提升。

表 8-1　2014～2019 年创业管理领域国际（地区）合作在期刊的发文数量（单位：篇）

期刊名称	期刊收录	2014年	2015年	2016年	2017年	2018年	2019年	总计
Management Science	UTD 24	13	15	10	17	18	27	100
Asia Pacific Journal of Management	—	18	15	18	12	17	14	94
Strategic Management Journal	UTD 24	3	7	7	11	6	4	38
Journal of Management	—	3	4	4	5	8	11	35
Academy of Management Journal	UTD 24	4	6	5	4	5	5	29
Small Business Economics	—	2	3	4	1	1	12	23
Entrepreneurship Theory and Practice	—	2	7	2	3	4	4	22
Mit Sloan Management Review	—	1	3	2	4	3	1	14
Journal of Business Venturing	—	0	1	2	3	2	3	11
Journal of Small Business Management	—	2	0	1	1	3	3	10
Journal of Management Studies	—	1	1	2	1	2	2	9
Organization Science	UTD 24	2	1	5	0	1	0	9
Entrepreneurship and Regional Development	—	0	1	2	0	2	1	6
Organization Studies	—	1	0	0	2	1	2	6
Academy of Management Review	UTD 24	1	0	0	0	1	2	4
Harvard Business Review	—	3	1	0	0	0	0	4
Administrative Science Quarterly	UTD 24	1	0	0	1	1	0	3
Strategic Entrepreneurship Journal	—	1	0	1	0	0	0	2

表 8-2　2014～2019 年战略管理领域国际（地区）合作在期刊的发文数量（单位：篇）

期刊名称	期刊收录	2014年	2015年	2016年	2017年	2018年	2019年	总计
Strategic Management Journal	UTD 24	8	10	13	17	13	9	70
Academy of Management Journal	UTD 24	6	10	12	17	10	9	64

续表

期刊名称	期刊收录	2014年	2015年	2016年	2017年	2018年	2019年	总计
Journal of International Business Studies	UTD 24	9	7	9	12	11	14	62
Journal of Management	—	7	7	6	9	9	15	53
Journal of World Business	—	10	9	9	10	9	6	53
Journal of Marketing	UTD 24	6	5	4	4	6	3	28
Entrepreneurship Theory and Practice	—	2	7	2	3	4	4	22
Journal of Operations Management	UTD 24	4	2	8	2	1	3	20
Journal of Business Venturing	—	1	3	2	4	2	3	15
Journal of Management Studies	—	1	3	2	1	3	2	12
Organization Studies	—	2	0	1	2	2	2	9
Administrative Science Quarterly	UTD 24	1	0	0	2	2	2	7
Academy of Management Review	UTD 24	2	0	0	0	2	2	6
Strategic Entrepreneurship Journal	—	1	0	1	2	0	1	5

从表8-3可以看出，2014～2019年电子商务与企业信息管理领域国际（地区）合作发文主要集中在 Information & Management 和 Decision Support Systems 两个期刊。其中 Information & Management 期刊的发文数量最多，多达140篇，Decision Support Systems 次之，有106篇。但是，电子商务与企业信息管理领域国际（地区）合作发文期刊较少被 UTD 24 收录，这说明电子商务与企业信息管理领域的国际（地区）合作有待深入开展，反映了工商管理学科分支领域的国际（地区）合作状况差异较大。

表8-3 2014～2019年电子商务与企业信息管理领域国际（地区）合作在期刊的发文数量
（单位：篇）

期刊名称	期刊收录	2014年	2015年	2016年	2017年	2018年	2019年	总计
Information & Management	—	20	24	26	21	25	24	140
Decision Support Systems	—	26	14	16	20	10	20	106
Journal of Management Information Systems	—	8	12	8	14	10	14	66
Information Systems Research	UTD 24	5	12	7	15	4	20	63
MIS Quarterly	UTD 24	5	7	4	16	11	11	54
Journal of the Association for Information Systems	—	2	6	5	4	10	7	34
Information Systems Journal	—	1	3	3	5	10	8	30

续表

期刊名称	期刊收录	2014年	2015年	2016年	2017年	2018年	2019年	总计
European Journal of Information Systems	—	4	5	2	5	1	1	18
Journal of Strategic Information Systems	—	2	1	2	1	3	1	10

在国际（地区）合作发文分析的基础上，将2014~2019年中国学者在创业管理、战略管理、电子商务与企业信息管理领域的独立发文情况考虑进来。通过对比分析，从国际（地区）合作发文数量的角度全面剖析国际（地区）合作的情况。如图8-4~图8-6所示，创业管理、战略管理、电子商务与企业信息管理领域国际（地区）合作发文数量总体增加，但是中国学者独立发文数量很少，其中独立发文被UTD 24期刊收录得更少。由此看来，国际（地区）合作促进了论文数量和质量的提升，同时表明创业管理、战略管理、电子商务与企业信息管理领域在开展国际（地区）合作过程中提高了我国学者的学术水平。

图8-4 创业管理领域国际（地区）合作发文与独立发文对比

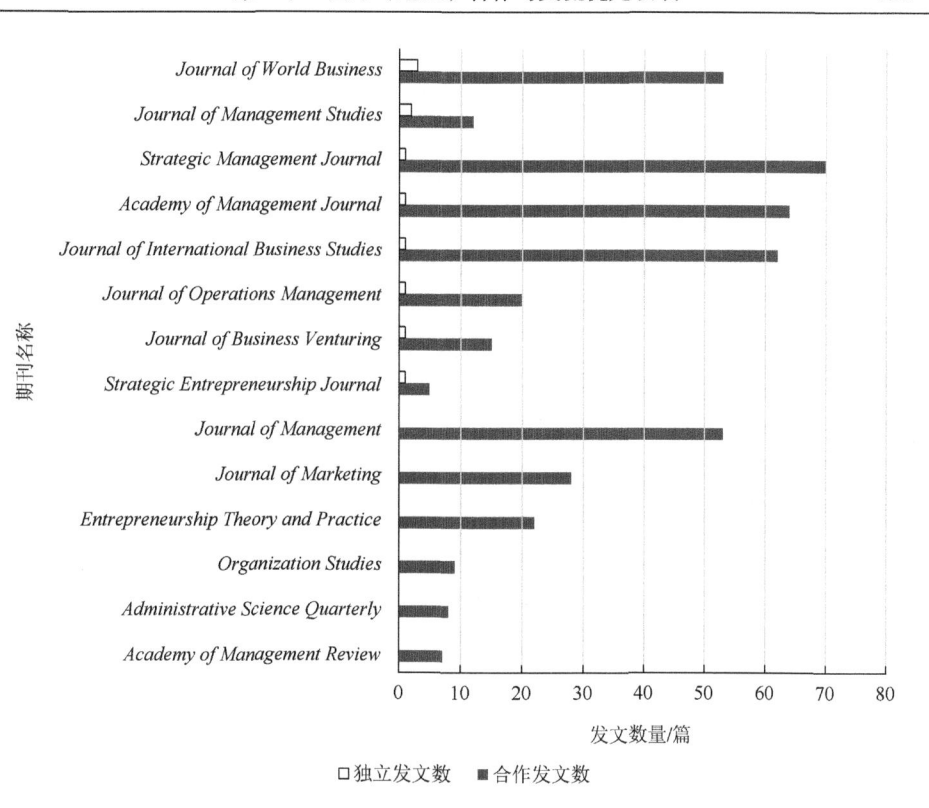

图 8-5 战略管理领域国际（地区）合作发文与独立发文对比

图 8-6 电子商务与企业信息管理领域国际（地区）合作发文与独立发文对比

8.2 国际合作的国家（地区）分析

为了进一步分析 2014～2019 年创业管理、战略管理、电子商务与企业信息管理领域在全球开展国际（地区）合作情况，本节对这几个领域英文期刊国际合作发文作者所在的国家（地区）数据进行收集整理。

图 8-7～图 8-9 分别给出了创业管理、战略管理、电子商务与企业信息管理领域国际（地区）合作的国家（地区）次数为 10 次及以上的统计结果。国际（地区）合作主要集中的国家（地区）是美国、中国香港、英国、加拿大、澳大利亚和新加坡。中国与美国合作次数最多，分别是 461 次、510 次和 506 次；中国内地与中国香港的合作次数次之，分别为 98 次、241 次和 325 次。2014～2019 年，中国学者与美国开展的国际合作次数远远高于中国内地与中国香港开展的国际合作次数。中国与荷兰、韩国等世界上多个国家（地区）开展了国际（地区）合作（图 8-7～图 8-9），国际（地区）合作的广度不断拓展，但是国际（地区）合作的次数低，程度不均衡。同时，这体现了我国创业管理、战略管理、电子商务与企业信息管理领域还未进入引领国际科技创新的阶段。

从图 8-7～图 8-9 可以分析出，以国家（地区）为国际（地区）合作发文统计单位，中国与美国之间的合作次数远远超过其他国家（地区），主要在于美国的创业管理、战略管理、电子商务与企业信息管理领域的科技创新能力突出，且多数期刊主编和审稿人、期刊出版地和编辑部隶属于美国，这还反映了中国学者重视与美国学者合作。中国学者与英国、加拿大、澳大利亚和新加坡的国际（地区）合作相对活跃，原因在于这些国家的官方语言都是英语，交流上语言障碍少，并且重视学术研究。

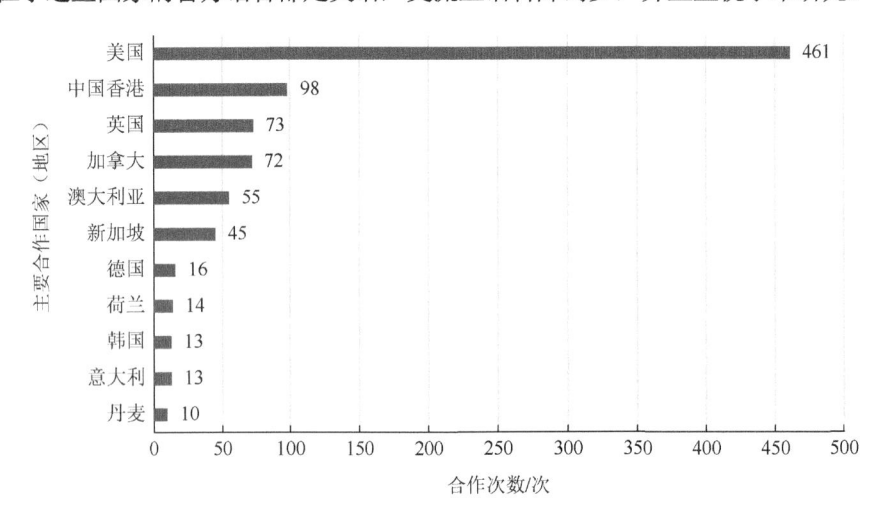

图 8-7 创业管理领域国际（地区）合作次数统计

第8章 国际（地区）合作与交流优先领域

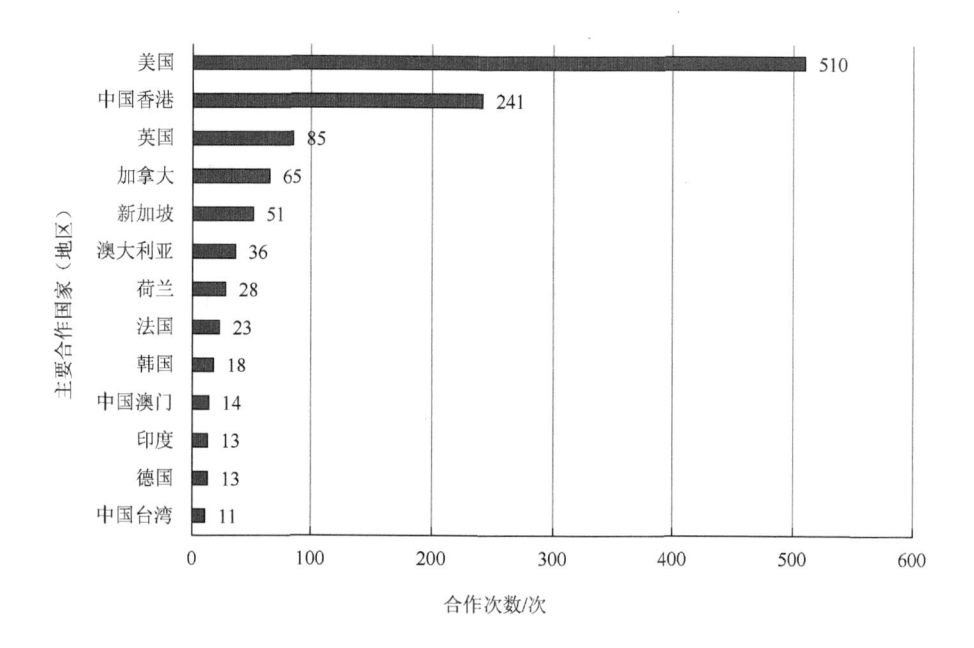

图 8-8 战略管理领域国际（地区）合作次数统计

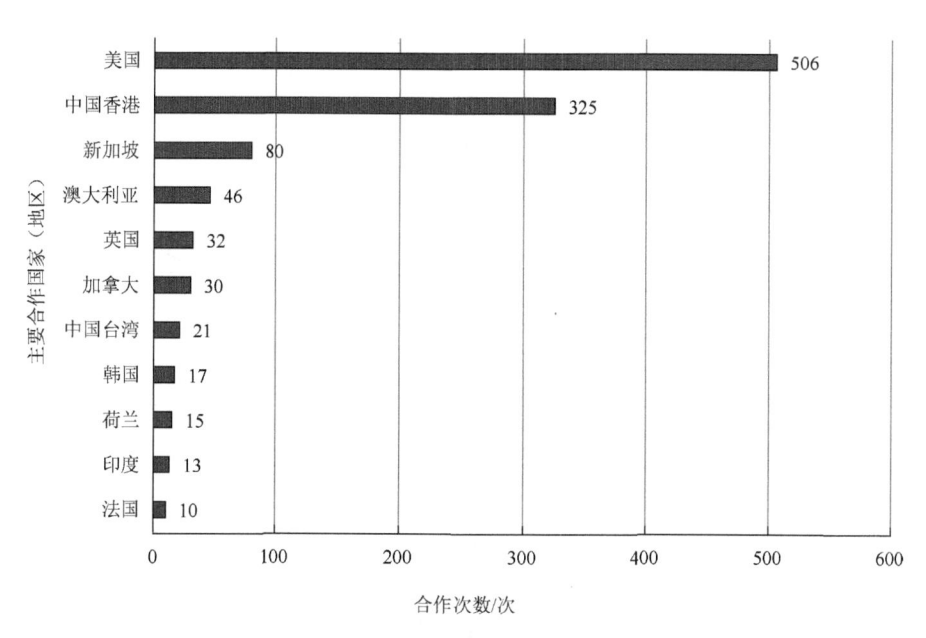

图 8-9 电子商务与企业信息管理领域国际（地区）合作次数统计

8.3 国家自然科学基金资助国际（地区）合作分析

8.3.1 国家自然科学基金资助国际（地区）合作发文情况

通过对 2014~2019 年创业管理、战略管理、电子商务与企业信息管理领域的国际（地区）合作发文进行分析，本节探索国家自然科学基金项目对工商管理学科国际（地区）合作的促进作用，指出国际（地区）合作中"质"与"量"的双重转变。

从图 8-10 可以看出，国家自然科学基金对国际（地区）合作成果产出有积极作用。如图 8-10 所示，2014~2019 年，创业管理和战略管理领域得到国家自然科学基金资助的国际（地区）合作发文数量总体增加且增速较快。其中，创业管理领域 2014 年只有 4 篇国际（地区）合作论文得到国家自然科学基金资助，到 2019 年就有 46 篇国际（地区）合作论文得到资助，是 2014 年的 11.5 倍；战略管理领域 2014 年只有 2 篇国际（地区）合作论文得到国家自然科学基金资助，2019 年增加到 25 篇。2014~2019 年，电子商务与企业信息管理领域得到国家自然科学基金资助的国际（地区）合作论文数量相对最多，其中 2017 年和 2019 年的国际（地区）合作论文数量均突破 50 篇。这说明国家自然科学基金促进了国际（地区）合作与交流，在国家自然科学基金的资助下，国际（地区）合作的热度持续增加。

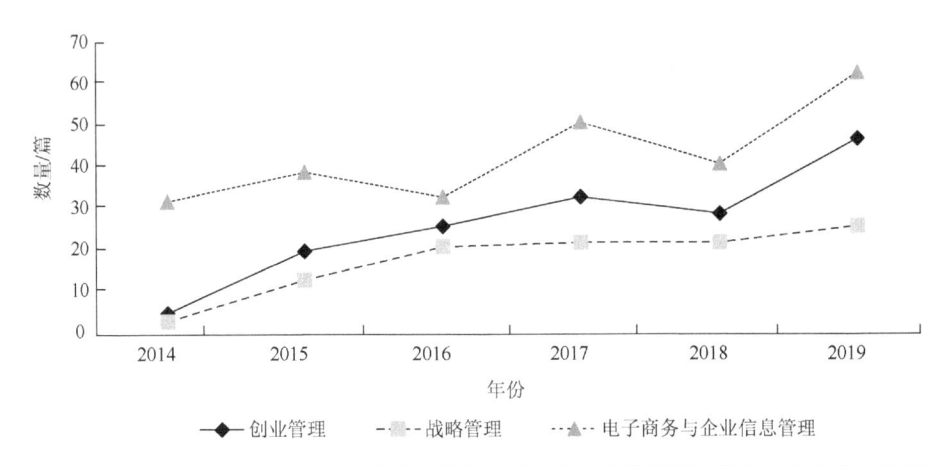

图 8-10　2014~2019 年国家自然科学基金委员会资助的国际（地区）合作发文数量

8.3.2 国际（地区）合作研究与交流项目分析

工商管理学科一直以来重视国家自然科学基金委员会对国际（地区）合作研

究与交流项目的资助。国际（地区）合作研究与交流项目用于资助科学技术人员立足国际前沿，利用国际科技资源开展实质性国际（地区）合作研究和学术交流，提高了我国科技创新的影响力和国际竞争力。国际（地区）合作研究与交流项目涉及中国与多个国家（地区）之间的广泛合作。工商管理学科是国际（地区）合作研究与交流项目资助的领域之一。通过对2010~2019年工商管理学科国际（地区）合作研究与交流项目［包括重点国际（地区）合作研究项目、组织间国际（地区）合作研究与交流项目和外国青年学者研究基金项目］数据进行分析，得出的结论用于指导工商管理学科国际（地区）合作和学术交流。

从图8-11和表8-4可以看出，2010~2019年工商管理学科资助国际（地区）合作研究与交流项目数量较少。虽然工商管理学科每年都资助国际（地区）合作研究与交流项目，但是国际（地区）合作研究与交流项目不同年份的资助金额差别较大，主要原因在于不同类型国际（地区）合作研究与交流项目的资助金额差别较大。这些资助项目在工商管理各个分支学科领域分布不均衡，其中，人力资源管理（G0204）、财务管理（G0205）、市场营销（G0207）获得资助的项目数量最多，而组织理论与组织行为（G0202）、会计与审计（G0206）、生产与质量管理（G0208）、项目管理（G0212）在这10年间没有获得资助。

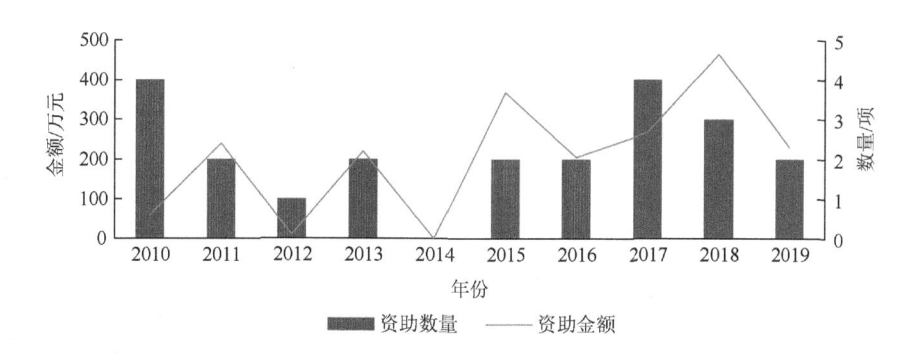

图 8-11 2010~2019年工商管理学科国际（地区）合作研究与交流项目资助数量和金额

表 8-4 2010~2019年工商管理学科国际(地区)合作研究与交流项目分领域资助数量（单位：项）

申请代码	2010年	2011年	2012年	2013年	2014年	2015年	2016年	2017年	2018年	2019年	总计
G02	0	0	0	0	0	0	0	1	0	0	1
G0201	1	0	0	0	0	0	0	0	0	0	1
G0203	0	0	0	1	0	0	0	0	0	0	1
G0204	1	0	0	0	0	0	0	1	0	1	3
G0205	2	0	1	0	0	0	0	0	0	0	3
G0207	0	0	0	0	0	0	0	3	0	0	3

续表

申请代码	2010年	2011年	2012年	2013年	2014年	2015年	2016年	2017年	2018年	2019年	总计
G0209	0	0	0	0	0	2	0	0	0	0	2
G0210	0	0	0	0	0	0	0	0	1	0	1
G0211	0	1	0	1	0	0	0	0	0	0	2
G0213	0	0	0	0	0	0	0	0	1	0	1
G0214	0	0	0	0	0	0	0	0	1	1	2
G0215	0	1	0	0	0	0	1	0	0	0	2

从表8-5中获批国际（地区）合作研究与交流项目团队成员的信息统计可知，在2010~2019年工商管理学科国际（地区）合作研究与交流项目团队中，港澳台及海外学者合计45人次参与，共有8个国家（地区），其中，美国最多，高达24人次，其次是中国香港，达到6人次。国际（地区）合作研究与交流项目团队成员与创业管理、战略管理、电子商务与企业信息管理领域国际（地区）合作发文作者的国家（地区）保持一致，都集中在美国和中国香港，这说明工商管理学科重视与美国学者的合作；中国香港由于地理位置优势，中国内地学者到中国香港访问和交流的人数较多，开展合作的驱动力比较强。

表8-5 2010~2019年工商管理学科国际（地区）合作研究与交流项目的团队成员信息统计

（单位：人次）

国家（地区）	2010年	2011年	2013年	2015年	2016年	2017年	2018年	2019年	总计
美国	0	4	1	6	3	6	1	3	24
中国香港	3	0	1	1	0	0	1	0	6
新加坡	0	0	1	0	0	0	4	1	6
英国	0	3	0	0	0	0	1	0	4
加拿大	0	0	0	0	1	0	1	0	2
比利时	0	0	0	0	0	0	0	1	1
德国	0	1	0	0	0	0	0	0	1
日本	0	0	0	0	0	0	1	0	1

8.4 国际（地区）合作与交流中的问题和努力方向

8.4.1 国际（地区）合作与交流的问题和不足

基于上述分析，结合学科发展战略和发展目标，我国工商管理学者在国际（地区）合作研究和交流方面存在的问题与不足，可以归纳为以下几方面。

（1）国际引领性的工作还存在不足。近年来，工商管理学科国际合作与交流不断增强，通过中国和全球多个国家（地区）的合作与交流，发现与世界科技创新强国的成果相比，我国国际引领性成果较少，国际（地区）合作与交流集中在美国和中国香港，与其他国家（地区）的合作较少，国际（地区）合作与交流水平还有很大的提升空间。

（2）中国实践的原创管理理论在国际上还未取得显著影响。现有的工商管理理论主要是建立在西方体制、文化和实践活动基础上，基于中国特色、具有普适性的工商管理理论、支持中国管理实践的基础理论创新发展仍然不足。

（3）中国科学家主导的国际性工商管理学科研究计划欠缺。系统性的研究数据收集和积累、中国管理创新和经济发展中的重要事实梳理等细致扎实的基础工作及支持原创理论探索需求之间存在不平衡。中国科学家主导的研究成果缺乏工商管理学科特性、全球性和研究方法的认知，国际引领性工作尚未形成系统。

（4）合作者的国际文化多元性、学科多元性不完善；交叉学科的视野不开阔和方法手段尚不成熟。从工商管理学科国际（地区）合作与交流的空间格局中可以发现，国际（地区）合作与交流在各国分布不均衡，没有呈现多元鼎立的局面。

（5）不太习惯于站在全球视角看待中国企业管理实践的本质性和规律性。在全球范围内，深入中国管理实践并从中寻求工商管理科学问题的呼声不断高涨，但是还没有完全落实到中国管理实践行动中形成"学术习惯"。

（6）中国没有形成具有国际影响力的工商管理学术中心。工商管理学科有别于其他学科，在顶天-立地、严谨性-相关性、普适性-本土化等角度存在认知差异；研究者顾及职业风险对需要长期探索、结果不确定性很高的研究问题不太愿意触碰；此外，国家自然科学基金委员会在资源工具类、稳定长期资助、多元国别合作等方面存在项目类型设置缺陷、不同资助渠道定位的冲突问题，在面对全球/区域重大战略决策、企业重大决策时缺乏学术共同体研究这些问题，由此导致建设学术中心的资源不足。

8.4.2 国际（地区）合作与交流的努力方向

随着全球化知识体系的发展，工商管理学科的复杂性和学科交叉性不断提升，国际（地区）合作与交流成为各国开展科学研究的必然选择。随着工商管理学科影响力不断扩大，国际（地区）合作与交流日益深化，向着更高水平和多元化形式发展，已经成为科技创新活动的常态。工商管理学科在国际（地区）合作与交流中提升了中国在全球的影响力，推动中国工商管理走向世界舞台。工商管理学科要充分发挥国际（地区）合作与交流的作用，加强国际（地区）合作与交流能力，推进开放合作。

我国工商管理学科国际（地区）合作与交流值得在以下几方面努力，实现转变。

（1）从追随合作、平等合作到引领合作的转变。经历了四十多年的改革开放，中国取得了举世瞩目的经济和社会发展成就，中国管理实践也在摸索中逐步发展壮大。对于这些成功的经验，工商管理学科需要逐步发展出具有中国特色的理论学派，提高国际学术地位和话语权，转变过往工商管理学科研究追随者的角色。通过管理实践创新和理论学派发展，吸引更多优秀的科学家参与到具有中国属性的工商管理问题研究中，为世界输出更多的中国科学管理智慧和方案。我国工商管理学科随着改革开放逐渐起步、发展和壮大，早期受研究环境的约束，学科发展只能采取追随研究的策略。进入21世纪，随着信息技术的发展和经济水平的提高，工商管理学科有了越来越多的国际（地区）合作与交流机会，也更快地接触到新的管理思想和案例，由一般追随者转变为快速追随者。近年来，越来越多的中国本土企业依靠商业模式创新在国际市场取得了巨大成功，工商管理学科也要逐步从快速追随者转变为创新引领者，为国家战略和企业保持创新优势提供管理学理论思想。

（2）从研究国外企业案例到研究国内企业案例的转变。近些年，中国企业尤其是民营企业发展迅速，在多个领域取得了明显的商业优势地位，独角兽企业也纷纷涌现。目前，在国际舞台具有优势地位的中国企业主要集中在平台型企业、服务型企业和高新技术企业等，这些企业的成功主要源于商业模式创新和科学技术优势。中国企业的成功为工商管理学科提供了丰富的研究案例，国内外工商管理学者基于中国的成功案例也展开了丰富的研究。但与此同时，工商管理学科对于中国环境/情境的企业管理问题研究还没有形成较为统一的体系，针对中国案例的研究还有广阔的空间。因此，在工商管理学科的国际（地区）合作与交流上，越来越多的学者将针对中国问题、中国案例展开合作研究。

（3）从"请进来"发展到"走出去"的转变。与早期中国企业的发展情形类似，工商管理学科还处在寻求合作伙伴的"请进来"阶段，全球合作伙伴的分布很不均衡，国际（地区）合作与交流的布局有待优化。随着中国企业技术和管理水平的提升，其对外开放步伐逐渐加快、国际地位迅速提升，对工商管理学科"走出去"国际（地区）合作与交流的要求愈加严格。在"走出去"的阶段，工商管理学科要瞄准主要方向，搭建好多边国际（地区）合作与交流平台，致力于学术培养交流，加强产学研合作，为中国企业"走出去"提供全球化人才和国际化管理水平。

8.5 优先资助领域分析与建议

"十四五"期间，工商管理学科应在"十三五"已有的研究基础上，继续加大力度资助科技人员立足国际科学前沿，系统深化国际（地区）合作与交流。

8.5.1 优先资助原则

（1）继续服务国家战略需求。工商管理学科要加强与国外优势学科、特色学科、基础平台和数据资源机制完善的研究机构进行国际（地区）合作与交流，推进学科基础平台建设和数据资源共享，扩展学科特性认知的范畴，深化学科发展战略研究，提升站位，服务于中国管理实践重大需求和企业重大决策。

（2）继续发展优势合作领域。针对工商管理学科国内外已经开展国际（地区）合作与交流的科研机构/团队，国家自然科学基金委员会持续资助国内已有较好合作基础和积累的团队与国外优势学科团队的国际（地区）合作及交流，积极探索国际（地区）合作多元化类型，推动国内优势学科建设新型合作交流平台，推进深度国际（地区）合作与交流，有利于工商管理学科建设与国际接轨。

（3）加大力度支持工商管理学科的基础积累。国外不少科研机构/团队、企业的科学技术人员在工商管理学科领域期刊发表了高质量的论文，而国内工商管理学科基础较薄弱。国家自然科学基金委员会大力支持系统性的数据收集积累、中国管理创新和经济发展中的重要事实梳理等基础性研究工作的开展，减少原创理论与国家需求不平衡的程度。

（4）重视科研队伍培养和建设。针对国外发文数量多，但是国内发文少、几乎没有国际（地区）合作与交流的工商管理学科分支领域，国家自然科学基金委员会支持具有国际水准的科研队伍建设，提供不同国别、长期稳定的资助，促进不同层次、不同研究方向的科研队伍建设。

（5）加强工商管理学科领域内变革性的交叉科学研究。制度变迁、国际竞争等因素影响了企业管理和技术创新，然而工商管理学科的研究内容、方法和视角不能跟上时代变化。国际（地区）合作与交流是开展国际化视野、国际文化多元性、学科多元化等交叉性研究的重要渠道。

8.5.2 优先资助领域建议

1. 大力推进工商管理学科基础平台建设和数据资源共建共享

在工商管理学科领域，结合学科领域的基础科学问题，联合设计，在整体的研究方案基础上各自建设，在合作研究中保持各自的特色与品牌。推动建设工商管理学者与实务界的对话与合作机制，创造新型合作交流平台，推进工商管理深度国际（地区）合作与交流。

2. 合作解决人类发展中的管理问题

从企业技术创新、中国企业实践、中国企业的全球化格局、企业社会责任与人类发展的角度，关注企业管理活动主体及其交互行为、企业管理活动环境/情景、企业管理活动的内容和目标，探索企业复杂管理活动新规律。

3. 企业的数字化转型与管理

数字化转型是全球话题，各国企业也都在积极行动。围绕企业数字化转型与管理，可以使合作的多方共同获益。具体问题可以包括企业的数字化转型模式与战略、数字时代的企业组织变革、数据智能驱动的运营管理、数字技术下的营销管理与创新、数字时代的协同创新管理、平台型企业管理及其生态治理、数字时代的创业管理。

4. 中国情境的企业管理

前面的分析显示，中国情境的管理问题、中国企业的管理实践已经引起海外学者越来越强的关注，这是开展国际（地区）合作的有利条件。针对中国情境的管理问题研究，国际（地区）合作不应局限于邀请海外学者强化研究力量，而是合作研究中国的企业管理实践，为国际学术界做出贡献。该领域研究问题会有很多，如中国企业组织演进及管理制度变迁、基于中国实践的企业制度和组织管理、市场-政府双重驱动下的企业管理、不同所有制企业及其产权多元化演化与企业管理、中国情境和文化要素对企业管理的作用机制。

5. 国际秩序演化下的中国企业全球化

该领域研究的问题包括国际秩序演化条件下的国际商务新理论、中国企业全球合作网络生态重构、中国企业国际化战略与组织变革、中国企业产业链布局和运营转型、中国企业全球创新战略重构。

附 录

附录 1 国家自然科学基金委员会管理科学部工商管理发展战略与"十四五"优先资助领域遴选研究问卷调查

尊敬的专家,您好!

  根据国家自然科学基金委员会的部署,各科学部在 2019 年全面开展科学发展战略与"十四五"优先资助领域遴选研究工作,《工商管理学科发展战略与"十四五"优先资助领域遴选研究》制定是这一工作的重要组成部分。制定学科发展战略,特别是遴选资助计划的优先领域,需要汇聚海内外从事工商管理学科研究的管理学家的意见与建议,力求落实践行国家自然科学基金委员会"原创、前沿、需求、交叉"的新资助导向。为此,我们设计了本调查问卷,意在听取您对您所从事的工商管理分支学科或领域方向的研究现状及"十四五"优先资助领域的意见和建议,并对我国工商管理科学的发展提出建议,为制定学科发展战略和"十四五"优先资助领域提供科学的参考依据。

  本问卷包含三部分内容。一是您的基本信息与研究领域(问题 1~8);二是您所从事的工商管理分支学科与领域的发展态势及四类重点研究课题(前沿问题、面向国家重大需求的问题、交叉学科问题、基于中国管理实践的创新问题)(问题 9);三是您对工商管理学科发展战略相关问题的洞见(问题 10~15),旨在聚百家之见以寻找或发现未来五年我国管理学者需要关注的重大基础理论、方法与技术的创新方向及实践需求问题,并为工商管理学科健康发展和进一步优化资助政策建言献策。

  我们真诚地希望您能够拨冗完整填写问卷。在此,我们衷心感谢您对国家自然科学基金委员会工作长期的支持、理解和关心!

  致礼!

国家自然科学基金委员会
管理科学部
2019 年 9 月 15 日

重要填写说明

  您在填写问题 8~10 时,请您站在分支学科或领域方向立场填写;您在填写问题 11~15 时,请您站在工商管理学科的立场填写。

工商管理学科

1. 专家承担过的自然科学基金项目类型（至少选择一项，不限项多选题）：
   □青年科学基金项目　□面上项目　□优秀青年科学基金项目
   □国家杰出青年科学基金项目　□重点项目　□国际合作项目
   □重大项目　□创新研究群体项目　□没有承担过项目

2. 专家性别：□男　□女

3. 专家年龄：

4. 工作单位：

5. 专家学缘：□海外取得博士学位　□国内取得博士学位

6. 专家在哪一年取得博士学位：

7. 研究领域（至少选择一个领域；至多选择三个领域；按熟悉程度排序题）：
   □战略管理　□组织理论与组织行为　□企业技术管理与创新管理
   □人力资源管理　□市场营销　□财务管理
   □会计与审计　□生产与质量管理　□企业信息管理
   □电子商务　□运营管理　□项目管理
   □创业管理　□国际商务与跨文化管理

8. 您从事该领域研究的年限（逻辑题，与第7题相关联，若选择多领域，分别填写各领域年限）：

9. 学科发展现状与建议［逻辑题，与第7题相关联，与填写领域相对应；在设计网络问卷时，"专业熟悉程度"一列，请专家在以下五类中选择：5（很熟悉，长期从事本领域研究）；4（较熟悉，近期或曾经从事本领域研究）；3（一般了解，涉猎本领域文献）；2（不太了解，接触过相关文献或刚刚涉足）；1（不了解，极少接触）］：

（1）战略管理

备选重点领域方向（主要指学科领域方向、框架与内涵、关注视角范围等）	专业熟悉程度	国际研究热度				国内研究热度				国内研究水平（实力）			
		高	中	低	不清楚	高	中	低	不清楚	强	一般	弱	不清楚
①创新													
②国际化													
③联盟与网络													
④知识管理													
⑤公司治理													

续表

备选重点领域方向（主要指学科领域方向、框架与内涵、关注视角范围等）	专业熟悉程度	国际研究热度				国内研究热度				国内研究水平（实力）			
		高	中	低	不清楚	高	中	低	不清楚	强	一般	弱	不清楚
⑥资源与能力													
⑦绩效管理													
⑧中国情境													
⑨多元化与并购													
⑩创业													
⑪战略变革													
⑫非市场战略													
⑬社会责任与利益相关者													
其他领域方向请填加													

您认为基于学科前沿最应关注的重点研究课题（最多填3个）	请简述理由（基于学科前沿的重点研究课题是指能推动学科发展、有望做出创新性成果并产生一定国际影响的前沿科学问题）
1.	
2.	
3.	

您认为基于国家需求最应关注的重点研究课题（最多填3个）	请简述理由（基于国家需求的重点研究课题是指围绕经济建设、社会发展、改革开放和提升我国综合竞争力所亟须解决并有可能解决的一些重大管理理论与应用研究课题。在"十四五"期间，可以参考的角度包括创新驱动发展、新型国际化、"卡脖子"技术突破、协调发展等）
1.	
2.	
3.	

您认为与其他学科的重要交叉领域、方向及课题（最多填3个）	请简述理由[交叉可以涉及领域、领域方向或研究课题不同层面，并跨越工商管理各领域间（如本问卷第7题中不同研究领域）、管理学各学科间（如与管理科学与工程、公共管理、经济管理等学科），以及学科体系各门类间（如与心理、信息、数理、工程、医学等学科门类）]
1.	
2.	
3.	

您认为基于中国特色的管理实践的创新研究最应关注的重点问题（最多填3个）	请简述理由（基于中国管理实践的创新研究最应关注的重点问题是指探索有中国特色的管理理论与规律的科学问题，对这一问题的理论研究有助于丰富和发展管理理论。可以参考的角度包括中国情境与特点、中国企业实践与经济发展、中国与世界等）
1.	
2.	
3.	

（2）组织理论与组织行为

备选重点领域方向 （主要指学科领域方向、框架与内涵、关注视角范围等）	专业熟悉程度	国际研究热度 高	中	低	不清楚	国内研究热度 高	中	低	不清楚	国内研究水平（实力）强	一般	弱	不清楚
①个体心理与动机													
②身份与认同机制													
③员工主动性行为													
④恶性组织行为													
⑤工作团队与管理													
⑥领导与追随													
⑦冲突与谈判													
⑧团队与组织氛围													
⑨组织学习与变革管理													
⑩组织文化													
⑪创新与创造力													
⑫公平													
⑬组织网络													
⑭组织过程（理论）													
⑮工作关系													
⑯企业与产权及制度理论													
⑰企业边界与交易成本													
⑱公司治理													
⑲企业与产业组织/政策													
⑳信息/合同理论与企业													
其他领域方向请填加													
您认为基于学科前沿最应关注的重点研究课题（最多填3个）	请简述理由 （基于学科前沿的重点研究课题是指能推动学科发展、有望做出创新性成果并产生一定国际影响的前沿科学问题）												
1.													
2.													
3.													
您认为基于国家需求最应关注的重点研究课题（最多填3个）	请简述理由 （基于国家需求的重点研究课题是指围绕经济建设、社会发展、改革开放和提升我国综合竞争力所亟须解决并有可能解决的一些重大管理理论与应用研究课题。在"十四五"期间，可以参考的角度包括创新驱动发展、新型国际化、"卡脖子"技术突破、协调发展等）												
1.													

附　录

续表

备选重点领域方向 （主要指学科领域方向、框架与内涵、关注视角范围等）	专业熟悉程度	国际研究热度				国内研究热度				国内研究水平（实力）			
		高	中	低	不清楚	高	中	低	不清楚	强	一般	弱	不清楚
2.													
3.													
您认为与其他学科的重要交叉领域、方向及课题（最多填3个）	请简述理由 [交叉可以涉及领域、领域方向或研究课题不同层面，并跨越工商管理各领域间（如本问卷第7题中不同研究领域）、管理学各学科间（如与管理科学与工程、公共管理、经济管理等学科），以及学科体系各门类间（如与心理、信息、数理、工程、医学等学科门类）]											
1.													
2.													
3.													
您认为基于中国特色的管理实践的创新研究最应关注的重点问题（最多填3个）	请简述理由 （基于中国管理实践的创新研究最应关注的重点问题是指探索有中国特色的管理理论与规律的科学问题，对这一问题的理论研究有助于丰富和发展管理理论。可以参考的角度包括中国情境与特点、中国企业实践与经济发展、中国与世界等）											
1.													
2.													
3.													

（3）企业技术管理与创新管理

备选重点领域方向 （主要指学科领域方向、框架与内涵、关注视角范围等）	专业熟悉程度	国际研究热度				国内研究热度				国内研究水平（实力）			
		高	中	低	不清楚	高	中	低	不清楚	强	一般	弱	不清楚
①产品要素													
②公司战略要素													
③创新流程要素													
④市场环境要素													
⑤组织要素													
⑥创新扩散与技术的开发、实施和使用													
⑦技术发展轨迹													
⑧智力资本													
⑨技术项目管理													
⑩技术专业人员的行为和特征													

续表

备选重点领域方向 （主要指学科领域方向、框架与内涵、关注视角范围等）	专业熟悉程度	国际研究热度				国内研究热度				国内研究水平（实力）			
		高	中	低	不清楚	高	中	低	不清楚	强	一般	弱	不清楚
⑪技术预测与政策													
⑫信息技术													
⑬新技术对组织形式和电子商务的影响													
⑭创新类型和网络													
其他领域方向请填加													

您认为基于学科前沿最应关注的重点研究课题（最多填3个）	请简述理由 （基于学科前沿的重点研究课题是指能推动学科发展、有望做出创新性成果并产生一定国际影响的前沿科学问题）
1.	
2.	
3.	
您认为基于国家需求最应关注的重点研究课题（最多填3个）	请简述理由 （基于国家需求的重点研究课题是指围绕经济建设、社会发展、改革开放和提升我国综合竞争力所亟须解决并有可能解决的一些重大管理理论与应用研究课题。在"十四五"期间，可以参考的角度包括创新驱动发展、新型国际化、"卡脖子"技术突破、协调发展等）
1.	
2.	
3.	
您认为与其他学科的重要交叉领域、方向及课题（最多填3个）	请简述理由 [交叉可以涉及领域、领域方向或研究课题不同层面，并跨越工商管理各领域间（如本问卷第7题中不同研究领域）、管理学各学科间（如与管理科学与工程、公共管理、经济管理等学科），以及学科体系各门类间（如与心理、信息、数理、工程、医学等学科门类）]
1.	
2.	
3.	
您认为基于中国特色的管理实践的创新研究最应关注的重点问题（最多填3个）	请简述理由 （基于中国管理实践的创新研究最应关注的重点问题是指探索有中国特色的管理理论与规律的科学问题，对这一问题的理论研究有助于丰富和发展管理理论。可以参考的角度包括中国情境与特点、中国企业实践与经济发展、中国与世界等）
1.	
2.	
3.	

（4）人力资源管理

备选重点领域方向 （主要指学科领域方向、框架与内涵、关注视角范围等）	专业熟悉程度	国际研究热度 高	中	低	不清楚	国内研究热度 高	中	低	不清楚	国内研究水平（实力）强	一般	弱	不清楚
①人力资源系统的微观基础与涌现机制													
②数字经济下劳动力市场与雇佣关系的变革													
③人才流动与组织动态能力													
④社会网络视角下的人力资本管理													
⑤创新和创业导向的人力资源实践													
⑥领导力与团队过程													
⑦激励与薪酬													
⑧高管团队与高绩效员工管理													
⑨工作家庭平衡、员工幸福感与工作知觉													
⑩全球化背景下的包容性组织与员工多样性													
⑪社会责任与人力资源管理													
⑫人力资源管理中的中国本土化元素													
其他领域方向请填加													

您认为基于学科前沿最应关注的重点研究课题（最多填3个）	请简述理由 （基于学科前沿的重点研究课题是指能推动学科发展、有望做出创新性成果并产生一定国际影响的前沿科学问题）
1.	
2.	
3.	

您认为基于国家需求最应关注的重点研究课题（最多填3个）	请简述理由 （基于国家需求的重点研究课题是指围绕经济建设、社会发展、改革开放和提升我国综合竞争力所亟须解决并有可能解决的一些重大管理理论与应用研究课题。在"十四五"期间，可以参考的角度包括创新驱动发展、新型国际化、"卡脖子"技术突破、协调发展等）
1.	
2.	
3.	

续表

备选重点领域方向（主要指学科领域方向、框架与内涵、关注视角范围等）	专业熟悉程度	国际研究热度				国内研究热度				国内研究水平（实力）			
		高	中	低	不清楚	高	中	低	不清楚	强	一般	弱	不清楚
您认为与其他学科的重要交叉领域、方向及课题（最多填3个）	请简述理由 [交叉可以涉及领域、领域方向或研究课题不同层面，并跨越工商管理各领域间（如本问卷第7题中不同研究领域）、管理学各学科间（如与管理科学与工程、公共管理、经济管理等学科），以及学科体系各门类间（如与心理、信息、数理、工程、医学等学科门类）]												
1.													
2.													
3.													
您认为基于中国特色的管理实践的创新研究最应关注的重点问题（最多填3个）	请简述理由 （基于中国管理实践的创新研究最应关注的重点问题是指探索有中国特色的管理理论与规律的科学问题，对这一问题的理论研究有助于丰富和发展管理理论。可以参考的角度包括中国情境与特点、中国企业实践与经济发展、中国与世界等）												
1.													
2.													
3.													

（5）市场营销

备选重点领域方向（主要指学科领域方向、框架与内涵、关注视角范围等）	专业熟悉程度	国际研究热度				国内研究热度				国内研究水平（实力）			
		高	中	低	不清楚	高	中	低	不清楚	强	一般	弱	不清楚
①消费者行为与决策													
②消费者信息处理													
③市场竞争													
④营销战略													
⑤广告与沟通													
⑥产品与品牌													
⑦服务营销													
⑧定价													
⑨促销													
⑩渠道													
⑪销售													
⑫电子商务与网络营销													
其他领域方向请填加													

续表

备选重点领域方向（主要指学科领域方向、框架与内涵、关注视角范围等）	专业熟悉程度	国际研究热度 高	中	低	不清楚	国内研究热度 高	中	低	不清楚	国内研究水平（实力）强	一般	弱	不清楚
您认为基于学科前沿最应关注的重点研究课题（最多填3个）	请简述理由（基于学科前沿的重点研究课题是指能推动学科发展、有望做出创新性成果并产生一定国际影响的前沿科学问题）											
1.												
2.												
3.												
您认为基于国家需求最应关注的重点研究课题（最多填3个）	请简述理由（基于国家需求的重点研究课题是指围绕经济建设、社会发展、改革开放和提升我国综合竞争力所亟须解决并有可能解决的一些重大管理理论与应用研究课题。在"十四五"期间，可以参考的角度包括创新驱动发展、新型国际化、"卡脖子"技术突破、协调发展等）											
1.												
2.												
3.												
您认为与其他学科的重要交叉领域、方向及课题（最多填3个）	请简述理由[交叉可以涉及领域、领域方向或研究课题不同层面，并跨越工商管理各领域间（如本问卷第7题中不同研究领域）、管理学各学科间（如与管理科学与工程、公共管理、经济管理等学科），以及学科体系各门类间（如与心理、信息、数理、工程、医学等学科门类）]											
1.												
2.												
3.												
您认为基于中国特色的管理实践的创新研究最应关注的重点问题（最多填3个）	请简述理由（基于中国管理实践的创新研究最应关注的重点问题是指探索有中国特色的管理理论与规律的科学问题，对这一问题的理论研究有助于丰富和发展管理理论。可以参考的角度包括中国情境与特点、中国企业实践与经济发展、中国与世界等）											
1.												
2.												
3.												

（6）财务管理

备选重点领域方向（主要指学科领域方向、框架与内涵、关注视角范围等）	专业熟悉程度	国际研究热度 高	中	低	不清楚	国内研究热度 高	中	低	不清楚	国内研究水平（实力）强	一般	弱	不清楚
①金融资产定价												
②公司治理												
③银行融资与民间金融												
④行为金融与行为财务												
⑤大数据、社会网络与金融科技												

续表

备选重点领域方向 （主要指学科领域方向、框架与内涵、关注视角范围等）	专业熟悉程度	国际研究热度				国内研究热度				国内研究水平（实力）			
		高	中	低	不清楚	高	中	低	不清楚	强	一般	弱	不清楚
⑥信息不对称下的财务决策													
⑦企业融资创新													
⑧金融危机与风险管控													
⑨资本结构													
⑩衍生金融													
⑪并购与投资													
⑫风险投资与私募													
⑬高管薪酬													
⑭人力资源与公司财务													
⑮公司财务与企业创新													
⑯企业文化与公司财务													
其他领域方向请填加													

您认为基于学科前沿最应关注的重点研究课题（最多填3个）	请简述理由 （基于学科前沿的重点研究课题是指能推动学科发展、有望做出创新性成果并产生一定国际影响的前沿科学问题）
1.	
2.	
3.	

您认为基于国家需求最应关注的重点研究课题（最多填3个）	请简述理由 （基于国家需求的重点研究课题是指围绕经济建设、社会发展、改革开放和提升我国综合竞争力所亟须解决并有可能解决的一些重大管理理论与应用研究课题。在"十四五"期间，可以参考的角度包括创新驱动发展、新型国际化、"卡脖子"技术突破、协调发展等）
1.	
2.	
3.	

您认为与其他学科的重要交叉领域、方向及课题（最多填3个）	请简述理由 [交叉可以涉及领域、领域方向或研究课题不同层面，并跨越工商管理各领域间（如本问卷第7题中不同研究领域）、管理学各学科间（如与管理科学与工程、公共管理、经济管理等学科），以及学科体系各门类间（如与心理、信息、数理、工程、医学等学科门类）]
1.	
2.	
3.	

您认为基于中国特色的管理实践的创新研究最应关注的重点问题（最多填3个）	请简述理由 （基于中国管理实践的创新研究最应关注的重点问题是指探索有中国特色的管理理论与规律的科学问题，对这一问题的理论研究有助于丰富和发展管理理论。可以参考的角度包括中国情境与特点、中国企业实践与经济发展、中国与世界等）
1.	
2.	
3.	

（7）会计与审计

备选重点领域方向（主要指学科领域方向、框架与内涵、关注视角范围等）	专业熟悉程度	国际研究热度 高	中	低	不清楚	国内研究热度 高	中	低	不清楚	国内研究水平（实力）强	一般	弱	不清楚
①审计													
②会计理论和准则													
③政府会计与审计													
④企业绩效													
⑤文化													
⑥信息环境													
⑦信息披露													
⑧会计信息质量													
⑨管理会计													
⑩环境会计													
⑪内部控制													
⑫企业社会责任													
⑬文本分析													
⑭代理成本与会计													
⑮薪酬激励													
⑯税负													
⑰盈余管理													
⑱会计审计与企业创新													
其他领域方向请填加													

您认为基于学科前沿最应关注的重点研究课题（最多填3个）	请简述理由（基于学科前沿的重点研究课题是指能推动学科发展、有望做出创新性成果并产生一定国际影响的前沿科学问题）
1.	
2.	
3.	
您认为基于国家需求最应关注的重点研究课题（最多填3个）	请简述理由（基于国家需求的重点研究课题是指围绕经济建设、社会发展、改革开放和提升我国综合竞争力所亟须解决并有可能解决的一些重大管理理论与应用研究课题。在"十四五"期间，可以参考的角度包括创新驱动发展、新型国际化、"卡脖子"技术突破、协调发展等）
1.	
2.	
3.	

续表

备选重点领域方向 （主要指学科领域方向、框架与内涵、关注视角范围等）	专业熟悉程度	国际研究热度 高	中	低	不清楚	国内研究热度 高	中	低	不清楚	国内研究水平（实力） 强	一般	弱	不清楚
您认为与其他学科的重要交叉领域、方向及课题（最多填3个）	请简述理由 [交叉可以涉及领域、领域方向或研究课题不同层面，并跨越工商管理各领域间（如本问卷第7题中不同研究领域）、管理学各学科间（如与管理科学与工程、公共管理、经济管理等学科），以及学科体系各门类间（如与心理、信息、数理、工程、医学等学科门类）]												
1.													
2.													
3.													
您认为基于中国特色的管理实践的创新研究最应关注的重点问题（最多填3个）	请简述理由 （基于中国管理实践的创新研究最应关注的重点问题是指探索有中国特色的管理理论与规律的科学问题，对这一问题的理论研究有助于丰富和发展管理理论。可以参考的角度包括中国情境与特点、中国企业实践与经济发展、中国与世界等）												
1.													
2.													
3.													

（8）生产与质量管理

备选重点领域方向 （主要指学科领域方向、框架与内涵、关注视角范围等）	专业熟悉程度	国际研究热度 高	中	低	不清楚	国内研究热度 高	中	低	不清楚	国内研究水平（实力） 强	一般	弱	不清楚
①质量管理模式													
②大数据驱动（物联网背景下）的质量设计与过程优化													
③复杂装备产品过程监控方法研究													
④供应链质量管理													
⑤服务质量													
⑥医疗质量管控/医疗服务质量													
⑦基于全生命周期的可靠性													
⑧基于物联网（多源数据融合）的智能维修													
⑨基于大数据的生产决策													
⑩精益六西格玛管理													

续表

备选重点领域方向 （主要指学科领域方向、框架与内涵、关注视角范围等）	专业熟悉程度	国际研究热度				国内研究热度				国内研究水平（实力）			
		高	中	低	不清楚	高	中	低	不清楚	强	一般	弱	不清楚
⑪实时/在线库存管理													
⑫面向智能制造的调度与排程													
⑬大数据驱动的生产管理													
其他领域方向请填加													

您认为基于学科前沿最应关注的重点研究课题（最多填3个）	请简述理由 （基于学科前沿的重点研究课题是指能推动学科发展、有望做出创新性成果并产生一定国际影响的前沿科学问题）
1.	
2.	
3.	

您认为基于国家需求最应关注的重点研究课题（最多填3个）	请简述理由 （基于国家需求的重点研究课题是指围绕经济建设、社会发展、改革开放和提升我国综合竞争力所亟须解决并有可能解决的一些重大管理理论与应用研究课题。在"十四五"期间，可以参考的角度包括创新驱动发展、新型国际化、"卡脖子"技术突破、协调发展等）
1.	
2.	
3.	

您认为与其他学科的重要交叉领域、方向及课题（最多填3个）	请简述理由 [交叉可以涉及领域、领域方向或研究课题不同层面，并跨越工商管理各领域间（如本问卷第7题中不同研究领域）、管理学各学科间（如与管理科学与工程、公共管理、经济管理等学科），以及学科体系各门类间（如与心理、信息、数理、工程、医学等学科门类）]
1.	
2.	
3.	

您认为基于中国特色的管理实践的创新研究最应关注的重点问题（最多填3个）	请简述理由 （基于中国管理实践的创新研究最应关注的重点问题是指探索有中国特色的管理理论与规律的科学问题，对这一问题的理论研究有助于丰富和发展管理理论。可以参考的角度包括中国情境与特点、中国企业实践与经济发展、中国与世界等）
1.	
2.	
3.	

（9）企业信息管理

备选重点领域方向 （主要指学科领域方向、框架与内涵、关注视角范围等）	专业熟悉程度	国际研究热度				国内研究热度				国内研究水平（实力）			
		高	中	低	不清楚	高	中	低	不清楚	强	一般	弱	不清楚
①系统设计科学													
②信息系统对企业管理和企业价值的影响													
③开源软件、在线社区													
④社会网络、社会化媒体													
⑤隐私与网络安全													
⑥IT＋医疗													
⑦平台的价值与管理													
⑧IT＋政务													
⑨互联网金融													
其他领域方向请填加													

您认为基于学科前沿最应关注的重点研究课题（最多填3个）	请简述理由 （基于学科前沿的重点研究课题是指能推动学科发展、有望做出创新性成果并产生一定国际影响的前沿科学问题）
1.	
2.	
3.	
您认为基于国家需求最应关注的重点研究课题（最多填3个）	请简述理由 （基于国家需求的重点研究课题是指围绕经济建设、社会发展、改革开放和提升我国综合竞争力所亟须解决并有可能解决的一些重大管理理论与应用研究课题。在"十四五"期间，可以参考的角度包括创新驱动发展、新型国际化、"卡脖子"技术突破、协调发展等）
1.	
2.	
3.	
您认为与其他学科的重要交叉领域、方向及课题（最多填3个）	请简述理由 [交叉可以涉及领域、领域方向或研究课题不同层面，并跨越工商管理各领域间（如本问卷第7题中不同研究领域）、管理学各学科间（如与管理科学与工程、公共管理、经济管理等学科），以及学科体系各门类间（如与心理、信息、数理、工程、医学等学科门类）]
1.	
2.	
3.	

续表

备选重点领域方向（主要指学科领域方向、框架与内涵、关注视角范围等）	专业熟悉程度	国际研究热度				国内研究热度				国内研究水平（实力）			
		高	中	低	不清楚	高	中	低	不清楚	强	一般	弱	不清楚
您认为基于中国特色的管理实践的创新研究最应关注的重点问题（最多填 3 个）	请简述理由（基于中国管理实践的创新研究最应关注的重点问题是指探索有中国特色的管理理论与规律的科学问题，对这一问题的理论研究有助于丰富和发展管理理论。可以参考的角度包括中国情境与特点、中国企业实践与经济发展、中国与世界等）												
1.													
2.													
3.													

（10）电子商务

备选重点领域方向（主要指学科领域方向、框架与内涵、关注视角范围等）	专业熟悉程度	国际研究热度				国内研究热度				国内研究水平（实力）			
		高	中	低	不清楚	高	中	低	不清楚	强	一般	弱	不清楚
①金融科技													
②人工智能、云计算等新技术的应用													
③社交媒体、社交网站与社交电商研究													
④信息安全、网络隐私与道德													
⑤广告及个性化推荐等电子商务营销模式													
⑥消费者行为、感知及人机交互研究													
⑦数据科学													
⑧在线评论与口碑													
⑨互联网与电子商务创新													
⑩电子商务环境下信息系统的发展与应用													
⑪电子政务与公共事务监管													
⑫电子商务环境下的战略与组织研究													
⑬管理决策支持方法与应用													

续表

备选重点领域方向 （主要指学科领域方向、框架与内涵、关注视角范围等）	专业熟悉程度	国际研究热度				国内研究热度				国内研究水平（实力）			
		高	中	低	不清楚	高	中	低	不清楚	强	一般	弱	不清楚
⑭电子商务环境下的IT应用与发展													
⑮电子商务企业业务与运营研究													
其他领域方向请填加													

您认为基于学科前沿最应关注的重点研究课题（最多填3个）	请简述理由 （基于学科前沿的重点研究课题是指能推动学科发展、有望做出创新性成果并产生一定国际影响的前沿科学问题）
1.	
2.	
3.	

您认为基于国家需求最应关注的重点研究课题（最多填3个）	请简述理由 （基于国家需求的重点研究课题是指围绕经济建设、社会发展、改革开放和提升我国综合竞争力所亟须解决并有可能解决的一些重大管理理论与应用研究课题。在"十四五"期间，可以参考的角度包括创新驱动发展、新型国际化、"卡脖子"技术突破、协调发展等）
1.	
2.	
3.	

您认为与其他学科的重要交叉领域、方向及课题（最多填3个）	请简述理由 [交叉可以涉及领域、领域方向或研究课题不同层面，并跨越工商管理各领域间（如本问卷第7题中不同研究领域）、管理学各学科间（如与管理科学与工程、公共管理、经济管理等学科），以及学科体系各门类间（如与心理、信息、数理、工程、医学等学科门类）]
1.	
2.	
3.	

您认为基于中国特色的管理实践的创新研究最应关注的重点问题（最多填3个）	请简述理由 （基于中国管理实践的创新研究最应关注的重点问题是指探索有中国特色的管理理论与规律的科学问题，对这一问题的理论研究有助于丰富和发展管理理论。可以参考的角度包括中国情境与特点、中国企业实践与经济发展、中国与世界等）
1.	
2.	
3.	

（11）运营管理

备选重点领域方向 （主要指学科领域方向、框架与内涵、关注视角范围等）	专业熟悉程度	国际研究热度				国内研究热度				国内研究水平（实力）			
		高	中	低	不清楚	高	中	低	不清楚	强	一般	弱	不清楚
①生产制造与服务质量管理													
②供应链协调与协同													
③数字经济与供应链运作管理													
④供应链中断与突发事件应急管理													
⑤可持续运营管理与供应链管理													
⑥物流与供应链管理													
⑦供应链优化													
⑧服务运营管理													
⑨运营与营销管理交叉研究													
⑩物流与供应链设计													
⑪物流与供应链金融													
⑫收益管理													
⑬行为运营管理													
⑭服务模式与创新													
⑮智慧物流与供应链管理													
⑯企业物流管理与创新													
⑰共享经济下的运营管理													
⑱全球供应链管理													
⑲共享平台与电子商务运营管理													
其他领域方向请填加													

您认为基于学科前沿最应关注的重点研究课题（最多填3个）	请简述理由 （基于学科前沿的重点研究课题是指能推动学科发展、有望做出创新性成果并产生一定国际影响的前沿科学问题）
1.	
2.	
3.	
您认为基于国家需求最应关注的重点研究课题（最多填3个）	请简述理由 （基于国家需求的重点研究课题是指围绕经济建设、社会发展、改革开放和提升我国综合竞争力所亟须解决并有可能解决的一些重大管理理论与应用研究课题。在"十四五"期间，可以参考的角度包括创新驱动发展、新型国际化、"卡脖子"技术突破、协调发展等）

续表

备选重点领域方向（主要指学科领域方向、框架与内涵、关注视角范围等）	专业熟悉程度	国际研究热度 高	中	低	不清楚	国内研究热度 高	中	低	不清楚	国内研究水平（实力） 强	一般	弱	不清楚
1.													
2.													
3.													
您认为与其他学科的重要交叉领域、方向及课题（最多填3个）	请简述理由 [交叉可以涉及领域、领域方向或研究课题不同层面，并跨越工商管理各领域间（如本问卷第7题中不同研究领域）、管理学各学科间（如与管理科学与工程、公共管理、经济管理等学科），以及学科体系各门类间（如与心理、信息、数理、工程、医学等学科门类）]												
1.													
2.													
3.													
您认为基于中国特色的管理实践的创新研究最应关注的重点问题（最多填3个）	请简述理由 （基于中国管理实践的创新研究最应关注的重点问题是指探索有中国特色的管理理论与规律的科学问题，对这一问题的理论研究有助于丰富和发展管理理论。可以参考的角度包括中国情境与特点、中国企业实践与经济发展、中国与世界等）												
1.													
2.													
3.													

（12）项目管理

备选重点领域方向（主要指学科领域方向、框架与内涵、关注视角范围等）	专业熟悉程度	国际研究热度 高	中	低	不清楚	国内研究热度 高	中	低	不清楚	国内研究水平（实力） 强	一般	弱	不清楚
①工程项目的计划与进度控制													
②工程项目安全管理													
③项目质量管理													
④项目融资管理与成本控制													
⑤项目治理机制													
⑥项目团队管理													
⑦项目外包管理													
⑧风险管理													
⑨项目开发知识员工管理													

续表

备选重点领域方向（主要指学科领域方向、框架与内涵、关注视角范围等）	专业熟悉程度	国际研究热度				国内研究热度				国内研究水平（实力）			
		高	中	低	不清楚	高	中	低	不清楚	强	一般	弱	不清楚
⑩工程项目的计划与进度控制													
其他领域方向请填加													

您认为基于学科前沿最应关注的重点研究课题（最多填3个）	请简述理由（基于学科前沿的重点研究课题是指能推动学科发展、有望做出创新性成果并产生一定国际影响的前沿科学问题）
1.	
2.	
3.	

您认为基于国家需求最应关注的重点研究课题（最多填3个）	请简述理由（基于国家需求的重点研究课题是指围绕经济建设、社会发展、改革开放和提升我国综合竞争力所亟须解决并有可能解决的一些重大管理理论与应用研究课题。在"十四五"期间，可以参考的角度包括创新驱动发展、新型国际化、"卡脖子"技术突破、协调发展等）
1.	
2.	
3.	

您认为与其他学科的重要交叉领域、方向及课题（最多填3个）	请简述理由[交叉可以涉及领域、领域方向或研究课题不同层面，并跨越工商管理各领域间（如本问卷第7题中不同研究领域）、管理学各学科间（如与管理科学与工程、公共管理、经济管理等学科），以及学科体系各门类间（如与心理、信息、数理、工程、医学等学科门类）]
1.	
2.	
3.	

您认为基于中国特色的管理实践的创新研究最应关注的重点问题（最多填3个）	请简述理由（基于中国管理实践的创新研究最应关注的重点问题是指探索有中国特色的管理理论与规律的科学问题，对这一问题的理论研究有助于丰富和发展管理理论。可以参考的角度包括中国情境与特点、中国企业实践与经济发展、中国与世界等）
1.	
2.	
3.	

（13）创业管理

备选重点领域方向 （主要指学科领域方向、框架与内涵、关注视角范围等）	专业熟悉程度	国际研究热度				国内研究热度				国内研究水平（实力）			
		高	中	低	不清楚	高	中	低	不清楚	强	一般	弱	不清楚
①创业/新企业融资与风险投资													
②创业过程的关键要素													
③创业认知与决策													
④创业导向与创业战略													
⑤社会网络与创业资源													
⑥新企业生成、成长与绩效													
⑦社会创业与社会企业													
⑧情境化的创业分类研究													
⑨家族企业													
⑩公司创业													
⑪政策、环境与制度													
⑫创业与经济社会发展													
⑬创业生态系统													
⑭创业失败管理													
其他领域方向请填加													
您认为基于学科前沿最应关注的重点研究课题（最多填3个）	请简述理由 （基于学科前沿的重点研究课题是指能推动学科发展、有望做出创新性成果并产生一定国际影响的前沿科学问题）													
1.													
2.													
3.													
您认为基于国家需求最应关注的重点研究课题（最多填3个）	请简述理由 （基于国家需求的重点研究课题是指围绕经济建设、社会发展、改革开放和提升我国综合竞争力所亟须解决并有可能解决的一些重大管理理论与应用研究课题。在"十四五"期间，可以参考的角度包括创新驱动发展、新型国际化、"卡脖子"技术突破、协调发展等）													
1.													
2.													
3.													

续表

备选重点领域方向（主要指学科领域方向、框架与内涵、关注视角范围等)	专业熟悉程度	国际研究热度				国内研究热度				国内研究水平（实力）			
		高	中	低	不清楚	高	中	低	不清楚	强	一般	弱	不清楚
您认为与其他学科的重要交叉领域、方向及课题（最多填3个）	请简述理由 [交叉可以涉及领域、领域方向或研究课题不同层面，并跨越工商管理各领域间（如本问卷第7题中不同研究领域）、管理学各学科间（如与管理科学与工程、公共管理、经济管理等学科），以及学科体系各门类间（如与心理、信息、数理、工程、医学等学科门类）]											
1.	
2.	
3.	
您认为基于中国特色的管理实践的创新研究最应关注的重点问题（最多填3个）	请简述理由 （基于中国管理实践的创新研究最应关注的重点问题是指探索有中国特色的管理理论与规律的科学问题，对这一问题的理论研究有助于丰富和发展管理理论。可以参考的角度包括中国情境与特点、中国企业实践与经济发展、中国与世界等)											
1.	
2.	
3.	

（14）国际商务与跨文化管理

备选重点领域方向（主要指学科领域方向、框架与内涵、关注视角范围等)	专业熟悉程度	国际研究热度				国内研究热度				国内研究水平（实力）			
		高	中	低	不清楚	高	中	低	不清楚	强	一般	弱	不清楚
①跨国公司的本质及其边界													
②新技术环境下的跨国公司													
③跨国公司"母子""子子"公司关系													
④对外直接投资国际化过程													
⑤跨国公司对母国和东道国的影响													
⑥跨国知识转移和组织学习													
⑦区位选择与进入模式													
⑧国际联盟和合资企业													
⑨国际并购与整合													
⑩跨文化管理													
⑪制度环境与企业国际化													
⑫跨国公司政治战略													

续表

备选重点领域方向（主要指学科领域方向、框架与内涵、关注视角范围等）	专业熟悉程度	国际研究热度 高	国际研究热度 中	国际研究热度 低	国际研究热度 不清楚	国内研究热度 高	国内研究热度 中	国内研究热度 低	国内研究热度 不清楚	国内研究水平（实力）强	国内研究水平（实力）一般	国内研究水平（实力）弱	国内研究水平（实力）不清楚
⑬跨国公司非市场战略（企业社会责任、非政府组织及社会运动）													
⑭新兴市场企业国际化（"一带一路"等）													
⑮战略领导/董事会与国际化													
⑯企业国际化的微观基础（组织行为和人力资源经理）													
⑰国际创新与创业													
⑱逆全球化趋势与公司战略													
其他领域方向请填加													

您认为基于学科前沿最应关注的重点研究课题（最多填3个）	请简述理由（基于学科前沿的重点研究课题是指能推动学科发展、有望做出创新性成果并产生一定国际影响的前沿科学问题）
1.	
2.	
3.	
您认为基于国家需求最应关注的重点研究课题（最多填3个）	请简述理由（基于国家需求的重点研究课题是指围绕经济建设、社会发展、改革开放和提升我国综合竞争力所亟须解决并有可能解决的一些重大管理理论与应用研究课题。在"十四五"期间，可以参考的角度包括创新驱动发展、新型国际化、"卡脖子"技术突破、协调发展等）
1.	
2.	
3.	
您认为与其他学科的重要交叉领域、方向及课题（最多填3个）	请简述理由[交叉可以涉及领域、领域方向或研究课题不同层面，并跨越工商管理各领域间（如本问卷第7题中不同研究领域）、管理学各学科间（如与管理科学与工程、公共管理、经济管理等学科），以及学科体系各门类间（如与心理、信息、数理、工程、医学等学科门类）]
1.	
2.	
3.	
您认为基于中国特色的管理实践的创新研究最应关注的重点问题（最多填3个）	请简述理由（基于中国管理实践的创新研究最应关注的重点问题是指探索有中国特色的管理理论与规律的科学问题，对这一问题的理论研究有助于丰富和发展管理理论。可以参考的角度包括中国情境与特点、中国企业实践与经济发展、中国与世界等）
1.	
2.	
3.	

10. 在您所在的研究领域，在刚刚过去的五年是否存在以下方面的重大创新（如果有，也烦请您提供相应文献、代表性人物等相关索引资料）？

理论创新：
方法与工具创新：
研究范式的创新：
面向国家需求的创新：
基于中国管理实践的创新：

11. 您认为您的研究领域在未来的发展方向是什么？

1.
2.
3.

12. 您认为在刚刚过去的五年，微观组织面临的内外部重大情境变化有哪些？

微观组织内：
微观组织外：

13. 基于中国经济社会发展过往经验和未来挑战，您认为工商管理学科很有必要重点研究的重要基础理论问题有哪些（如果有，也烦请您提供相应文献或报告等相关索引资料）？

1.
2.
3.

14. 站在发展战略角度，您认为工商管理学科今后五年最核心的任务是什么？

战略目标：
战略举措：
核心任务：

15. 如果您对我国工商管理学科发展有进一步的意见或建议，请在这里列出。

1.
2.
3.

感谢您的合作！

附录2 关于征求学科代码意见的调查问卷

各位老师好，学科代码是项目申请、评审、管理的重要依据，对学科建设与发展也很重要，定期评估修订学科代码是国家自然科学基金委员会的重要工作内容。借学科发展战略及规划项目的调查之机，诚恳地听取各位专家意见，请您认真填写，开放问题也请不要空。为集中分析调查结果，请您在两周内完成提交。谢谢您的参与和奉献。

以下是国家自然科学基金委员会管理科学部工商管理学科正在使用的学科代码，请认真阅读，并回答以下问题。

G02 工商管理
 G0201 战略管理
 G0202 组织理论与组织行为
  G020201 组织理论
  G020202 组织行为
 G0203 企业技术管理与创新管理
 G0204 企业人力资源管理
 G0205 财务管理
 G0206 会计与审计
 G0207 市场营销
  G020701 营销模型
  G00702 消费者行为
  G020703 营销战略
 G0208 生产与质量管理
  G020801 生产管理
  G020802 质量管理
 G0209 企业信息管理
  G020901 企业信息资源管理
  G020902 商务智能
 G0210 电子商务
 G0211 运营管理
  G021101 企业物流与供应链管理
  G021102 服务管理
 G0212 项目管理
 G0213 创业管理
 G0214 国际商务与跨文化管理

1. 专家承担过的自科项目类型（至少选择一项，不限项多选题）：
□青年科学基金项目 □面上项目 □优秀青年科学基金项目
□国家杰出青年科学基金项目 □重点项目 □国际合作项目
□重大项目 □创新研究群体项目

2. 2019 年开始，国家自然科学基金委员会试行按照"原创、前沿、需求、交叉"分类申报评审，您感觉在分类申报评审制度下，学科代码是否存在值得改进的问题？
 □没有 □有，请写出您认为的具体问题：_____

3. 目前有三级代码的学科领域分别是 G0202 组织理论与组织行为、G0207 市场营销、G0208 生产与质量管理、G0209 企业信息管理、G0211 运营管理领域，您认为是否可以取消三级代码？

□否。目前的分类很好。
□是。请具体写出可以取消哪个领域的哪些三级代码？（请填写代码名称即可，若存在一个以上，请用分号隔开，例"G020X01；G020X02"）
三级代码：＿＿＿＿＿＿＿＿
请简要陈述您认为应该取消的理由：＿＿＿＿＿＿＿＿＿＿＿＿＿＿＿

4. 有些学科交叉比较多的，是否可以以及需要合并二级代码？
□否。目前的分类很好。
□是。请具体写出可以合并的二级代码名称。（请直接写您认为可以合并的代码名称，中间用分号隔开，如"G020X；G020Y；G020Z"）
二级代码：＿＿＿＿＿＿＿＿＿＿＿＿＿＿＿
请简要陈述您认为应该合并的理由：＿＿＿＿＿＿＿＿＿＿＿＿＿

5. 您认为是否有必要增加新的学科代码？
□没有。目前的学科划分已经能够覆盖工商管理学科领域的研究问题。
□有必要新增二级代码，请注明新增二级代码名称：＿＿＿＿＿＿＿＿＿＿
□有必要在目前二级代码下新增三级代码，请注明二级代码（如"G020X"）与新增三级代码名称：＿＿＿＿＿＿
□有必要新增二级代码及下属三级代码，请注明新增二级代码名称：＿＿＿＿＿＿；新增三级代码名称：＿＿＿＿＿＿
对于选项2、3、4，请简要陈述理由：＿＿＿＿＿＿＿＿＿＿＿＿

6. 如果您有其他进一步的意见和建议，请陈述。
＿＿＿＿＿＿＿＿＿＿＿＿＿＿＿＿＿＿＿＿＿＿＿＿＿＿＿＿＿＿＿＿＿

再次感谢！

国家自然科学基金委员会
管理科学部工商管理处

附录3　请企业家出题的邀请

尊敬的企业家，您好！
　　国家自然科学基金委员会管理科学部在国民经济五年规划指导下，为贯彻落实党和国家关于社会经济发展的重大战略与方针政策，展开了"十四五"期间优先领域的遴选工作,旨在形成未来 5~10 年科学基金重点资助和投放的研究领域。

扎根实践、服务社会是管理科学的基本原则,加大面向企业、国家需求和重大实际问题的研究力度,是国家自然科学基金委员会管理科学部的基本原则之一。实际的管理问题企业家最清楚,请您出题。谢谢您!

烦请您在问卷最后留下您的姓名、联系方式和企业名称。

1. 您认为最需要管理学者研究的重大且具有普遍性的管理问题是什么?问题不超过两项,请您简述理由。

2. 在您看来,这些管理问题的紧迫程度?(1 不紧迫~7 非常紧迫)

3. 在您看来,国际同行对这些管理问题的关注程度?(1 非常低~7 非常高)

4. 您在企业担任的最高职务:
□董事长/总经理
□高层管理者
□中层管理者

5. 您所在的企业所有制类型:
□中央直属企业
□国有企业
□私营企业
□外资企业
□以上都不是

6. 您所在企业的行业类型:
□信息、通信和技术行业
□传媒业
□金融保险业
□休闲娱乐业
□批发零售业
□公共事业行业
□医疗卫生行业
□文化与教育行业
□高端制造行业

□石油天然气行业
□基础商品制造行业
□化工与制药行业
□采矿行业
□交通和仓储行业
□专业服务行业
□建筑和房地产行业
□农业
□酒店服务业
□其他行业

7. 您所在企业的产值规模：
□行业前 5%
□处于行业内 5%～10%
□以上都不是

8. 敬请留下您的姓名、联系方式和企业名称：
您的姓名：
您的手机号码：
您的邮箱：
企业名称：

附录4 公开发表的论文及简报清单

发表的论文

（1）张玉利、吴刚：《新中国70年工商管理学科科学化历程回顾与展望》，《管理世界》2019年11期

（2）张玉利、吴刚、杨俊、徐心、冉伦、林伟鹏：《工商管理学科发展的战略思考与举措》，《管理评论》2021年4期

（3）杨俊、赵新元、冉伦：《如何提升工商管理研究科学问题的需求属性——以工商管理学科发展战略及十四五发展规划研究为例》，《管理评论》2021年4期

（4）赵新元、吴刚、伍之昂、黄宾、王宇：《从跟跑到并跑——中国工商管理研究国际影响力的回顾与展望》，《管理评论》2021年11期

（5）徐心、林伟鹏、吴刚：《工商管理学科领域"面向世界科学前沿问题"的

凝炼机制探索》,《管理评论》2021 年 11 期

（6）张玉利：《基于管理实践创新的工商管理理论研究》,《管理世界》2021 年 6 期

（7）张玉利、任之光、张光磊、杨俊、谢恩、许年行、焦豪：《国家自然科学基金工商管理学科申请代码调整与布局——面向"十四五"的企业实践和理论创新》,《南开管理评论》2022 年 5 期

（8）焦豪、李倩、杨季枫：《企业技术创新管理：研究现状与关键科学问题》,《管理学报》2022 年 7 期

（9）黄杰、程德俊：《中国管理学情境化学术创业的双元目标悖论与解决路径：以人力资源管理学科为例》,《管理学报》2022 年 9 期

公众号发布的 10 期简报

第 1 期：工商管理学科学术研究的宏观问题，张玉利整理，2019 年 8 月 20 日

第 2 期：哈佛案例库收录了哪些大陆企业的案例并关注什么？李慧慧撰写，张玉利审校，2019 年 9 月 9 日

第 3 期：需求牵引：企业家关心的问题以及学者的视角，陈志军、李磊、张玉利整理，2019 年 10 月 3 日

第 4 期：管理学交叉学科领域顶尖期刊 2014—2018 年文献分析简述，林伟鹏、冯潇撰写，2019 年 12 月 20 日

第 5 期：研究差距原因归类与分析——基于问卷调查的梳理，张玉利、杨俊整理，2020 年 2 月 4 日

第 6 期：主题领域及研究课题凝练工作遵循的技术路线与进展，杨俊撰写，2020 年 2 月 23 日

第 7 期：英美科学基金借鉴，李赋薇翻译整理，杨俊审校，2020 年 4 月 3 日

第 8 期：国际知名学者关于中国管理理论研究的意见和建议，何良兴撰写，张玉利提议与审校，2020 年 4 月 22 日

第 9 期：面向世界科学前沿的科学问题提炼机制，林伟鹏、李圭泉、林方舟撰写，2020 年 7 月 8 日

第 10 期：优先支持领域及若干重点课题凝练报告（14 个代码），"工商管理学科发展战略及'十四五'发展规划研究"项目组，2020 年 8 月 10 日至 23 日

工商管理学者之家、管理学动态、管理学季刊、南开管理评论、外国经济与管理、研究与发展管理、NET2019 等公众号同步发布，日期为 NET2019 公众号发布的时间。